美国人权的多维透视

中国人权研究会 编

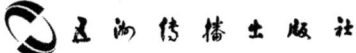

图书在版编目（CIP）数据

美国人权的多维透视 / 中国人权研究会编 . —— 北京：五洲传播出版社，2023.5
ISBN 978-7-5085-5063-3

Ⅰ．①美… Ⅱ．①中… Ⅲ．①人权－研究报告－美国 Ⅳ．① D771.224

中国国家版本馆 CIP 数据核字 (2023) 第 081862 号

美国人权的多维透视

编　　者：中国人权研究会
出 版 人：关　宏
责任编辑：宋博雅
封面设计：澜天文化
内文制作：优品地带
出版发行：五洲传播出版社
地　　址：北京市海淀区北三环中路 31 号生产力大楼 B 座 6 层
邮　　编：100088
发行电话：010-82005927，010-82007837
网　　址：www.cicc.org.cn　www.thatsbooks.com
承　　印：北京市房山腾龙印刷厂
版　　次：2023 年 8 月第 1 版第 1 次印刷
开　　本：170 毫米 ×240 毫米
印　　张：17.75
字　　数：273 千字
定　　价：128.00 元

目录

美式人权观评析 ... 001
- 美式人权的困境及其结构性缺陷 ... 鲁广锦 003
- 美西方人权观的重重困境 ... 张维为 019
- 当代美国人权文化的表象与真相 ... 冯玉军 郭晓明 022
- 美国人权的历史性倒退意味着什么 ... 俞 凤 027
- 认清美式人权的虚伪本质 ... 常 健 等 032

美式民主的异化 ... 043
- 金钱政治暴露"美式民主"的虚伪面目 ... 中国人权研究会 045
- 美式民主的局限与弊病 ... 中国人权研究会 053
- 民主在美国的异化和迷思 ... 杨博超 064

生命自由的美式悲剧 ... 069
- 美国痼疾难除的枪支暴力严重践踏人权 ... 中国人权研究会 071
- 新冠肺炎疫情凸显"美式人权"危机 ... 中国人权研究会 081
- 无法呼吸的痛:警察暴力阴影下的"另一个美国" ... 王 凯 092
- 美国大规模非法拘押严重侵犯人权 ... 朱元庆 102
- 资本逻辑主导下的美国枪支暴力顽疾 ... 俞 凤 104
- 私营监狱:美国的人权黑洞 ... 程春华 109
- 美国宗教领域侵犯人权现象层出不穷 ... 付随鑫 114
- 美国强迫劳动严重侵犯人权 ... 唐颖侠 119

种族主义的美式痼疾 ... 123
- 美国根深蒂固的种族歧视问题凸显"美式人权"的虚伪 ... 中国人权研究会 125

反亚裔种族歧视甚嚣尘上坐实美国种族主义社会本质
················中国人权研究会 138
反亚裔仇恨犯罪猖獗　美国"人权卫士"人设崩塌 ······ 倪建平 147
美国解决种族问题面临制度性障碍 ············· 田　立 151
"白人特权"无处不在　有色人种"无法呼吸"
——美国的系统性种族歧视 ········ 王浩宇　张　敖 155
戴着合法面具的美国结构性种族主义 ··········· 黎　娟 160
美国的"中国行动计划"恶行加剧系统性种族歧视
··············· 肖君拥　王　晨 163
数字技术加剧美国的种族歧视 ··············· 唐颖侠 168
种族灭绝是美国人权劣迹的渊薮 ·············· 程春华 173

不平等的美国社会现实 ···························· 179

美国长期存在的性别歧视问题严重阻碍妇女人权的实现
················ 中国人权研究会 181
严重歧视与残酷对待移民充分暴露"美式人权"的伪善
················ 中国人权研究会 191
贫富分化导致美国人权问题日益严重 ······ 中国人权研究会 199
美国残疾人实现平权依然任重道远 ·············· 陈谦君 209
"正当法律程序"的切割与美国对移民权利的戕害 ······ 梁茂信 215

全球人权的美国罪责 ······························ 221

美国人权政治化行径毁损人权善治根基 ····· 中国人权研究会 223
美国在中东等地犯下严重侵犯人权罪行 ····· 中国人权研究会 232
嗜战成瘾的美国实为"人权伪道士" ············· 刘　明 241
美国对阿富汗人民人权的剥夺和侵犯 ············· 李文军 245
美式民主输出实为推行文化霸权 ·········· 齐延平　隋　心 250
美国霸权之下无人权 ····················· 刘　明 254

美国滥施单边制裁违反国际道义 ……………… 李寿平　王惠茹 259
美式人权观危害全球治理 ………………………………… 付随鑫 261
美国践踏人权的"法外之地" …………………………… 田　立 266
美涉疆法案打着人权旗号反人权 ……………… 肖君拥　王惠茹 270
美国人权外交中的文化霸权主义 ………………………… 王浩宇 275

美式人权观评析

美式人权的困境及其结构性缺陷

鲁广锦[*]

（中国人权研究会"仁之言"公众号　2021年9月26日）

近年来，发生在国际人权领域一个特别令人关注的现象是，向来自诩为"人权卫士"的美国，接连坐到被告席上，其人权状况多次受到联合国人权理事会、人权高专等的批评。先有2020年6月联合国人权理事会第43届会议就美国种族主义问题举行紧急辩论并通过决议，这也是联合国人权理事会历史上首次就美国人权问题召开紧急会议。继有2020年9月在联合国人权理事会第45届会议国别人权审议中，110余国轮番批评美国存在的系统性种族主义、种族歧视和警察侵犯人权问题。后有2021年7月联合国人权理事会第47届会议上，超过100个国家对美国的人权状况提出批评，并通过非洲国家集体提交的打击系统性种族主义决议。美国的人权状况如此接二连三地遭国际社会批评，实属少见。

美式人权到底出了什么问题？为什么会出问题？出问题说明了什么？本文拟对此做些分析，以便人们能够从整体上对美式人权有一个更加全面的认识。

美式人权存在系统性问题

人们稍加留心观察便不难发现，近年来美国人权出现的严重问题，并非孤立的个别的偶然性问题，而是全面的整体的系统性问题。说美式人权出现系统性问题，是基于对美国存在的诸多人权问题的理性分析得出的，并非危

---

[*] 作者鲁广锦系中国人权研究会副会长，吉林大学法学院、人权研究中心教授。

言耷听。

对于美式人权出现系统性问题，我们可以从以下三个视角来认识。

第一个视角，美式人权存在系统性问题，表现在各项基本人权的保障几乎都出现了问题，具有整体性特征。

当今的美国人权，无论是公民权利、政治权利，还是经济、社会、文化权利，在各个层面几乎都出现了不同程度的问题，可以说美式人权陷入了美国建国200多年来少有的困境。

先以生存权、发展权的保障为例。从人权的角度审视，生存权是最基本的人权。道理很简单：人活着，首先要解决生存问题。从原始的人，到现代的人，概莫能外。美国被视为当今世界上最为发达的国家。所谓"发达"，指的应该是发展处于世界先进水平。既然处于世界先进水平，按理说人们的生存权保障是不存在问题的，然而现实的美国却并非如此。联合国极端贫困与人权问题特别报告员菲利普·奥尔斯顿在2018年5月发表的访美报告中指出，美国已经沦为贫富分化最严重的西方国家，约4000多万美国人生活在贫困中，1850万美国人生活在极端贫困中，超过500万人的生活状态同第三世界绝对贫困人群相当。2020年新冠肺炎疫情暴发以来，美国政府应对疫情不力导致严重的人权灾难，美国社会的经济不平等进一步暴露和加剧，底层民众陷入更为艰难的生存困境。

再以生命权、健康权的保障为例。人们常说，世间最宝贵的东西是生命，生命无价。而健康是生命得以存在和继续的最直接前提条件，无健康便无法保障生命。美国在表面上是一个十分重视生命权的国家，《独立宣言》开篇即突出了生命权的重要性。然而在现实的美国，对生命权的保障却差强人意。在疫情失控、种族抗议和选举冲突交织的影响下，2020年美国共有超过41500人死于枪击，平均每天达110多人。原本就高发的枪击事件和暴力犯罪在疫情期间迭创新高，再加上警察滥用武力暴力镇压抗议民众的状况愈演愈烈，严重损害了人民生命权。

突如其来的新冠肺炎疫情，是百年来人类经历的最严重的全球公共卫生突发事件，也是世界各国面临的一次"人权大考"。病毒没有国界，疫病不分种族。科学采取疫情防控措施、全力保障人民生命安全和身体健康，是各国政府共同承担的人权责任。然而，美国政府在应对疫情上却表现出自利短见、任性低效和不负责任。美国人口不足世界总人口的5%，但截至2021年9月21日，美国新冠肺炎确诊病例数达4300万，超过全球总数的14%；67.6万美国民众失去了宝贵的生命，死亡病例数占全球总数的近19%。这一数字超过了103年前的西班牙大流感中估计的死亡人数。美国流行病学家、疾病控制与预防中心原负责人威廉·福格认为，"这是一场屠杀"。

最后以政治权利为例。"金钱是政治的母乳。"这句广为流传的评论精准而又犀利地揭示了当代美国政治的本质。有分析认为，金钱支配下的美国选举实质上是"钱决"。金钱政治扭曲了民意，把选举搞成了富人阶层的"独角戏"。富人阶层对美国政治的影响力越来越大，普通民众的影响力则日渐萎缩，形成了事实上的政治不平等。民众对选举的信任陷入危机。盖洛普公司网站2020年10月8日公布的调查显示，对总统选举非常有信心的受访者比例仅有19%，创下自2004年以来该调查的最低纪录。《华尔街日报》网站2020年11月9日的评论称，在2020年的选举中，人们对美国民主制度的信心下降至20年来最低点。

第二个视角，美式人权存在系统性问题，还表现在几乎所有人权问题都与种族主义和种族歧视相关联，具有顽固性特征。

种族主义，特别是白人至上主义，如同一大毒瘤，时刻侵蚀着美国社会，使美国少数族裔权利遭到践踏。大量事实表明，美国自殖民地时代就存在的种族主义和种族歧视问题，迄今非但没有得到很好的解决，而且在新环境下又不断衍生出新的问题。

一是种族主义和种族歧视无处不在。当今美国，种族主义令人震惊，白人种族主义者、新纳粹分子和三K党成员公然使用种族主义的标语、口号，宣扬白人至上，煽动种族歧视和仇恨；政治人物越来越多地使用分裂性语言，试图将种族、族裔和宗教少数群体边缘化，等同于煽动和助长暴力、不容忍和偏执。据《华尔街日报》和美国全国广播公司2020年7月的一项调查，56%的美国选民认为美国社会是种族主义社会，非洲裔、拉美裔和亚裔受到歧视。在美国的各个行业中，均或明或暗的存在种族歧视现象。有媒体报道认为，"最后被雇佣，最先被解雇"，是非洲裔美国人最无奈的现实。联邦调查局13000名特工中，非洲裔仅占4%，而且这一比例几十年来几乎没有变化。执法领域种族歧视问题触目惊心。接连不断的警察杀害黑人事件以及由此引发的抗议运动，使种族仇恨再次成为美国最突出的社会问题。据统计，非洲裔只占美国总人口的13%，却占被警察枪杀人数的28%，非洲裔被警察杀死的概率是白人的3倍。

二是种族仇恨难以遏制，仇恨犯罪居高不下。美国联邦调查局2020年发布的报告显示，在2019年执法部门报告的8302起单一偏见引起的仇恨犯罪案件中，57.6%涉及种族族裔身份，其中高达48.4%是针对非洲裔，15.8%是针对白人，14.1%是针对拉美裔，4.3%是针对亚裔；在种族仇恨犯罪案件的4930名受害者中，非洲裔多达2391人。美国联邦调查局2021年8月30日发布的报告显示，2020年美国仇恨犯罪数量上升至12年来最高水平，其中针对非洲裔和亚裔的袭击事件增幅最大。根据该年度报告，在6431名已知罪犯中，55%是白人。一些美国人将疫情的暴发归咎于亚裔，对亚裔的歧视、骚扰和仇恨犯罪事件越来越多。观察人士指出，联邦调查局统计的数据只展示了仇恨亚裔现象的冰山一角。"停止仇恨亚太裔"组织过去一年记录了近900起反亚裔仇恨犯罪投诉，远高于联邦调查局报告统计的274起。

三是种族间贫富差距进一步扩大。芝加哥大学和圣母大学的研究显示，2020年6月至11月，美国的贫困率上升了2.4个百分点，而非洲裔的贫困率上升了3.1个百分点。数据显示，白人家庭的财富中位数是非洲裔的42倍，是拉美裔的23倍。《今日美国报》网站报道，2020年第一季度，美国白人家庭的住房拥有率为73.7%，而非洲裔家庭的住房拥有率却只有44%。《华盛顿邮报》网站报道称，非洲裔美国人的生活处境极为艰难，超过五分之一的非洲裔家庭面临食物匮乏，这一比例超过白人家庭3倍之多。

四是种族不平等在疫情下更为凸显。2020年8月21日，联合国人权理事会非洲人后裔问题专家工作组向人权理事会第45届会议提交报告指出，美国新冠肺炎病毒的感染率和死亡率体现了明显的种族差异，非洲裔的感染率、住院率和死亡率分别是白人的3倍、5倍和2倍。英国《金融时报》网的报道称，"没有什么比这场疫情下的生与死更能体现美国的肤色差异了"。疫情中的种族差异扩大到了儿童。美国疾病控制与预防中心发布的报告显示，拉美裔儿童因新冠肺炎住院的比率是白人儿童的9倍，非洲裔儿童住院的比率是白人儿童的6倍。

第三个视角，美式人权存在系统性问题，又表现在美式"普世人权观"的傲慢与偏见，具有非理性特征。

多年来，美国基于自身的价值观，试图制造一种为世界各国所认同和接受的"普世人权观"。"普世人权观"是文化普世主义的产物，在美式"普世人权观"的思维下，讲人权不应该考虑不同国家和民族的历史、文化及社会背景，不应该强调人权的特殊性，即各国的国情和发展道路，只要讲人权，就应该是一个标准，这个标准就是美国标准。

按照美式"普世人权观"，凡是符合美国人权标准的，就符合人权要求；凡是不符合美国人权标准的，就不符合人权要求。为推行"普世人权观"，同时也为表明这一人权观的正确性，美国采取了对自己一套、对他国另一套的做法。同样一件事情，在美国发生了，就不是侵犯人权，而在其他国家发生了，就是侵犯人权。这便是美式"人权双重标准"。美国的"普世人权观"，完全是为美国国家利益服务的，是美国在全球推行霸权主义的需要。

由于奉行"普世人权观"，美国根本无视联合国和发展中国家关于提高经济、社会、文化权利以及其他各项发展权利的要求，只是一味强调所谓"公民权利和政治权利"，在一些国家培植"不同政见者"，并对不同意识形态国家进行打压，甚至颠覆其政权。因为奉行"普世人权观"，美国迄今仍以不符合国内法律原则为由拒绝批准《儿童权利公约》，并漠视大多数国家业已批准的《消除对妇女一切形式歧视公约》和《经济、社会、文化权利公约》。美国政府每年都在炮制《国别人权报告》，无视客观事实，对包括中国在内的世界其他国家的人权状况横加指责，而对自己国内存在的严重人权问题，却视而不见。

正是在"普世人权观"的作用下，自20世纪70年代末起，美国开始大力推行人权外交，以人权为手段推行美国价值观，利用人权干涉他国内政。美国的人权外交基本包括三部分内容：一是以美国的人权标准衡量世界各国的人权状况，这就是"普世人权观"；二是对"侵犯"人权的国家进行制裁，用经济手段达到政治目的；三是干涉他国内政，甚至不惜发动战争。美国以人权外交为由头，与西方有的国家一起构建价值观联盟，在世界范围内制造政治对立。

20世纪80年代末、90年代初苏东剧变后，美西方普遍认为是美国推行"普世人权观"的胜利。此后，人权更加成为美国向全球特别是中国等在意识形态上不同于美的国家，推行其政治霸权的重要工具。为达到政治目的，美国精心制造了一套话语，否定文明多样性，提出历史终结论。"9·11"事件后，美国先后发动阿富汗战争和伊拉克战争，参与利比亚、叙利亚战争，其间不断打出"保护他国民众人权"的幌子，结果不仅没能保护人权，反而肆意践踏了他国人权，造成旷日持久的人道主义灾难。据统计，美国出兵阿富汗20年，累计致17.4万人死亡，超过1000万民众沦为难民，无数阿富汗人家破人亡、流离失所。

美国企图以"普世人权观"左右当今世界而又无法达到目的时，便采取了傲慢且非理性的做法。2018年6月19日，美国以所谓联合国人权理事会"长久以来对以色列存有偏见"为由，宣布退出联合国人权理事会（UNHRC）。对美国退出联合国人权理事会的真实原因，时任美国驻联合国大使妮基·黑莉曾毫不遮掩地表示，美国呼吁改革联合国人权理事会，但呼声一直没有得到重视。显然，此次美国之所以退出联合国人权理事会，与其说是因为"长久以来对以色列存有偏见"，还不如说是因为美式"普世人权观"在联合国人权理事会受挫。

以上诸种现象，足见当今美国人权状况之一斑。这也充分说明在人权问题上，美国非但不完美，而且问题百出，弊端多现，存在着系统性问题。

美式人权存在结构性缺陷

"冰冻三尺，非一日之寒。"美式人权之所以存在困境，有其自身早已存在的结构性原因。这是美式政治文化的直接产物，可谓与生俱来。这也恰恰说明了美式人权存在诸多问题的根本性、顽固性、长期性。

建国初期构建起的美式人权，对后世影响长达200多年。这种以基督教教义、白人至上主义、自由主义为核心的人权观，以天赋人权、个人至上、追逐资本为目的，深深地影响了美国历史的进程。这也反映了在一定历史时期，美式人权作为资产阶级革命成果，其局限性以及由此带来的结构性缺陷。

美式人权的局限性主要表现在以下三个方面：

一是视个人自由主义为抽象的、绝对的、超国家的概念，造成了自由的滥用和难以限制。这也造成了美国社会为保障个人权利而滋生出诸多矛盾，如暴力政治和枪支泛滥等问题。

二是把公民权利、政治权利作为主要人权，忽视经济社会文化权利等基本权利。尽管在20世纪40年代，美国也有过"四大自由"，有过关注民生的一面，但并未成为主流。

三是推崇白人至上主义，存在严重的种族主义和种族歧视。美式人权最大的问题是白人优越，也可称"白人人权"，并由此造成了美国社会的不平等。这是美国社会最大的痼疾、顽疾，带来的问题至今依然十分严重。

美式人权的上述局限性，导致其存在无法摆脱的结构性缺陷。个人自由主义、白人至上主义、唯资本主义，是美式人权在结构上最为突出的三个问题。这三个问题实际上构成了美式人权的价值链，自成一体。

这里重点就个人自由主义、白人至上主义以及由此而生成的种族主义和种族问题做些分析。

先来看基督教新教、个人自由主义与"上帝的选民"之关系。

美国是一个由基督教新教徒组成的移民国家，对个人自由主义有着天然的精神追求。基督教教义认为，自由意味着抛弃带有原罪的生活。《新约》中宣称：凡上帝精神所在之处，自由也就同在。在这种定义下，遭受奴役与获取自由是两种不但不矛盾、反而相互强化的状态，因为接受了基督教诲的人在"从原罪之中获得解救"的同时，也成了"上帝的仆人"。基督教关于自由是一种精神解脱的思想不仅在美国建国之初即被发挥，而且一直延至今日。

还是让我们回到历史中来，否则就不能把问题说清。15、16世纪欧洲宗教改革后所产生的基督教新教（简称新教、清教），可以说是美国文化的源头。

众所周知，14世纪欧洲暴发席卷全欧的"黑死病"。疫情过后，教会通过多种手段敛财、扩张势力，包括贩卖赎罪券、圣职等，教会腐败日甚。针对此种状况，16世纪初，神圣罗马帝国教会司铎马丁·路德发起宗教改革运动，主张"因信称义"（指人们仅凭信仰耶稣基督，就可获得神的恩典而得救，并非单单依靠神职人员或教会，并排除其他经典，而把新、旧约《圣经》奉为唯一权威）。

继路德之后，法国宗教改革家约翰·加尔文在路德的基础上，强调"预选说"与"命定说"，认为上帝早已择定天选之人，这些人将在死后上天堂永生，而其他人则会下地狱，且只有上帝有能力救人，人们自身无法有任何作为。

英国新教徒多为加尔文教派。正是在加尔文教的影响下，1647年，英国威斯特敏斯特的宗教会议通过《信仰宣言》，其中关于"预选说"与"命定说"有这样的表述："按照上帝的判决，为了显示上帝的荣耀，天使和一些人命中先定永生，其他人则命中先定永亡。""对人类中命中先定永生的那些人，在世界奠基之前，上帝按照他永恒的、不可改变的意旨以及意志的暗示和善愿，已经挑选基督赋予永久的荣耀。""凡上帝已经注定永生的人，而且只有这些人，上帝乐于在他指定和满意的时候通过他的话语和精神有效地进行召唤……"

新教加尔文教派鼓励教会人士从事商业与政治活动，从事经济活动并赚取更多金钱。他们坚持认为，在世俗中不断取得成功，代表这是受上帝眷顾之人；在世俗中越成功，象征越蒙福，就越有可能是"上帝的选民"，以此荣耀上帝。在这一思想影响下，一批又一批的清教徒们坚信，他们面临的一切宗教或世俗问题都能在《圣经》里找到解答，上帝的话语能够引导他们。

新教究竟给资本主义带来了什么？这是许多思想家们感兴趣的话题。德国社会学者马克斯·韦伯（Maximilian Karl Emil Weber，1864—1920）在其著作《新教伦理与资本主义精神》中指出，由于新教将信仰、道德观与职业、金钱挂钩，而催生出资本主义"扩大再生产"，使资本极大化，并结合了基督教极大的传教热情，进一步让基督徒自带优越感地为了商业经济利益向外扩张、殖民。

正是按照"预选说"与"命定说"，美国建国初期制定的宪法，对当时生活的美国人作了三种区分：第一种人是土著印第安人，他们被视作其部落之下的成员，并不是美国人民；第二种是其他人，即奴隶，同样不属于美国人民；第三种人是"人民"，亦即来自欧洲的盎格鲁-撒克逊人。而且，只有第三种人才能得享自由的恩惠。当时有一位叫埃克托尔·圣约翰·克雷维克的人，曾经提出一个非常有名的问题："美国人这个新人到底是什么人？"他自己回答说："（美国人）是一个英国人、苏格兰人、爱尔兰人、法国人、荷兰人、德意志人和瑞典人的混合体——他是一个欧洲人或一个欧洲人的后裔。"也就是说，除欧洲人外，其他人都不是美国人。黑人更不是美国人，他们是奴隶，奴隶不等于人。

抱着"上帝选民"的荣誉感，大批清教徒跨过大西洋，克服了疾病以及与当地印第安人的争斗，并把北美之地视为上帝恩赐的"新迦南"（上帝应许亚伯拉罕子孙后代之福地），开始了打造"新大陆"这一"荣耀上帝乐园"。他们发现了来自非洲便宜而又充足的劳动力——黑人，并蓄养为奴，残酷压榨其剩余价值。自由意味着，有权向整个大陆扩张，"上帝的选民"拥有对其他任何人的支配权。在西进的过程中，北美土著人的家园，特别是印第安人的家园接连被占领，他们的文化传统以及对土地的控制权遭到严重破坏。

"命定说"和"天选之地"的观念可以说深入美国白人的骨子里。如《独立宣言》的主要起草人托马斯·杰弗逊在总统就职演说中表示："上帝曾把我们的先辈当作旧世界的选民，引导他们离开故土，把他们安置在一片到处充满着生活所需物质和舒适条件的土地上。"被认为是19世纪美国最伟大的小说家之一的梅尔维尔在其著作《白外套》中写道："我们美国人是特殊的上帝选民，是我们时代的以色列人；我们驾驶着世界自由的方舟……"这段话可以说把美国白人自命不凡的种族优越感表达得淋漓尽致。

再来看盎格鲁-撒克逊种族优越论问题。

在美国历史上，"上帝选民"与盎格鲁-撒克逊种族优越论相互作用，打造出白人至上主义。因为有"上帝选民"之说，才有盎格鲁-撒克逊种族优越论的存在；反过来，因为有盎格鲁-撒克逊种族优越论，才使"上帝选民"之说大行其道。

盎格鲁-撒克逊人通常是指公元5世纪初到1066年诺曼征服之间生活在大不列颠岛东部和南部地区的文化习俗上相近的一些民族，属于日耳曼民族的一支。他们使用日耳曼方言，被英国历史学家比德认为是三个强大的西欧民族——源自日德兰半岛的盎格鲁人和朱特人以及来自之后称作下萨克森地区的撒克逊人的后裔。

如前所述，受基督教新教的影响，英国，这个以盎格鲁-撒克逊人后裔为主组成的国家，视自己为自由的个人组成的共同体，是为自由而生和为自由而战的国家。英国人的自由并非普天之下共同享有的自由，而是带有明显民族主义色彩的自由，对其他国家和民族充满敌视。正是打着自由的名义和旗号，英国为自己的殖民地政策开出正义的理由，通过一次又一次的海外扩张战争，并利用法治确立起符合自己自由意志的规则，进而构建起一个日不落帝国，亦即一个盎格鲁-撒克逊世界，而其他所有的国家、民族和人民，则成为其奴役的对象。在他们的观念中，非洲人没资格与英国人享有同样的权利，非洲人只能是奴隶。因此，他们把几十万、几百万非洲人贩运到美洲新大陆去当奴隶时,并不认为有什么不妥之处。

"上帝的选民"带来的"天选观",让包括英国人在内的北美白人自觉高人一等。他们认为黑人和印第安人是上帝恩赐给他们的珍贵礼物,强调黑奴即使受洗,也不会改变其奴隶身份。甚至有奴隶主认为,非洲黑人并非完整的人类,他们天性驽钝,文明落后,既无法领略基督教义,基督教的力量也无法改变他们,所以他们为人类主流文明所主宰。

南北战争期间曾任南方邦联"副总统"的亚历山大·斯蒂芬斯说,美国建国的"基石立于一个伟大的真理之上:白人与黑人是不平等的,作为奴隶服从优越的种族是黑人自然、正常的状态。我们的新政府是世界历史上第一个基于这一伟大的物理、哲学和道德真理而存在的政府"。"在我们这里,所有的白人,无论贵贱贫富,在法律面前都是平等的。黑人不是如此。黑人处在从属地位。黑人,无论他天生就是黑人,还是因迦南所受的诅咒而成为黑人,都适合他在我们的体系中所处的地位。"

正如有的研究者指出的那样:尽管在南北战争(1661—1665 年)结束后,美国国会在 1665 年通过美国宪法第 13 条修正案,宣布废除奴隶制,20 世纪中叶,美国联邦最高法院也以一系列的判例,从法律上宣告种族隔离政策的终结,但那从"上帝选民"衍生出来的高姿态,依然深植于部分美国民众的心中。据统计,现在美国各地仍有超过 1700 座纪念南方邦联的纪念碑。显然,这些纪念碑不是用来纪念解放黑奴战争的,而是对南方邦联时代的纪念。

对于这种盎格鲁-撒克逊种族优越论,对于盎格鲁-撒克逊种族优越论对印第安人、黑人的歧视,自美国建国以来,爱好正义的人们从来就没有放弃过对它的批评和谴责。

1831 年,法国人托克维尔接受委托,对革命成功后的美国进行了考察,并写出了极有影响的《论美国的民主》一书。在对美国的民主制度表示由衷的赞赏之时,受人性和理性的驱使,托克维尔对印第安人、黑人的地位也表示了极大同情,并批评了白人的不文明做法。对于黑人和奴隶制,托克维尔在书中至少表达了以下几种看法。第一,"在美国未来可能遭受的所有灾难中,最可怕的就是黑人的出现"。第二,"一般来说,人们的好高骛远和狂热追求往往会带来长久的灾难。然而,还有一类灾难,在它降临到世界上时,却是悄无声息的:最开始的时候,它以人们刚刚能察觉的形式出现在一般权力中,在历史上一个无名之辈的手里诞生;之后,它像一种撒在大地上的某种可怕病菌,通过自身的快速繁殖向四周轻轻地蔓延,并且随着社会的发展而成长。这个灾难就是蓄奴制"。第三,"瞧不起比自己地位低的人是人类所具有的一种天然的偏见,而当这些人变得和自己平等后,它仍然会瞧不起人家"。第四,"在废除了奴隶制度以后,现代人还需要破除比蓄奴制度更难对付的三个顽固偏见:奴隶主的偏见、种族偏见、肤色偏见"。历史不幸被托克维尔言中了。

曾任《纽约时报》芝加哥分社社长、现任波士顿大学新闻学教授的伊莎贝尔·威尔克森(Isabel Wilkerson)在她的《美国不平等的起源》一书中,对美国存在的种族主义做了迄今最为深刻透彻的分析。在这个问题上,她使用的不是种族主义,不是种族歧视,而是"种姓制度"(当然,这个概念的提出她不是第一人)的说法。她认为,美国的种姓制度与印度的种姓制度、二战时纳粹的种姓制度共同构成了人类三大种姓制度。

她分析指出:"纵观人类历史,有三个种姓制度极为突出。首先是纳粹德国的种姓制度,它悲剧性地加速发展,令人不寒而栗,已经正式宣告失败。其次是延续千年的印度种姓制度。最后是美国变化多端、不言自明、以种族为基础的种群金字塔。它们每一个都依赖于给所谓的'劣等人'打上烙印,以让其待在社会底层所必需的非人化变得合理,为强制执行相关规定提供合理的借口。种姓制度能够恒久存在,是因为它往往被正当化,被认为是神明的意志,被认为是源于神圣的文本或所谓的自然法则,从而在整体文化中得到加强,一代一代传递下去。"

她接着写道:"美国独立战争前一个多世纪的时候,在后来成为美国的这片受到各方争夺的土地上,就已经形成了一套人类等级制度。它是天赋权利的概念,是一种有权扩张的诱惑。它将启动世界上第一个民主制度,并由此形成对人类价值与用途的等级排名。"

她继续写道："为了给他们的计划正名，他们利用自身占据中心地位的既有观念，通过对《圣经》做出对自身有利的诠释来巩固基础，建立了一套等级制度，规定谁能做什么，谁能拥有什么，谁在上，谁在下，谁在两者之间。全球性的人类阶梯由此形成。占据梯级最上层的人来自欧洲，其中也分不同的层级，英国新教徒在最顶上……其他人的梯级根据他们与被定为最优越之人的接近程度依次向下。排序一直往下，直到最底层——非洲奴隶，他们被运去建设'新世界'，一辈子为胜利者服务，一代接一代，延续了整整12代。"

伊莎贝尔·威尔克森的分析提出了构成美国种姓制度的八大支柱：神圣化、承袭性、内婚制、纯洁性、职业等级制度、非人化和污名化、残暴化、固有化。她认为，"无论在美国、印度还是纳粹德国，种姓制度都建构在这些原则之上。这些'信念'在某些时期深埋于绝大多数民众的集体潜意识和文化之中，种姓制度从而得以正常运转。"

美式人权神话的破灭

尤瓦尔·赫拉利在他的《人类简史》一书中谈到"虚构故事"时这样写道："无论现代国家、中世纪的教堂、古老的城市，还是古老的部落，任何大规模人类合作的根基，都在于某种只存在于集体想象中的虚构故事。"美式人权制造的神话，最能体现尤瓦尔·赫拉利关于"虚构故事"的说法。

大量且充分的事实足以说明，美式人权困境重重，深陷泥潭之中。多年来，美式人权曾经制造了许多虚假神话，但在严峻的现实面前，这些神话如同泡沫般一个一个地破灭了，不能不令人深思。

"自由的土地""民主的灯塔""民族的熔炉"，等等，此类是美国虚假人权神话的代表性语言文字符号。

先来看"自由的土地"上的不自由。

自由是美国政治词汇中的一个中心词。在美国人的自我感觉和意识中，没有任何其他的概念比自由更为至关重要。《独立宣言》将自由列为不可剥夺的天赋人权之一种，联邦宪法将保卫自由宣示为自己存在的目的。说归说，做归做。美式自由存在的问题是十分明显的，主要有两点。一是享有充分自由的历来只是一部分人，或白人的自由，而黑人和其他人则难有更充分的自由。在美国两百多年的历史上，黑人为争取自由、获得人权而进行的斗争不计其数，付出的代价巨大，到头来还是难以享有真正的自由。二是放任的自由导致一系列社会问题，如枪支管控问题和民粹政治现象。自由成为威胁他人和危害社会安全的借口。

对于这种美式自由的神话，理性的人们已经给予了一针见血的批评。二战时美国历史学家雷福特·洛根曾有过这样的比喻：在美国"民族团结的大厦中"，黑人待在"一个被隔离的偏房"里，"门廊上刻着剥削、无选举权、种族歧视、私刑、蔑视"的字样。当代美国最有影响的历史学家之一埃里克·方纳（Eric Foner）在他的《美国自由的故事》一书中这样写道："美国革命给后来数代美国人留下了一份用之不尽却又矛盾重重的遗产。革命创造了这样一种幻觉，即在这个充满压迫的世界上，美国是自由的唯一的避难所，这种幻觉在当今美国的政治文化中仍然存在。但是，在自由的襁褓中诞生的美国同时也藏匿着一个快速增长的奴隶群体，这种情形至少说明，开国领袖们那种将自由宣示为普遍的天赋人权的豪言壮语是极不真实的。"

安全是充分享有自由的前提，无安全便谈不上自由。近年来枪支在美国的愈加泛滥，与其说是社会矛盾加剧所致，不如说是人的安全感降低导致自由无法得到保障。加州大学戴维斯分校的一项研究发现，美国疫情失控导致人们对社会稳定失去信心，许多曾经反对拥枪的人士也开始购枪，导致疫情期间的枪支购买量飙升。据《华盛顿邮报》网站报道，在疫情失控、种族抗议和选举冲突交织影响下，2020年美国的枪支销量高达2300万支，比2019年激增64%。根据美国全国射击运动基金会的数据，2020年美国首次购买枪支的人数超过800万人。《今日美国报》网站2020年12月18日报道，美国的持枪杀人率是其他发达国家的25倍。毫无疑问，枪口下的自由，是最不自由的自由。

再来看"民主的灯塔"被无情地碾碎。

多年来，美国自诩为"民主的灯塔""民主国家的榜样"，并通过输出民主价值观的方式，对其他国家搞"颜色革命"。然而，通观美式民主的历史与现实，其存在的弊端也是多多。历史上，美国两党政治制造的政治对垒，始终是美国的一大政治顽疾。近年来，美国两党政治尽显劣迹，两党之争演变为身份政治，极化政治演变为分裂政治，充满戾气，加剧美内部混乱。两党政治对垒已然使美国政治及社会陷入多年未见的严重撕裂。有分析认为，如今的美国民主、共和两党，形同两个"部落"，基于精致利己主义考量展开政治表演，"一个美国"反对"另一个美国"。最新民调显示，民主党与共和党相互"极度讨厌"人数比率从25年前的16.5%上升到当前的80%以上。据此，有人甚至说，"美国人与美国人之间正在爆发一场国内冷战"。

如今，美式民主更加演变成"金钱民主"。美国民主制度是实现资产阶级统治的政治形式，因此必然体现资本家意志，为资本家利益服务。富人通过资助竞选经费的方式挑选合格的政治代理人，使他们成为候选人，进而赢得选战。在这种选举制度设计下，经济利益与政治权力的链接成为天作之合。富人的经济利益需要通过选举参与政治来保障，政治人物需要借助金钱来进行选举，金钱极为容易地充当了政党政治"链条"中的"起点与终点"。在金钱支配政治的美国，没有金钱，一切关于政治参与的议论都是空谈。金钱政治无情地碾碎了美式"民主的灯塔"神话。

更为令人不解的是，近来"民主的灯塔"竟乱象丛生。其中，尤以2020年美国总统选举引发的"国会山暴乱"令世人震惊。有舆论称此为1814年第二次英美战争中英军火烧白宫和国会山以来美国首都政治核心区遭遇的最严重破坏，也是美南北战争、反越战游行和黑人民权运动以来美社会面临的最严重分裂。有分析认为，这是典型的美式"颜色革命"，是美式民主的"一次失败大表演"。

最后看"民族的熔炉"中的种族不平等。

美国是一个多族裔的国家，这是一个不争的事实。但是，美国绝不是一个"民族的熔炉"，这也是一个不争的事实。自殖民时代开始，来自英国等欧洲国家的白种人，便对世代生活在这片土地上的印第安人等展开了屠杀和驱赶，并对从非洲等地贩卖来的黑人进行奴役剥削。有人说，一部美国发展史，就是印第安人和黑人的血泪史，这话是经得起推敲的。种族主义在美国从来就没有退出历史舞台，时至今日这样的悲剧依然在美国不断上演。

历史上少数族裔的不幸遭遇已经凿证了"民族的熔炉"是彻头彻尾的假说，而现实中的种族不平等，更是着实证明了此说不过是为掩饰深刻社会矛盾的政治话术。近年来，在白人至上主义、民粹主义等的作用下，美国白人种族主义沉渣泛起。特别是因弗洛伊德事件等引起的种族矛盾，使所谓的"民族的熔炉"已然变成种族主义角斗场。针对拉丁裔美国人、锡克教和穆斯林美国人、犹太裔美国人和移民的仇恨犯罪激增。尤其自新冠疫情暴发以来，亚裔美国人每天都要面对欺凌、歧视、野蛮和暴力。

旧的不平等未解决，新的不平等又生成。今日美国，穆斯林群体遭遇到了更加严重的歧视，在美国"做一名穆斯林"变得十分困难。2017年1月27日，美国政府发布一项行政命令，禁止伊朗、伊拉克、利比亚、索马里、苏丹、叙利亚和也门等7个国家的公民进入美国。由于禁令所涉国家均以穆斯林人口为主，因此该行政令也被普遍解读为"穆斯林禁令"。这一禁令在美国国内和世界各地都引发了广泛抗议。皮尤研究中心2017年初的一项调查显示，75%的美国成年穆斯林表示美国社会存在大量对穆斯林的歧视，69%的普通公众也持相同观点，50%的穆斯林表示，近年来在美国"做一名穆斯林"变得更加困难。

美式人权的困境，根源于美国历史，渗透在美国社会，非短时间内生成，也非短时间内能够解决。从根本上改善美式人权状况，解决影响人权实现的根本性问题，特别是根深蒂固的种族主义和种族歧视，需要从改造美国的政治文化入手。唯有如此，才能真正建立起"人人生而平等"的人权文明社会。

美西方人权观的重重困境

张维为*

(《人民日报》 2022 年 5 月 25 日)

联合国界定的人权，主要指公民、政治权利和经济、社会、文化权利，是一个比较完整的体系。无论以联合国的人权标准，还是以世界范围内人权实践的成效来看，美西方的人权观及其实践都存有太多问题、面临重重困境。

第一，缺乏不同权利之间的平衡。美西方人权观总是片面强调公民权利和政治权利，忽视生存、发展、经济、社会、文化等权利。美国是世界上参加国际人权公约最少的大国，缺席了 9 个核心国际人权公约中的 6 个。按照联合国的人权标准，美西方的人权问题非常之多。比如，3 亿多人口的美国竟有 3000 多万人没有医疗保险，西方国家迄今为止几乎都没有实现男女同工同酬，这些都违背了联合国《经济、社会和文化权利国际公约》。

第二，个人权利与集体权利关系的困境。中国人的哲学观非常注重整体与个体的关系，有个人的权利，那么就一定有集体的权利，这是哲学上对立统一的辩证关系，缺一不可。美西方总体上认为人权是个人权利，但不愿意承认甚至否认集体权利的存在。西方在人权问题上强调个人权利的一个理由是"集体权利可能被滥用"，但这种解释的困境在于个人权利的滥用也会造成对集体权利的损害。比方说，几年前法国漫画家和丹麦漫画家以个人拥有言论自由权为借口，发表亵渎伊斯兰教的作品，引起全世界穆斯林的愤怒。在新冠肺炎疫情防控过程中，许多西方国家公民以保护个人自由为名，拒绝佩戴口罩或配合公共防疫措施，造成疫情泛滥的悲剧。这种将个人权利绝对

---

* 作者张维为系复旦大学中国研究院院长。

化的做法无疑损害了大多数人的权益。一个理想的人权保护体系应该能够兼顾个人和集体权利，兼顾自由与责任，使权利与义务之间实现一种平衡。在这方面，中国强调权利与义务平衡的人权观无疑更加契合时代的要求。

第三，忽视国情差异的困境。人权是历史的、具体的、现实的，不能脱离不同国家的社会政治条件和历史文化传统空谈人权。每个国家都有权首先聚焦自己的优先发展方向。但是美西方一些国家推行所谓"人权外交"，把人权当作干涉别国内政的政治工具，或强行移植西方人权理念，结果"水土不服"，导致许多国家党争不断、社会动荡、经济凋零，人民生活苦不堪言。

中国坚定走符合本国国情的人权发展道路，把生存权和发展权作为首要的基本人权，把消除贫困当作一个核心人权。中国创造了消除绝对贫困的奇迹，在减贫方面走在了世界前列。中国坚持自己的人权观和人权保障重点，总体效果非常好。这对大多数发展中国家都是一个巨大的鼓舞和启迪，因为发展中国家面临的最大挑战几乎都是消除贫困。越来越多的发展中国家正在从促进人权的视角借鉴中国的扶贫经验。

当然，有些权利涉及人类社会应该接受的共同底线，比方说禁止酷刑、禁止奴役制度、思想自由、免受任意逮捕等。在这些问题上，中国和多数国家的主流观点没有分歧。美国对关押在关塔那摩监狱的人员实行酷刑之所以引起国际社会的义愤，就是因为它触犯了人类文明的共同底线。

第四，法条主义困境。西方把人权问题基本上视为法律问题，认为只有法庭可以受理的才属于人权问题，这种认知本身很有争议。在一些法制相对不健全、法律资源不充沛的发展中国家更是难以操作。从中国的人权实践经验看，促进人权的最好办法是在推动法治建设的同时，通过政治、经济、社会等一系列综合措施来保护与促进人权。以中国的精准扶贫、精准脱贫为例，党政干部下到最基层，驻村帮扶贫困村和贫困户。政府针对贫困人口组织职业教育培训，使贫困者获得一技之长，增强自身脱贫能力。政府还出台政策为贫困户做信用担保，使银行给贫困户放贷，从而通过落实发展权实现真正脱贫。中国这些促进人权的做法远远超出了西方的实践和理念，极大丰富了世界促进人权的路径和智慧。

第五，文化传统与人权关系的困境。每个国家都有自己的文化传统。中国是一个文明型国家，中国传统文化中蕴含着丰富的人权思想，比西方人权理念的出现要早得多。世界上的事情不能什么都套用西方标准，世界人权事业的未来方向应该更多地包容不同的文化和智慧，从而丰富人权的理念和实践。说到底，美西方那种把自己的文化说成是"普世价值"，把别人的文化说成是落后习俗，把自己的东西强加于人的做法，就是企图以西方文化文明取代丰富多样的世界文明。

第六，对外侵略战争侵犯人权的问题。美国发动的阿富汗战争耗费了近 2.3 万亿美元，结果是无数百姓生灵涂炭，流离失所，人权遭到严重践踏。联合国儿童基金会不久前指出，阿富汗全国近半数儿童营养不良，其中 320 万 5 岁以下儿童因严重营养不良面临死亡威胁。联合国驻阿富汗人道主义协调员在一份声明中也指出：95% 的阿富汗人口没有足够的食物。

按照世界银行国际贫困标准，设想一下，如果拿着美国进行阿富汗战争所耗费的资金，我们足以在全世界基本消除极端贫困，包括美国国内的极端贫困。这笔开支也足以使几千万美国人免于大学教育的沉重贷款。但美国政府就是不愿意这么做，因为美国政治制度早已被美国的军工利益集团所绑架。他们通过战争，包括阿富汗战争和乌克兰危机等，赚得盆满钵满，但给包括美国人民在内的世界人民带来的是一场场危机乃至灾难。与此形成鲜明对比的是，党的十八大以来，中国各级财政专项扶贫资金累计投入近 1.6 万亿元，近 1 亿农村贫困人口全部脱贫，完成了整个国家全面脱贫的历史任务。

美西方自身人权问题缠身，却大肆对他国进行人权说教，甚至公然侵犯他国人权。这样的国家有什么资格来跟中国谈人权？希望美西方纠正自己在人权领域内的顽固偏见，解决自己国家在人权领域内存在的种种问题，放弃把人权作为外交工具的错误做法，真正回到各国互相尊重、取长补短、共同推动国际人权事业健康发展的正确之道。

当代美国人权文化的表象与真相

冯玉军　郭晓明*

(《光明日报》　2022年6月6日)

美国的人权故事和制度经验，经过政客和学者们的层层包装，甚而借由殖民占领和武力强迫，成为后发国家模仿照搬的"标准"人权样态。但是，当代美国人权的真实状况究竟如何呢？

从人权观念看，世俗导向的民主党主张左翼自由主义人权观，宗教虔诚的共和党推崇右翼自由主义人权观，使美国的人权保护日益呈现碎片化、分裂化之势。从人权实践看，美国国内正遭遇疫情失控、政治失序、种族冲突、社会撕裂等严重人权问题，对外则采取贸易保护、强权政治、文化清除、排外主义等政策安排，执意将人权问题工具化、策略化，变本加厉地展开对华意识形态攻击，使人权成为维护美国霸权、干涉他国内政、破坏国际秩序的幌子和借口，由此造成美国人权光鲜亮丽的表象与虚伪撕裂的真相之间的鲜明反差，形成最严重的人权赤字和"美国反对美国"的自相矛盾的人权文化格局。

极端的个人主义塑造撕裂的对抗人权观

个人主义人权观是美国人权文化的首要原则。它认为，人权是由生物意义上的个人而非集体意义上的任何群体所享有的，作为社会成员的个人是自

---

* 作者冯玉军、郭晓明，分别系中国人民大学习近平新时代中国特色社会主义思想研究院副院长、当代政党研究平台研究员、法学院教授，中国人民大学人权研究中心研究员。

治性的，针对集体认同过程中存在的身份压迫或歧视，个人拥有先于社会和国家的更具价值优先性的权利。由此，确保个人享有人权的最佳方案便是尊重个人自由，包括免于专断的意志自由、免于干涉的选择自由和自我归因的道义责任。

这种个人主义人权观看上去很美，但在社会生活和政治实践中却往往造成极端个人主义滋生泛滥，即在言论、行动和政治选择上的个人自由与法律和社会规范有效约束的剧烈冲突。第一，在随心所欲地发表不负责任的仇恨言论问题上，约束媒体和个人的法律模糊无力。其唯一后果是：公民表达言论的自由蜕变为肆意发布虚假、造谣、仇恨、歧视和恐怖主义言论的自由。目前，推特、脸书、优兔等社交媒体平台已成为美国乃至全世界网民发布各类负面信息和言论的集散地。第二，个人主义人权观必然带来越来越多的对抗性个人行动和对抗性组织。美国人权文化把"个人拥枪与自我防卫"看成是受宪法保护的基本权利和美国身份认同的中心特征，为枪支暴力频发提供了温床。同时，随着号称"反帝国主义""反资本主义""反法西斯主义"的极左组织和宣扬白人至上主义、白人民族主义和新纳粹主义等极右组织不断壮大，美国的公民结社自由变为允许恶民结成极端组织的自由。第三，在日益严峻的道德滑坡和社会分裂之下，个人主义人权观愈加演变为一味追求唯我独尊和私欲至上的对抗人权观。2021年1月6日，美国发生国会山骚乱。这起暴乱事件表明，公民集会游行示威的自由在肆无忌惮的政治操弄与默许下，已等同于暴民占领国会的自由。

由此可见，基于自由主义思想之上的个人主义（对抗）人权观，已经不能正确地接纳人的存在的社会性，正在生成危害当代美国社会肌体的"癌细胞"，任其繁衍只会走向自毁之路。

虚伪的平等主义纵容异化的消极人权观

平等主义人权观是美国人权文化的核心原则。它强调，每个人都应当享有平等的人格地位和发展机会，不因年龄、性别、种族、肤色、身体素质等生理因素和民族、国籍、信仰、语言、家庭出身等社会因素而受歧视。

这种平等主义人权观修辞精美，强调权利资格的机会平等，看重同等对待的形式平等，鼓励优胜劣汰的差别平等，但究其实质，却与消极自由主义人权观暗通款曲、高度亲和。虚构的、空洞的法律平等与人权口号喊得震天响，但却反对资源分配的结果平等，不愿通过政治途径解决人与人之间的实质不平等，反对机会均分的共享平等，不信任也不支持国家在资源配置中发挥作用，当然更不会接受实行社会主义制度以最终实现"人的自由全面发展"了。

事实上，美国尽管拥有全球最好的医疗技术和条件，却成为全球新冠肺炎确诊和死亡病例最多的国家，目前分别累计超过8600万例和100万例。美国也是全世界监禁率最高和被监禁人数最多的国家。美国公共政策智库"监狱政策倡议"近日发布的报告显示，美国102所联邦监狱、1566所州监狱、2850个地方看守所、1510个少年管教所、186个移民拘留所和82个原住民看守所，以及军事监狱等各类机构，共关押了约200万名囚犯，占全世界在押囚犯的四分之一。美国各级各类审判与执法机构的诉讼成本高昂，使美国公民很难获得权利救济。美国还是世界上枪支暴力和种族歧视最严重的国家之一，每年有3.8万余人死因与枪击有关，其中20%为1岁至17岁的儿童和青少年。

尽管当代美国存在一系列结构性的经济社会不平等问题，但异化的消极人权观却依然漠视美国公民的生命健康权和平等权，美国政府在系统性制度歧视问题上长期无所作为，对美国人民的人权遭受系统性侵犯表现得麻木不仁，这充分表明美国对外宣称的"重视人权"完全是虚伪、空洞的说辞。

单边的普遍主义滋生霸权的普世人权观

普遍主义人权观是美国人权文化的护身符。它声称，人作为类的存在应当享有内在、必然且共同的人格尊严和价值准则，人所处的特定历史语境和文化形态只具有次要意义。这种主观先验的人权观，将美国的人权理念和实践看成是其他国家人权演进的必由之路和人类社会现代化转型的必然规律，有以下三种解释来源。一是原教旨主义的人权普遍性，即人权观念和天赋人权论、社会契约论、代议民主论和分权制衡论等启蒙思想同源共构，带着资产阶级革命的光环。二是进化主义的人权普遍性，即人权虽然兴起于西方社会，但本质上是人类社会现代性的产物，体现了人类"普世价值"。三是传教主义的人权普遍性，即根源于基督教"救世情结"和"美国例外论"，把向世界各地传播美式人权思想与制度当作神圣使命，以偏概全否定全人类共同人权价值或贬低其他国家的人权实践。

需要强调的是，无论是鼓吹制度优越论，将人权一元化，还是利用文化渗透将人权政策化、技术化，抑或通过经济和外交干预直接推广美国版的"普世人权"，美国所追求的都不是包容、平等和合作的共同人权规则，而是反映权力差序格局、要求其他国家和地区被动接受的"基于实力的规则"。

从二战后人权实践看，单边的普遍主义人权观使美国成为国际社会的"超级恶霸"。在国际事务中，美国一贯奉行霸权主义、单边主义、干涉主义，打着"民主、法治、自由、人权"的旗号，以谋求美国战略利益为实，频频动用武力导致大量平民伤亡，滥用单边制裁引发人道主义危机，以强权挑战公理，以私利践踏正义，肆意侵犯他国人权，已成为国际人权事业健康发展的最大阻碍者和破坏者。据不完全统计，美国20年来在叙利亚、伊拉克、阿富汗、也门、索马里、巴基斯坦、利比亚等地发动了至少9.1万次空袭，无辜死亡的平民数量至少有2.2万，最高或达4.8万之多。

偏执的救世主义催生霸凌的工具人权观

改良主义人权观是美国人权文化的致幻药。它相信，造成人权不公的所有社会制度与政治安排都是可以纠正的，通过理性反思和有效改革，人权的状况终将得到改善。在美国的文化语境下，改良主义人权观包含以下三种文化倾向：一是对人权建设抱有进步主义的立场和信念，二是对人权演进的最终结果坚持乐观向善的"美国梦"心态，三是对人权发展的历史具有基督救世主义情怀。

就本质而言，改良主义人权观就是一种偏执自负的救世主义人权文化。例如，自1977年发表第一份国别人权报告以来，美国政府多年来毫不羞愧地自喻为世界"人权模范"，充当"人权判官"，虚置"人权标杆"，对中国、俄罗斯、白俄罗斯等许多国家和地区的人权状况肆意分析和评论，极尽污蔑造谣之能事，遭到强烈反对。自20世纪70年代以来，美国推行人权外交政策，肆意干涉别国内政、主权与基本人权，其恶劣行径清晰反映出其人权双重标准，暴露出其假人权、真霸权的本来面目。

更为危险的是，偏执的救世主义人权观与实用主义政治哲学内在勾连，使崇高的人权理念和普遍的人权价值被美国政客们无限掏空，剩下的只有服务于美国及其盟国的人权工具主义。作为经济工具，美国政府以人权为幌子大搞单边经济制裁，严重损害目标国家的生存权和发展权；作为战争工具，美国政府多次以人权为借口发动战争，无原则无底线地抢占道德高地，严重破坏促进世界和平与发展的国际舆论环境；作为外交工具，美国政府大打人权"盟友牌"，企图打造具有新冷战色彩的人权同盟……

透过对当代美国人权文化、观念和对外策略的起底式研究可以发现，人权绝非少数国家的专利，更不应成为向别国施压、搞政治讹诈的工具。美西方与其逆潮流而动，变本加厉推行人权政治化、武器化、工具化，危害别国和世界，还不如把精力放到正视和改善自身人权状况上，为本国民众的人权做点实实在在的事情。

美国人权的历史性倒退意味着什么

俞 凤*

(《光明日报》 2022年6月28日)

近日,美国联邦最高法院推翻1973年"罗伊诉韦德案"(以下简称"罗伊案")的裁决,取消对美国女性堕胎权的宪法保护,将是否允许堕胎的决定权交归各州。这一裁决震惊全美,标志着美国妇女人权的历史性倒退,同时也是美国政治极化的重要体现,并将持续加剧美国社会的内部撕裂,进一步扩大美式民主的合法性危机。

美国"人权卫士"的幻象破灭

妇女权利是基本人权的重要组成部分,获得安全和合法堕胎的权利更是深植于国际人权法规之中,是保障包括生命权、人身安全权、隐私权等在内的更广泛人权的一项关键权利。数据显示,过去几十年里已有50多个国家放宽了堕胎相关的法令。如今,长期以"人权卫士"自居的美国却反其道而行,取消了宪法层面对女性堕胎权的保护。对此,联合国人权事务高级专员米歇尔·巴切莱特及英法加等国首脑都予以谴责,认为美国此举是"巨大倒退"。

然而,纵观美国社会对女性权利的保护情况,最高法院的此次判决似乎又在预料之中。自1920年美国宪法第十九条修正案赋予女性选举权以来,美国女性权利得到较大提升,但近年来的民调显示仍有75%的美国人认为

---

* 作者俞凤系中国社会科学院习近平新时代中国特色社会主义思想研究中心特约研究员、中国社会科学院美国研究所助理研究员。

国家需在实现性别平等上作出更多努力。美国民权同盟指出，1963年《同酬法》通过之时，女性工资仅为男性的59%；如今，女性工资依旧仅为男性的78%，其中少数族裔的女性工资更低，黑人女性和拉丁裔女性的工资仅为白人男性的64%和54%。此外，正如近年来席卷欧美的反性骚扰运动所揭露的，美国女性在工作场所遭遇性别歧视、性骚扰甚至性侵犯的现象相当普遍。但美国法律在这方面对女性权益的保护并不健全：直至20世纪70年代中期，雇主都不曾因性骚扰受到联邦法院的惩罚；到1991年，国会对《民权法案》进行修订，原告才能以性骚扰为由寻求金钱赔偿。除此之外，美国还是经合组织国家中唯一在联邦层面不保证为职工提供任何带薪产假、陪产假或育儿假的国家。据估计，仅有60%的美国职工可以真正享受联邦所规定的最长12周的无薪产假。

事实上，即使在此次裁决之前，美国女性也并未在真正意义上拥有"堕胎自由"。罗伊案之后，在反对堕胎自由的"亲生命权"人士游说之下，对该问题持保守主义态度的各州通过在法律上设置障碍，例如拒绝将堕胎费用纳入低收入人群政府医疗补助计划的清单之中，迫使女性因经济问题放弃堕胎。取消堕胎权的宪法保护将对美国妇女权益造成进一步伤害。目前，美国的孕产妇死亡率已经是所有发达国家中最高的，限制堕胎法将使那些保守主义州的婴儿和孕产妇死亡率更高。对于低收入人群特别是青少年、有色人种、移民和难民等来说，因无力支付旅行、请假等费用，他们受堕胎限制的影响将会更大。

美国最高法院和部分地方政府对女性堕胎权的限制极大地损害了美国女性的隐私权和人身安全权等基本人权。不仅如此，美国还是迄今尚未批准联合国《消除对妇女一切形式歧视公约》的少数国家之一。这一切都在事实上暴露了美国在人权问题上的"双标"——在国际上宣扬普世人权，又在实践上践踏国民基本人权。

美国政治日趋极化的结果

在美国党派斗争激化、政治极化现象日趋严峻的社会背景之下,堕胎问题已经从最初的医学、宗教和伦理问题上升为极具政治敏感性的意识形态问题,成为两党在选举中吸引目标选民的"王牌"。罗伊案裁决在日前被美国最高法院推翻则是美国政治日趋极化的重要表现和结果。

在20世纪60年代,堕胎还只是具有争议性的问题,而非区分党派立场的议题。当时,民主党成员及其选民中也有不少人反对堕胎权。但在1973年最高法院对罗伊案的裁决中确定孕期妇女具有在妊娠早期自主选择堕胎手术的宪法权利之后,堕胎问题日渐成为自由派和保守派阵营之间、"亲生命权"和"亲选择权"两股社会力量之间的较量,并成为美国两党政治中的重要议题。20世纪70年代中期,共和党延续尼克松时代的"南部战略",在竞选纲领中加入反对堕胎权的内容以吸引宗教福音派和民主党中反对堕胎的选民。此后,两党在历届选举中几乎都把对堕胎权的支持与否作为其政治纲领中的重要议题之一。随着两党的政治立场日趋极端化,双方在包括社会福利、公平效率、气候变化等问题上的态度分歧日渐扩大,堕胎问题也逐渐与包括国家福利政策和政府公权力等在内的政策议题捆绑,成为一个划分政党立场的议题。因此,虽然近几十年来美国民众对堕胎权的态度并未发生重大改变,但民主党与共和党对该议题的态度分歧却日渐突出。根据皮尤中心的报告,2007年至2022年,认为堕胎在多数情况下合法的民主党人与认为堕胎在多数情况下非法的共和党人之间的比例差距从24个百分点扩大到了42个百分点。

两党在该议题上分歧的日渐扩大促使他们不遗余力地推动相关立法,并在双方力量的对决中直接导致罗伊案裁决被推翻。一方面,美国右翼致力于挑战罗伊案的判决,各州的保守派律师更是不断将可能推翻罗伊案的案件上诉到最高法院;另一方面,左翼则致力于推翻禁止联邦资助大多数堕胎的海德修正案,以扩大妇女的堕胎自由权。在两大阵营激进力量的推动以及保守派力量日渐增强的背景下，近年来部分州议会对堕胎问题的立场更加保守，越发强硬地推行反堕胎政策。例如，密西西比、肯塔基、佐治亚和得克萨斯等州都通过了"心跳法案"，规定最早在6周内禁止堕胎。受到特朗普任内最高法院保守派法官人数以六比三占据多数的直接影响，自由派力量在堕胎权的对决中败下阵来，导致罗伊案裁决最终被推翻。

最高法院的此次裁决不仅是美国社会政治极化的结果，而且也将极大加剧美国的政治与社会分裂。事实上，早在5月份关于此次裁决的草案被泄露之后，已有大批抗议者走上街头呼吁拜登总统表态，民主党更是借此机会动员选民在中期选举中选择支持堕胎权的代表。可以预见，在即将到来的中期选举中，堕胎权将成为两党角逐的重要议题之一。同时，美国一家致力于研究生殖健康和权利的机构古特马赫研究所认为，美国本来就已经有26个州可能禁止或限制堕胎，最高法院的这一裁决将使部分州的法律立即或者迅速生效。这可能导致美国社会内部不同意识形态的人在地理上形成集聚，从而进一步加强美国社会的思想分裂与人群隔离。

凸显美式民主的危机

美国最高法院对罗伊案裁决的推翻也在很大程度上蚕食了美国司法系统的独立性。美国左派杂志《雅各宾》刊文指出，"黑钱造就了最高法院中激进保守派的超级多数"。文章指出，特朗普的最高司法顾问组建了"司法危机网络"用于资助共和党的州检察长及非营利组织，致使最高法院推翻联邦对堕胎权的保护，取消一些州对隐蔽携带枪支的限制等。例如，在2016年保守派法官斯卡利亚去世后，该网络就曾斥资700万美元进行广告宣传，阻止共和党参议员批准奥巴马的法官人选；在特朗普任期内，该网络又花费数千万美元为特朗普的三名法官候选人进行广告宣传。

《雅各宾》的揭批暴露了美国最高法院的信任危机。作为"民主灯塔"，美国历来以其三权分立的民主体制自夸。然而，在美国社会对堕胎权的民意没有发生重大波动的情况下，仅仅因为最高法院中保守派法官占据数量上的绝对优势，罗伊案判例就在短期内被推翻，很难不令美国民众质疑美国的司法系统是否依旧独立于政府和立法系统之外，怀疑美国的最高法院已经被党派政治所蚕食，沦为深度参与意识形态之争的政治机构。这一现象也令不少学者和社会人士担忧在未来的几年中，最高法院可能将推翻沃伦法院时期的宪法先例，以司法权推动保守主义意识形态和政策。

当独立于行政与立法之外的司法权力逐渐沦为美国党派之争的工具与手段时，美国社会的民主危机更加凸显，其内部凝聚力和自我修复能力将受到巨大冲击。换言之，美国对妇女堕胎权的限制不仅仅是对人权的巨大破坏，其所引发的社会抗议与政治对立也将加剧社会的内部撕裂，深刻影响到美国的"立国之本"，使美式民主的"可信度"和"可行性"遭遇危机，从而使美国陷入更大的政治困境。

认清美式人权的虚伪本质

常　健　李云龙　何志鹏　郝亚明　张祺乐　郝鲁怡[*]

（《人民日报》 2022年9月26日）

政治操弄致使新冠肺炎死亡病例数全球最高，枪击事件夺走众多无辜生命，暴力执法让移民难民处境艰难，针对少数族裔的歧视和攻击愈演愈烈，单边主义在全球引发人道主义灾难……近年来，美国国内人权状况不断恶化，霸权主义和拱火行为加剧地区冲突和危机，美国自我标榜"人权卫士"，实为"世界人权事业最大的破坏者"，其虚伪面目正在被世界上越来越多的国家和人民所识穿和揭露。

【一】

如何评价近年来美国的人权状况，特别是与枪支暴力、新冠肺炎疫情、种族歧视、强迫劳动等相关的问题？

李云龙：枪支泛滥导致涉枪暴力、凶杀和自杀事件激增，已成为美国社会难以根治的"顽疾"。今年5月14日，美国纽约州布法罗市一家超市发生枪击，10人被打死；5月24日，得克萨斯州尤瓦尔迪市罗布小学枪击案造成21人死亡，其中包括19名儿童；在今年为期3天的"独立日"假期期间，全美几乎每个州都发生了枪击事件，数量多达500余起，共造成至少

---

[*] 常健系南开大学人权研究中心主任，李云龙系中共中央党校（国家行政学院）国际战略研究院教授，何志鹏系吉林大学法学院院长、人权研究中心主任，郝亚明系贵州民族大学教授，张祺乐系西南政法大学人权研究院非传统安全与人权研究中心主任，郝鲁怡系中国社会科学院国际法研究所副研究员。

220 人死亡、近 570 人受伤……这些只是美国枪支暴力问题的"冰山一角"。仅 2021 年,美国发生的恶性枪支暴力案件就达到创纪录的 690 余起,枪击事件导致的死亡人数达到历史最高的 4.4 万余人。

一声声枪响折射出美国治理失灵的现实。什么是造成美国枪支泛滥的重要原因?

一是畸形的持枪文化。美国社会把个人权利片面地置于社会安全之上,只讲持枪人权利,不讲私人持枪对他人的威胁和伤害。他们把个人持枪权绝对化,认为持枪权是美国人"生来就有的天赋权利",宣称"枪支是自由的保障","限制持枪就是限制个人自由"。这种无限放大个人权利、夸大拥枪意义的畸形持枪文化成为美国社会主流,支配了行政、立法和司法过程,塑造了社会运行模式和个人行为方式,导致枪支泛滥,暴力事件层出不穷。

二是利益集团阻止美国控枪。美国拥有庞大的枪械制造、销售和服务产业,且发展迅速。美国枪支弹药产业营收增长迅猛,从 2008 年的 191 亿美元增长到 2021 年的 705 亿美元。枪支行业联合起来形成势力强大的利益集团,开展广泛的拥枪游说和宣传活动。1998 年至 2020 年,美国反控枪利益集团花在政治游说方面的资金超过 1.7 亿美元。这些利益集团提供大量政治捐款,深度介入美国总统选举和国会议员选举,帮助拥护持枪权的政客赢得选举。

三是两党恶斗削弱枪支管控。美国民主持续衰退,政治极化现象日益严重。90% 的民主党支持者认为降低枪支暴力的相关法案应优先于保障持枪权的相关法案,56% 的共和党支持者则认为保障持枪权的法案应优先于降低枪支暴力的法案。两党恶斗导致控枪立法难以推进,或者使控枪法案内容空洞。

郝亚明:新冠肺炎疫情发生以来,拥有先进医疗技术和丰富医疗资源的美国,民众生命权和健康权遭漠视和伤害,累计确诊和死亡病例均居世界首位,其中土著居民、拉丁裔和非洲裔群体遭受疫情的影响远比白人严重,种族不平等凸显。可以说,疫情像一面镜子,照映出美国长期存在且根深蒂固的种族歧视问题。

美国社会长期存在制度性、系统性、结构性的种族主义,充分说明美国的人权在不同种族之间既不普遍也不平等。少数族裔在执法司法领域中遭受着赤裸裸的不公正对待，在经济与社会保障领域中与主体种族存在明显的差距，在日常社会生活中承受着种种或明或暗的区别性对待。

以执法领域为例，2020年5月25日，非洲裔男子乔治·弗洛伊德在美国明尼苏达州明尼阿波利斯市街头被白人警察残忍跪杀的消息震惊全球。然而上述事件绝非个例。2014年7月17日，几名纽约白人警察在逮捕非洲裔男子埃里克·加纳时，使用被明令禁止的锁喉动作致其窒息死亡。加纳未携带任何武器且全程高举双手，在多次申诉无法呼吸的情况下，仍被从后边勒住脖子不松手，头被挤向人行道，最终失去知觉并导致死亡。"乔治·弗洛伊德事件"发生后，"我无法呼吸"就成为非洲裔反对警察暴力乃至种族歧视的代名词。弗洛伊德临死前不停呼喊"我无法呼吸"并苦苦哀求挣扎的画面，再次唤起了非洲裔美国人的悲惨记忆。

张祺乐： 强迫劳动是根植于美国建国历史和社会现实的一颗毒瘤。从1776年美国建国至1862年《解放黑人奴隶宣言》发表，奴隶制在美国"合法"延续超过80年，占其建国以来历史的1/3。回溯至欧洲殖民时代，1514年至1866年间，至少有3.6万个"贩奴远征队"将上百万名黑人奴隶贩卖到美国。可以说，美国历史在很大程度上与强迫劳动交织在一起，而这样的黑暗历史至今仍在美国延续。

强迫劳动在各行各业无处不在。据美国丹佛大学网站文章，目前在美国至少有50余万人生活在现代奴隶制下并被强迫劳动。这一问题在家政、农业种植、旅游销售、餐饮、医疗和美容服务等23个行业领域尤为突出。今天美国的强迫劳动比历史上任何一个时期都更具隐蔽性，甚至部分行业在强迫劳动方面还存在制度支持。值得注意的是，美国还是批准国际劳工公约数量最少的国家之一。

雇用童工问题触目惊心。美国是联合国会员国中唯一没有批准《儿童权利公约》的国家。据非营利机构"美国农场工人就业培训计划"估计，美国至今仍有约50万童工从事农业劳作，很多孩子从8岁开始工作，每周工作长达 72 小时。农场童工长期暴露在农药等危险化学品中。此外，他们需要操作锋利的工具和沉重的机械，由于缺乏必要培训和保护措施，面临较大工伤风险。

监狱是强迫劳动的重灾区。美国人口数量不足世界总人口的 5%，而监狱人口数量占全球在押人口的 1/4，是全世界监禁率最高和被监禁人数最多的国家。美国监狱用于支付犯人工资的开支占总预算比率不足 1%，而监狱劳工每年创造的产品和服务总价值却超过 110 亿美元。监狱劳动带来相当可观的经济利益，为监狱内发生的强迫劳动、美国大型企业滥用监狱劳工等提供了动机。

其中私营监狱问题可谓"吞噬美国人权的黑洞"。20 世纪 80 年代，美国政府打着"缓解收容压力、降低监禁成本"的旗号，以购买服务方式将公共监狱承包给私营企业运营。为实现利益最大化，私营监狱不仅迫使服刑人员长期从事高强度、低报酬劳动，使其像奴隶一样工作，还通过提高"入住率"获得来自政府补贴的"人头费"。在暴利推动下，美国私营监狱规模迅速扩张，1990 年至 2010 年 20 年间监狱数量增加 16 倍。

【二】

近年来，美国人权状况进一步恶化，原因是什么？这种状况为什么难以改变？

常健：美国人权状况持续恶化，是其两极分化的经济分配格局、种族分裂的社会格局以及金钱和利益集团操控的政治格局相互作用的结果。在经济领域，美国人口普查局统计显示，2019 年美国收入不平等处于 50 年来的最高水平，2/3 的财富由最富有的 5% 的人占有，超过 3800 万美国人生活在贫困之中；在社会领域，少数族裔遭受严重歧视，导致社会处于日益分裂状态；在政治领域，金钱操控政治过程使得政府更多代表富人和社会强势群体的利益，弱势群体的基本人权无法真正得到保障。美国哈佛大学肯尼迪政府学院政治研究所 2021 年发布的一项针对 18 岁至 29 岁美国年轻人的调查结果显示，52% 的受访者认为美国的民主"陷入困境"或"失败"，而认为美国民主制度尚属"健康"的比例仅为 7%。

何志鹏：尽管美国人权状况进一步恶化，然而美国对于一系列问题却"不想改、不易改、不敢改"。所谓"不想改"，是因为美国政治思想深处存在一种主流的优越感，即国家由精英阶层主导、"白人至上"理念深入骨髓，在他们的认知中并没有什么必要为了少数族裔群体利益去改变相关规范。所谓"不易改"，是因为美国已经长期形成了较为稳定的官僚主义体系，以民主为名的议会政治带来了为追求均衡而降低效率的政策运行方式，不容易为了良好的人权目标而做出快速反应和有效努力。所谓"不敢改"，是因为在美国政治背后有着大财团、产业巨鳄的支持和影响，他们基于自身利益考量，没有改革现有美国人权政策的动力，却有着对改变现有人权格局强烈的质疑和防范。在这一背景下，美国想要改进现有的规范框架和社会结构，使人权状况变得更好，无疑困难重重。

美国一系列人权问题带来的影响是深远的。近年来，在美国产业升级动力不足、金融产业发展受重创给经济形势带来挑战的背景下，美国人权状况更显困窘，同时教育歧视、就业歧视、私营监狱、强迫劳动、雇用童工等问题层出不穷也对美国经济社会发展产生消极影响。面对内部存在的诸多问题，美国政府不但不加强治理改革，还想方设法将祸水引到国外，通过矛盾溢出转移公众的注意力。在国际关系中，越来越多国家政府、民众和社会也清楚地看到了美国的人权状况。在他们看来，美国作为一个超级大国，并没有很好地承担起国际治理的责任，反而以自私自利的方式谋求自身强大，是不值得信任的。

【三】

美国在国外频繁干涉别国内政，甚至实施粗暴的武力干涉，严重损害全球人权事业。如何看待美国的干涉行为,其动机是什么?

何志鹏:美国是世界上干涉别国内政最为频繁的国家。早在19世纪,美国就以行使"领事裁判权"为名,对半殖民地国家的司法裁判权横加干涉。进入20世纪后,美国继续采用类似借口,犯下干涉格林纳达内政、向巴拿马发动武装入侵等一系列恶行。二战结束后,美国打着"捍卫民主""人道主义""反对恐怖主义"等旗号,肆意侵犯别国主权和领土完整,强行改造他国政治和社会制度,酿成诸多人道主义灾难。朝鲜战争、越南战争、巴拿马战争、科索沃战争、阿富汗战争、伊拉克战争、利比亚战争、叙利亚战争……美国动辄威胁他国主权,肆意发动对外军事行动。根据美方的统计数据,自1992年到2017年,美国对外军事干预高达188次。

美国发起的一次次战争,在法律上严重破坏了一系列国际法原则、国际关系基本准则,使得国际法律秩序遭到破坏;在经济上剥夺他国的发展机会,甚至掠夺他国的财产,严重损害相关国家和人民的发展权益;在政治上罔顾他国合法政府合法性,蓄意破坏他国政治制度,使世界政治陷入大国强权的陷阱;制造了诸多全球性和地区性难民问题和人道主义灾难,使得很多国家和人民对于自身存续缺乏安全感。

常健:美国是受资本控制的国家,其在国际社会的种种恶行,背后都有资本利益集团的支持和推动。美国对外发动战争,背后有军工复合体的推动;肆意干涉一些国家的内政,与石油天然气能源利益集团的利益诉求息息相关;对他国挥舞制裁大棒,体现的是金融、技术和商业资本的战略意图。资本的本性是全球扩张和垄断控制,这决定了美国政府的主要战略目的是维持其在全球的霸权地位,为美国资本撑腰,不惜一切代价扼杀可能的竞争对手。

郝鲁怡:近年来,美国边境地区的移民问题持续恶化,移民生命权、人格尊严和自由权遭受严重侵犯,处境悲惨。今年6月27日,美国得克萨斯州圣安东尼奥市发生偷渡移民惨死车中的惨案,53人遇难。这是美国近年来最严重的移民死亡事件之一。

在对待非法移民问题上,美国在边境地区实施极端严厉残酷的禁入措施和高压行动,对入境者实施大规模逮捕,强制与家人分离、任意驱逐。侵犯过境移民、难民人权以及虐待事件频发。

2018年美国政府实施"骨肉分离"政策,强制将大批移民儿童与父母家人分离,单独关押。这一行径严重违反国际人权法及国际人道主义,受到包括联合国在内的国际社会强烈谴责,联合国人权高专批评其行径构成"受到政府批准的儿童虐待"。

有数据显示,2021年美国执法部门在美墨边境逮捕非法移民约170万人次,创20年来最高纪录,其中包含14.5万名儿童。有媒体披露移民儿童被关押在"大型笼子"里的画面和哭喊寻找父母的录音,称被分离儿童居住的临时安置点破旧简陋,这些儿童面临暴力执法,身心健康状况堪忧。

【四】

美国国内人权状况严重恶化,却反倒以"人权教师爷"自居,对别国指手画脚,甚至以保护人权之名行干涉别国内政之实。如何认识美国的"人权双标",其背后有着怎样的真实面目?

常健: 美国的"人权双标"是其人权政治化的表现形式。所谓"人权政治化",主要是指出于某种政治动机以政治实用主义的态度来处理人权问题,将人权作为实现某种政治战略的工具,作为侵犯他国主权、干涉他国内政的借口。人权政治化遵循的逻辑是先给政治对手贴上"侵犯人权"的标签,之后再按图索骥地从种种传言、推测乃至臆造中寻找其"侵犯人权"证据,达到丑化和击败政治对手的目的。在这一逻辑链条下,人权已经与人类价值和尊严无关,与政治对手是否侵犯人权无关,唯一重要的是抢占道德制高点,让政治对手在道德和政治上受到指责围攻,名誉扫地,被迫按照攻击者意志行事。

美国"人权双标"的具体表现,一是对本国和他国人权问题奉行两套标准。尽管美国国内存在大量侵犯人权的问题,然而美国在其每年发表的国别人权报告中却对本国存在的人权问题避而不谈，反而趾高气扬地指责别国的人权问题。二是对"盟国"和"非盟国"奉行两套标准。对于"盟友"国家或友好国家中的人权问题，美国倾向于采取"视而不见"和"闻而不宣"的态度；对于与自己意识形态、政治和社会制度不同或利益相冲突的国家，它们的人权问题就会被美国突出对待，甚至被施以各种形式的制裁。三是对一国在不同时期采取两套标准。如果某个国家在某个时期的政策违背了美国政府利益，人权问题就可以被美国利用来指责、要挟和制裁该国；当该国迎合了美国政府的利益时，人权问题则可能被置于次要的地位来对待，或者忽略不计。

郝鲁怡：美式"人权双标"在移民问题上体现得淋漓尽致。美国对外标榜"人权高于主权""人权至上"，将本国意志凌驾于他国利益和民众福祉之上，肆意干涉他国内政，激化他国内部矛盾，加剧社会动荡。美国对拉美地区的粗暴干涉，造成很多地区面临贫穷、失业、饥饿以及暴力犯罪等社会问题，导致这些地区的人们转而试图入境美国。对此，美国政府没有从根源上寻求解决问题的方法，而是采取严厉的惩罚性移民政策，对美国边境地区移民局势构成冲击，将非法移民问题拖进长期化的泥潭。

美国在处理国内移民事务时，则以"保障国家安全"为由明目张胆地大行排外主义，驱逐排斥特定种族，不受宪法司法审查制度的制约，赤裸裸地体现了美式双重标准。典型例证为：2017 年，美国颁布一份名为"阻止外国恐怖分子进入美国的国家保护计划"的行政命令，曾禁止多个伊斯兰国家公民入境美国。该行径因涉嫌对特定种族构成歧视，在美国国内外一度引发广泛抗议。然而，美国联邦最高法院却以"国家安全"为由支持该行政命令。有了司法判决作背书，移民领域成为"法外之地"，这是美国移民政策排外主义存在、延续以至在特定时期集中发作的制度根源。

【五】

美国在人权问题上肆意妄为给世界稳定与发展带来了哪些危害，对全球人权善治造成了哪些恶劣影响？世界各国应该如何更好地认清美国在人权问题上的虚伪本质？

常健：美国在人权问题上的政治化，正在毁损全球人权善治的根基。它分裂了全球人权事业，使全球人权治理的国际舞台变成了政治对抗的战场，阻塞了人权对话交流的渠道，使人权领域的相互了解、相互借鉴无法实现。国际社会应鲜明反对人权政治化的恶劣行径，摒弃人权对抗的做法，开放人权对话交流，本着人类一家的精神，共同构建人类命运共同体，促进全球人权治理朝着公平公正合理包容的方向发展，使世界各国人民真正感受到维护人权所带来的幸福、和平和安全。

何志鹏：人民的获得感、幸福感、安全感是人权发展进步的标志，人民对于幸福生活的感知是人权制度的目标，人民对于幸福生活的评价是人权制度的标尺。良好的人权治理模式会促进经济、社会、政治、文化各方面生活不断改善。反之，不良的人权纪录则会使本国人民对国家、社会的信心逐渐降低。美国人权是世界人权的一部分，对世界其他国家的人权也有影响。世界各国人民需要看清美国人权的真面目，揭示美国人权的思想与实践存在的诸多问题，并敦促美国不断自我反省，改变文化上的大国沙文主义和政治上的霸权主义，避免以人权为借口打击其他国家，积极参与人权对话和人权合作，最终推动形成一个良好的世界人权格局。

张祺乐：《世界人权宣言》载明"人人生而自由，在尊严和权利上一律平等"，这一"平等"概念意味着不同国家、不同民族、不同肤色间都应该享有平等的权利。当前，美国在世界上做什么都首先考虑"美国优先""美国利益"，将自己的利益凌驾于其他国家、民族之上。美国在国际上设置人权话题，设置立场、强迫他国选边站队，这一系列做法严重扰乱了国际政治格局，给世界政治、经济和社会带来了不稳定因素。近年来，越来越多的国家更加认清了美国的人权本质，越来越多的国家纷纷表达对美国霸权的不满，认识到美国"人权灯塔"只是自负的自我标榜，已然沦为国际笑柄。

郝亚明：美国无论是在国内人权领域，还是国际人权领域，既算不上"优等生",更做不了"教师爷"。长期以来的种种事实一再表明,美国最关心的不是全球人权状况的改善,也无意于促进全人类人权事业的进步。在美国当权者看来,人权只是一种工具,维护国家利益、争夺世界霸权的重要性都要高于人权进步。美国对人权的工具化利用,伤害的不仅是个体的国家和人民的利益,更对全球人权事业的长远健康发展造成恶劣影响。

(人民日报记者陈尚文采访整理)

美式民主的异化

金钱政治暴露"美式民主"的虚伪面目

中国人权研究会

(新华社 2019年12月26日)

美国一向自诩为民主的"灯塔",宣称人民拥有参与公共事务、选举和监督政府的权利。但现实情况是,美国政治对立尖锐,社会撕裂严重,大批民众被排斥在政治过程之外。金钱政治是造成这种现象的重要原因。金钱政治剥夺了人民的民主权利,压制了选民真实意愿的表达,形成了事实上的政治不平等。近年来,富人阶层对美国政治的影响力越来越大,普通美国人的影响力则日渐缩小。金钱政治暴露了美国民主的虚假一面。

一、金钱充斥美国政治全过程

"金钱是政治的母乳。"这句广为流传的评论精准而又犀利地揭示了当代美国政治的本质。金钱是美国政治的驱动力。美国庞大复杂的政治机器,只有在金钱燃料的推动下,才能持续前行。金钱是美国政治的润滑剂。离开金钱,美国政治根本无法顺畅运行。金钱政治贯穿了美国选举、立法和施政的所有环节,成为美国社会挥之不去的顽疾。

选举沦为金钱游戏。选举的本来目的是表达选民意志、确定政策方向和选择合格的领导者。但是,美国的金钱政治却扭曲了民意,把选举搞成了富人阶层的"独角戏"。金钱深深植根于美国选举的各个环节中。在所有层级的选举中,筹集资金都是参选者的入门条件。没有足够的金钱,根本无法参加竞逐任何重要政治职位。21世纪以来,美国共和党与民主党两党总统候选人的选举费用从2004年的7亿美元快速增加到2008年的10亿美元、2012年的20亿美元。2016年,包括总统选举和国会选举在内的美国大选总共花费了66亿美元,成为美国历史上最昂贵的政治选举。美国中期选举费用也快速升高。2002年到2014年间举行的4届中期选举分别花费21.8亿美元、28.5亿美元、36.3亿美元和38.4亿美元,2018年则达到52亿美元。在2018年的中期选举中,赢得一个参议院席位的平均成本为1940万美元,赢得一个众议院席位的平均成本超过150万美元。高额的选举费用大大提高了参选门槛,排除了绝大多数人参加竞选的可能。只有少数有能力筹集大量竞选资金的人,才能加入美国政治选举角逐。这无疑为富人和利益集团通过金钱笼络候选人营造了温床。

除公开登记的选举经费外,大量秘密资金和"暗钱"也注入美国选举活动。美国全国广播公司新闻网2018年报道,美国财政部宣布不再要求大多数非营利组织报告捐赠来源,这大大降低了选举资金的透明度。自联邦最高法院2010年对"联合公民诉联邦选举委员会案"的裁决打开政治捐款闸门之后,非法"暗钱"持续涌入选举,不断创造新的纪录。2010年中期选举的"暗钱"为1600万美元,2014年中期选举的"暗钱"增加到5300万美元。到2018年中期选举,候选人以外的外部团体花费的"暗钱"剧增到9800万美元。在外部团体为影响国会选举而播放的电视广告中,超过40%是秘密捐赠者资助的。

二、金钱政治是美国资本主义制度的必然产物

美国是资本主义国家。美国民主制度是实现资产阶级统治的政治形式,因此必然体现资本家意志,为资本家利益服务。美国民主制度的最大特点是选举。通过选举把符合资产阶级要求的政治人物推上国家领导职位,行使国家权力。为此,美国设计了一套精巧的政治体系和选举制度,对候选人和选民进行层层筛选,以保证那些让富人满意的人当选。最初,美国对选民资格进行种种限制,剥夺大批美国公民(如少数族裔和妇女)的选举权。后来,

金钱越来越成为资产阶级控制选举的最重要手段。进入 20 世纪后，尤其是 20 世纪 60 年代以后，随着大众传媒的普及和发展，金钱在选举中的地位不断上升。金钱是个选择器，可以用来淘汰来自底层的政治参与者，使得穷人代表根本难以成为候选人。富人通过资助竞选经费的方式挑选合格的政治代理人，使他们成为候选人，进而赢得选战。在这种制度设计下，经济利益与政治权力的链接是天作之合。富人的经济利益需要通过选举参与政治来保障，政治人物需要借助金钱来进行选举。富人为了维护他们在国家公共资源分配中的优势地位，有很强的动力主动介入政治运作，寻求从联邦到地方政府的各级代言人。他们拥有最大份额的社会财富，可以满足政治人物的资金要求。政治人物可以充当富人的政治代表。而随着传播技术的发展，政治人物必须占有更多金钱才能参与一场正常的选举，进而赢得选举。于是金钱极为容易地充当了政党政治"链条"中的起点与终点。美国两大政党候选人不过是资产阶级内部不同派别的代表罢了。

利益集团的活动生动诠释了金钱政治的内涵。利益集团指的是一些有共同政治目的、经济利益、社会背景的团体和个人为了最大限度地实现其共同目的、利益而结成的同盟。美国宪法第一修正案是利益集团得以合法存在和开展活动的最高法律依据。利益集团的宗旨是参与权力运作过程，影响公权力部门制定相关政策，以维护和扩张自己的利益。美国独特的政治体制，如联邦和州分权的联邦制，立法、行政和司法三权分立的制度，为利益集团提供了广阔空间，使它们可以向各级政府施加压力，左右美国政治。利益集团已深深嵌入美国行政机构、国会和司法系统之中，与政党和政府并列为美国政治的三大支柱。利益集团的活动方式有很多种，如：提供资金、直接介入选举过程、帮助特定候选人赢得选举等，从而影响国会立法和未来政府决策；通过刊登广告、发表广播和电视演说、召开新闻发布会、制作影片等方式制造舆论，影响政府决策；对立法者和政府决策者进行游说，直接影响政府政策。美国的政府决策和国会立法是各利益集团博弈的结果。

利益集团就是金钱政治的标本。利益集团的活动处处离不开金钱，是联结金钱与权力的枢纽，其功能就是将金钱转化为政治影响力。利益集团的资金越充沛，它的政治影响力就越大，而金钱绝大部分掌握在富人手中。穷人也可以组成利益集团，但由于财政资源有限，注定不会发挥很大影响。真正能够发挥较大影响的还是一些企业集团或行业性组织，因为只有这些利益集团拥有足够的资金。例如，在2000年至2010年间，美国企业花在选举上的资金是工会的10倍。虽然2010年后企业和工会的政治支出限额取消了，但许多工会组织已达到其支付能力上限，无力进一步增加政治支出。相反，企业的政治花费急剧增加，影响力迅速扩大。企业加大政治投入当然是为了在政策制定中尽可能放大自身利益。

  游说是金钱政治的重要实现方式。游说是一种美国特有的政治现象，游说腐败是美国政治制度与生俱来的痼疾。游说的法理依据是美国宪法第一修正案。根据宪法第一修正案的精神，美国制定了将游说活动合法化的法律。1938年的《外国代理人登记法》、1946年的《联邦游说管理法》、1995年的《游说公开法》和1998年的《游说公开技术法》形成了规范游说活动的法律体系。根据这些法律，美国允许各群体结成利益集团，相互竞争，影响国会立法和政府决策。因此，政治游说是美国政治过程不可缺少的一个环节。各利益集团雇佣说客，对国会议员及其助手进行游说，影响法案的制定和修改，谋求自身利益。40多年来，美国游说业发展迅猛，呈爆炸性增长态势。1971年，美国仅有175个注册说客，到1981年增加到2500个，2009年又增加到13700个。这意味着，平均每位美国参众两院的议员身边，有20多名说客出没。据不完全统计，在华盛顿的游说公司约有2000多家。利益集团在说客身上的花费与日俱增，1998年为14.4亿美元，2011年已狂飙至33.3亿美元，14年间增长幅度达131%。

三、美国金钱政治的制度化形式

  19世纪后期，美国的金钱政治发展成为"政治分肥"制度。竞争获胜的政党通常将官位分配给为选举做出贡献的人,主要是本党主要骨干和提供竞选经费的金主。"政治分肥"造成政治腐败蔓延,官员贪污舞弊,行政效率低下。自20世纪初开始,美国试图对政治捐献做出一些限制,但没有改变美国民主制度的金钱政治本质。制度调整永远为金钱政治留下漏洞和后门,实际使金钱政治取得合法地位。

第一,"超级筹款人"制度合法规避捐款限额。"超级筹款人"是拥有大量财富和社会关系的人,比如企业高管、对冲基金管理人、演艺界明星或说客。他们人脉多,神通广大,能利用个人关系网把大量小额捐款人凑在一起,为候选人短时间内筹集大量资金。在2016年美国总统选举中,民主党候选人希拉里·克林顿个人筹款金额中的三分之一是由1000个"超级筹款人"帮助完成的。同时,"超级筹款人"制度还能绕过法律有关捐款限额的规定,将总额超限的捐款划到许多人头下面,使其符合个人捐款上限,最后才捆绑在一起捐给某位候选人。接受捆绑捐款的候选人,自然知道谁是真正的金主。这使得富豪和大企业能轻易地用金钱换取政治影响力。

第二,联邦最高法院裁决取消对"软钱"的限制。2002年的《两党竞选改革法》限制了那些通过捐给政党来支持特定候选人的"软钱",即不受《联邦竞选法》限制但又用于影响联邦选举的资金。但是,这个法律受到持续挑战。2007年,联邦最高法院对"威斯康星州'生命权利'组织诉联邦选举委员会案"做出裁决,认定《两党竞选改革法》有关限制企业、工会和贸易团体资助特定选举广告的条款违反了宪法第一修正案关于言论自由的规定。2010年,联邦最高法院在"联合公民诉联邦选举委员会案"的裁决中,认定《两党竞选改革法》关于竞选最后阶段限制公司、工会以营利或非营利的目的资助联邦选举候选人的相关规定违反宪法中的言论自由原则。这一裁决将《两党竞选改革法》的内容否决殆尽,使得"软钱"可以合法地大规模进入选举活动,打开了金钱肆意流入政治的闸门。2014年,联邦最高法院在"麦卡沃恩诉联邦选举委员会案"的裁决中大幅放宽了对政治捐款的限制,在保留个人对单个候选人捐助上限为2600美元的情况下,取消个人对全体联邦候选人及政党委员会的捐款总额限制。这意味着，富人可以同时捐助很多联邦候选人，更可以无限制地向自己支持的政党捐款。

第三，超级政治行动委员会是金钱政治最重要的表现形式。除了直接向候选人和政党提供政治捐款外，美国富人和企业还可以通过超级政治行动委员会来进行政治捐赠。政治行动委员会产生于20世纪30年代，是一种由企业或独立政治团体组成的政治筹款机构，主要是为了规避美国法律对个人和机构政治捐款的限制。它们从许多个人手中收集金钱，然后决定为哪些候选人捐款。政治行动委员会与大公司和特定利益集团关系密切，代表它们进行造势宣传，支持或反对某位候选人，实际上是大公司和利益集团参与选举的"白手套"。1971年《联邦选举法》通过后，政治行动委员会由于限制较少而进入大发展时期。大量企业、个人和利益集团的金钱通过政治行动委员会管道参与竞选。2010年联邦最高法院的裁决取消了企业与个人向独立支出的政治行动委员会的捐款上限。由此，政治行动委员会进入鼎盛时期，大量超级政治行动委员会应运而生。根据无党派非营利研究机构"政治责任中心"的数据，截至2016年8月8日，美国登记注册的超级政治行动委员会有2316个。超级政治行动委员会有强大的募款实力，在各个方面对选举产生影响，尤其是企业和富豪可以将自己手中的资金无限制地投入超级政治行动委员会，从而间接影响选举。在2016年总统选举中，获得捐款最多的超级政治行动委员会是支持民主党候选人希拉里·克林顿的"美国优先行动"，达到1.76亿美元。富豪索罗斯向"美国优先行动"捐款600万美元，而对冲基金管理人托马斯·斯泰尔更向支持希拉里的超级政治行动委员会提供5700万美元捐款。

四、金钱政治后果恶劣

第一，金钱政治剥夺了普通民众的政治权利。尽管美国经常炫耀一人一票的美式民主，但美国低收入者的投票权实际上受到严苛限制。据《美国新闻与世界报道》披露，2010年至2015年，美国有21个州通过了限制投票权的新法律，有14个州在2016年总统选举中实施了限制投票权行使的新措施。这些法律和措施的主旨是阻止穷人登记投票。美国《新闻周刊》网站2017年11月21日报道，成千上万的美国人因贫穷而被剥夺了投票权。已有9个州通过立法，剥夺任何未付律师费或法院罚款者的投票权。仅在亚拉巴马州，就有超过10万名欠费者被剔除出选民名单，约占该州选民人口的3%。这导致美国选举投票率降低。美国2014年中期选举的投票率为20世纪40年代以来的最低，全国的平均投票率仅为37%。

第二，政府官职成为富人和上层阶级的禁脔。按照美国政治惯例，获得选举胜利的候选人通常会把一些政府官职奖赏给那些选举有功人士，其中就包括捐款大户和重要筹款人。美国历任总统上任后，都会任命一批金主当驻外大使。2000年总统选举后，政府中三分之一的新职位被胜选总统的亲友和金主接掌。2008年总统选举时支持胜选总统的556名"超级筹款人"中，三分之一的人都在时任政府内阁中获得职位或者成为顾问，其中筹款超过50万美元的筹款人有近80%都获得了重要职位。

第三，金钱政治明目张胆地向富人输送利益。政治献金带来的一个恶果是，少数富人拥有了比绝大多数人更大的影响力，导致政府政策图利富人、损害穷人利益。金钱影响立法和政府决策。富人通过竞选捐款和利益回报承诺俘获政客，使政客代表他们的利益立法。通过金钱选举产生的总统和政府，必定会在制定政策时向有钱人倾斜，或明或暗地向资本输送利益。这是一种变相的权钱交易。众所周知，2017年上任的共和党政府是富人政府。美国国会2017年通过的《减税与就业法案》，虽然有"减税"之名，但并非普遍减税，而只是给富人和大企业减税，穷人反而要加税。根据这个法案，一方面，富人家庭缴纳所得税的税率大幅降低，从39.6%降至35%，足足降低了4.6个百分点；另一方面，最贫穷家庭缴纳所得税的税率却从10%增加到12%。这个法案使最贫穷家庭遭受金钱损失，最富有家庭获得巨大收益。2017年底的盖洛普民调显示，56%的美国人反对这一税收改革法案，支持的只有29%。就企业税收而言，《减税与就业法案》把大型集团公司和上市企业等股份有限公司的所得税税率从35%下调至20%，降低了15个百分点，幅度很大，但受益企业仅占美国全部企业总数的8.6%。相反，占企业总数90%以上的个人独资企业和合伙企业等小企业却无法享受减税政策，需要根据合格经营所得征收个人所得税，允许抵扣20%收入，适用最高边际税率37%。金钱政治蚕食了社会平等，从根本上腐蚀了美国的社会公正。

第四，金钱政治增加解决紧迫政治社会问题的难度。在美国，枪支泛滥、枪支暴力是一个困扰社会多年的重大政治社会问题。校园枪杀案和公共场所枪杀案等大规模枪支暴力案件时有发生。美国每年有3万多人死于枪支造成的他杀、事故和自杀，有1万多人死于枪支暴力，有20多万人因枪击受伤。如果严格控制枪支，这些伤亡大多可以避免。但是，美国步枪协会等反对控枪的利益集团通过介入选举和进行游说成功地瓦解了控枪努力。这些利益集团为美国总统选举和国会选举提供大量政治捐款，仅2010年至2018年间就通过政治行动委员会捐款1.13亿美元。美国步枪协会是美国主要的反控枪组织，也是美国最有影响力的院外游说组织，每年运营经费高达2.5亿美元，竞选年份经费更多。由于投入大量金钱，以美国步枪协会为代表的美国反枪支管制利益集团取得了巨大成功，几乎封杀了所有控枪法案，使美国枪支管制更加宽松。

金钱政治暴露美国社会本质。美国一直标榜自己是民主和人权的"楷模"，要全世界都向它学习。但是，无所不在、根深蒂固的金钱政治彻底戳破了美国的谎言。美式民主是富人和资本家的民主，跟下层民众没有多少关系。美国宪法规定的民主权利，只有口袋里有足够多金钱的人才能享受。在金钱支配政治的美国，没有金钱，一切关于政治参与的议论都是空谈。金钱政治无情地碾压了"美式人权"。

美式民主的局限与弊病

中国人权研究会

(新华社　2021年12月23日)

民主是人类不断解放自身、追求自由的产物。几千年以来，世界各国、各民族不懈探索，由此形成各具特征的民主实践，共同丰富着人类政治文明和民主谱系。民主的表现形态不尽一致，民主的实现路径并非定于一尊。虽然美国竭力标榜其民主模式的种种优势，但美式民主已经暴露出其多重局限与弊病，绝非现代民主政治的理想方案。

一、美式民主的迷之自信

近代以来，启蒙时期的思想遗产伴随着欧洲殖民主义者的对外扩张而传播至异国他乡，最终，在北美大陆上建立起一套以社会契约论与天赋人权思想为理论基础，以三权分立、权力制衡为核心内容的民主体制。二百多年来，西方一些人，特别是一些政客和学者，逐渐滋生了对于美式民主的迷之自信。冷战结束以来，这种迷之自信极度膨胀。美籍日裔学者福山曾断言，自由民主（美式民主作为典范）代表着人类政体的最后形式。虽然美国抗击新冠肺炎疫情的糟糕表现足以证明美式民主并非人们想象的那样管用，但是我们还是要进一步问一下：美式民主是否经得起理论检视，构成现代民主政治的终极真理呢？美式民主能否成为放之四海而皆准的规定性政治模式呢？答案显然是否定的。

从政治属性和意识形态来看，美式民主属于资本主义民主。查尔斯·比尔德认为美国宪法乃是一部"经济文献"。这其实隐晦地揭示出,藉由美国宪法建构的美式民主乃是资本主义发展到一定历史阶段的产物,仅代表并服务于少数资本家的利益。这与服务和代表最广大人民利益的社会主义民主,具有根本差异。从表现形式和操作模式来看,美式民主是以竞争性选举为核心的票决民主。在美国政治生活中,民众定期选举被赋予无以复加的重要性,成为美式民主的全部内容。但事实上,完整意义上的民主政治除民主选举以外,还应当包括民主协商、民主决策、民主管理和民主监督等环节。美国这种以选举为核心的票决民主,难以支撑起完整意义上的民主政治。因而,美式民主不应是也不可能是现代民主政治的唯一、终极方案。

二、美式民主的历史局限

随着二战以来美国跃升成为世界霸主,那套运行于北美大陆的政治体制获得极大程度的关注,美式民主似乎风光无两。但是,美国的一些政客站在道德制高点,试图垄断民主的定义权和解释权时,又为什么不认真反思一下本国曾经历经的曲折的民主化过程呢?须知,美式民主绝非一蹴而就的产物,而是受到经济发展水平、历史传统、地缘关系等因素影响并在历史进程中自我革新的结果。虽然美国宪法建构了美式民主的框架,但美国政治生活中长期存在着大量不符合民主要求的制度和实践,美式民主一开始就充满了历史局限性。

美国长期剥夺有色人种的民主参与权利。《独立宣言》宣称"人人生而平等",但是连前总统奥巴马都承认:"种族歧视几乎仍存在于我们生活的各个制度中,影响深远,仍是我们基因的一部分"。这表明,种族主义自立国开始就成为美式民主的"基因"并延续至今。尽管美国自我标榜为民主灯塔国,然而1787年美国宪法部分条文充斥着种族偏见,选举资格长期限于成年白人群体。1866年宪法第十四修正案首次承认年满21周岁黑人男子的选举权,1870年宪法第十五修正案开始赋予所有肤色的人以选举权。虽然黑人群体名义上享有选举权,但由于部分州采取读写能力测试等限制性手段,黑人的选举权长期形同虚设。直至1964年《民权法案》通过以后,黑人群体方才真正享有选举权利。即便如此,有色人种至今也难以真正享有平等的民主权利。2021年11月22日,联合国少数群体问题特别报告员费尔南·德瓦雷纳在结束对美国为期两周的访问时发表讲话,谴责得克萨斯州的一项法律导致有利于白人的"不公正划分选区",从而削弱了少数群体的投票权。费尔南·德瓦雷纳指出,包括得克萨斯州在内的美国部分地区的选举法会剥夺数百万少数族群民众的平等投票权,从而有可能破坏"民主"。

美国长期系统性驱逐、排斥和同化印第安人。1787年宪法并未承认印第安人的公民身份。受利益驱使的白人群体长期掠夺印第安人的资源,将他们驱离土生土长的家园甚至进行杀戮,令他们的族群文化遭受毁灭性打击。长期的驱逐和屠杀,导致印第安人口从15世纪末的约500万减少至20世纪初的约25万。19世纪50年代起,美国政府对印第安人实行"保留地"制度,把印第安人安置在指定居住地上。1887年至1933年间,全美印第安人被夺走大约9000万英亩土地。此外,美国政府还推行"美国化"教育,专门设立针对印第安人的"保留地"寄宿学校、劳务培训学校等。印第安年轻人虽然可以进入公立白人学校,但是入学后必须放弃印第安传统。经年累月,印第安部落传统文化被逐渐瓦解。

美国长期限制妇女的平等参政权。1787年宪法颁行以后,妇女参与政治生活的权利长期未被认可。为此,妇女群体自19世纪中叶即轰轰烈烈地开展了争取参政权的运动。直至美国宪法第十九修正案通过,妇女和男性平等享有选举权方才得到承认。

林肯曾用"民有、民治、民享"描绘民主政府的理想图景,但那些美国底层民众、弱势群体一开始并未真正分享到民主果实,而是长期居于政治生活的边缘地带。美国民主政治并非自美国宪法通过即已至臻完美。美式民主的逐渐发展,离不开美国黑人、妇女等弱势群体的不懈抗争。

三、美式民主的现实弊病

（一）美式民主的极化

20世纪70年代以来，美国政治生活出现了明显的极化现象。政治极化意味着，第一，外部差异性日益凸显。不同政治力量的政策偏好朝着对立方向发展。第二，内部同质性渐趋强化。各个政治力量越发捍卫自身追求的价值观，同其他政治力量难以调和。近半个世纪以来，经济全球化导致美国制造业不断向海外转移，而虚拟经济的迅猛发展使得财富逐渐集中到少数人手中，美国社会贫富差距不断拉大，底层民众同上层精英的矛盾越发难以调和；美国长期奉行多元文化主义，国内种族矛盾尖锐。这些差异投影到日常生活，即表现为政治精英集团之间渐趋对立。具体而言：近年来，民主党趋于自由主义，共和党则变得越发保守，两党之间原有的中间地带逐渐消失；两党内部愈加团结，日渐同质化。由于两党的观念认知渐趋分裂，美国社会的凝聚力正在不断丧失。

在执政压力、价值观对立和政党内部压力等因素影响下，美国民主党和共和党议员很多时候并不能同他党理性商谈，而是将党派利益置于民众利益之上。两党派议员相互拆台的情况时有发生。原本被视为公意论坛的美国国会，已经沦为两党"恶斗"的竞技场地。众议院议长佩洛希作为左翼民主党人的代表，先后两次推动针对特朗普的弹劾程序。实际上，无论民主党人的理由多么冠冕堂皇，弹劾特朗普在许多人看来就是一场滑稽的党派政治斗争。

政治极化加剧了不同权力的摩擦、对立，造成国会和白宫、执政党与在野党的合作不畅、冲突不断，进而影响着美国政治系统的运转效能。为了弱化疫情对其谋求连任产生的冲击，特朗普试图淡化病毒对民众生活的威胁，强力推动复工复产。而多数民主党人在抨击特朗普政府抗疫不力的同时，鼓励在部分州强制要求民众佩戴口罩。两种主张针锋相对，令戴口罩这一简单的防疫举措政治化。被不同党派执政的州政府倾向于从本党主张出发，采取"特征鲜明"的抗疫政策。鉴于联邦层面缺乏有力的统筹安排，不同州政府的抗疫政策时常打架，难以有效遏制疫情的快速传播。当政治极化的现实叠加在权力制衡体制之上，"散装美国"缺乏高效应对疫情的能力，这不仅严重威胁普通民众的基本权利，而且令本就严峻的国际抗疫形势雪上加霜。

两党对峙、政治极化造成美国"钟摆民主"现象和内外政策的"翻烧饼"。特朗普就任总统以后，接连撤回甚至废除了奥巴马政府的多项政策和法案。他高调宣布退出联合国人权理事会等国际组织以及《巴黎协定》等多项国际公约。在经济上，特朗普高举美国至上的单边主义大旗，逆经济全球化的历史潮流而动，同中国等贸易伙伴大打贸易战。与之相对，拜登执政以后，就立即宣称美国将重返多边主义，重新加入联合国人权理事会、中止退出世界卫生组织，以期修复同西方盟友的外交关系。"钟摆民主"昭示美国国内外政策反复无常，国家财政持续损耗，普通民众将为此付出高昂代价。在"钟摆民主"下，美国内政外交政策被来回"翻烧饼"。执政党总是不断清算前任的政治遗产或者否决政治对手的政策主张，这令美国缺乏清晰一致的施策方向，国内民众因此无法形成稳定且长远的行动预期，许多国家、国际组织也在同美国打交道的时候疑虑重重。

美国两党从政党利益出发，相互否决对方提出的政策主张，导致美式民主已经落入"否决型体制"的陷阱。有人干脆指出，美国政治的极化意味着以民主党和共和党为身份分野、以红州和蓝州为地理疆界的"两个美国"的出现。

（二）美式民主的双标化

虽然美国极力标榜人权、自由、民主等价值，营造民主维护者的形象，但是，美国维护民主的卫士形象是极其虚伪的。一旦所谓的民主运动威胁到美国的利益，美国则毫不犹豫地走向民主的对立面。美国民主的双标化，在对待街头政治和媒体自由方面表现得非常明显。

首先，美国对待街头政治的双标化。长期以来，美式民主的号手们总是假定美国选民会基于理性判断而投出神圣一票，当选者能够遵守选举规则，坦然接受选举结果。然而，2020年美国大选发生的种种闹剧却让这些推崇美式民主的人无言以对。原来他们关于"有序竞选"的理性假设被现实无情地戳破。特朗普拒绝承认败选，他不仅宣称民主党计票作弊，而且通过社交媒体煽动民众发起街头运动。"川粉"带着"如丧考妣"的心情冲击国会，一度令国会确认选举结果的会议中断。长期以温和、理性面目示人的美式民主，出现了暴力化的街头政治现象。那么，美国赞成街头政治属于现代民主的一部分吗？恐怕很难有确定答案。

无论是突尼斯爆发的"茉莉花革命"，还是席卷中东地区的"阿拉伯之春"，乃至乌克兰的政治危机，我们都可以看到，美国政客为后发现代化国家的民主化"操碎了心"。而在中国香港地区，港独分子在境外势力的推波助澜之下，发动了包括冲击立法会、袭击警察和无辜民众、围堵香港中联办等一系列暴动，公然挑战"一国两制"的法治底线……诸此种种，部分美国政客为之欢欣鼓舞，甚至称为"美丽的风景线"。美国国会漠视中国民众的不满，罔顾中国外交部门的强烈抗议，专门出台法案为暴徒们的行径背书；美国国会甚至公然邀请乱港分子头目参与涉港问题的听证会，企图为香港街头政治的极端化、野蛮化辩护。美国政客对待境外街头政治的言行，似乎表明美国鼓励街头政治，倾向于将街头政治视作民主理论与实践的应有部分。

但是，具有讽刺意味的是，美国却强力镇压近年来国内发生的街头运动。由于金融危机的冲击，美国底层民众强烈抗议社会不公、财富分配不均，发起"占领华尔街"运动。对此，美国政客们却污蔑抗议民众为乌合之众，美国警察更是采取暴力清场等方式镇压。美国黑人弗洛伊德因使用二十美元的假钞而被白人警察暴力执法致死。美国民众走向街头，声讨种族主义的社会痼疾。对此，美国政客们却"义正词严"地斥之为"暴乱"。当部分民众不满特朗普的败选而占领国会大厦时，佩洛西等政客毫不犹豫地将之定性为"暴力运动""叛乱"。

在对待街头政治时，美国怀揣双重标准：一方面，美国纵容、利用他国反对派发动街头运动乃至暴力抗议活动；另一方面，动辄对本国民众的抗议行动予以强力镇压。美国对境内境外街头政治持截然相反态度，充分显示美式民主的双标化。

其次，美国操弄新闻自由也显示美式民主的双标化。媒体理应客观中立报道社会事件，促进政治生活朝着健康方向发展。然而，美国媒体却在新闻自由的幌子之下，采取双重标准，选择性地屏蔽某些对美国不利的信息，刻意引导社会舆论。虽然美式民主的号手们竭力强调新闻自由的价值，标榜美国媒体的中立性、客观性，但当面对同一性质的事件时，美国媒体却根据偏好采取截然不同的做法。例如，面对白人群体的失踪事件，美国媒体连续多天大肆宣传，而当少数族裔失踪事件发生时，美国媒体却缺乏应有的关注。在2019年香港地区发生暴乱时，美国媒体故意把镜头对准警察，而选择性忽视乱港分子暴力攻击警察和市民的恶劣行径，刻意营造香港警察"暴力镇压民主运动"的负面形象。2020年新冠肺炎疫情期间，美国媒体刻意渲染"中国病毒"，刺激并引发了大量针对华裔的仇恨言行；彭博社罔顾美国抗疫不力的事实，发布所谓的"全球抗疫排名"，标榜美国抗疫世界第一。如此双重标准的新闻自由，完全背离了现代民主社会的基本常识和行为准则。由此可见，受到政治操弄、利益裹挟的美国媒体绝非自我标榜的那般中立和客观。

（三）美式民主的金钱化

美式民主的拥趸们通常将自由竞选视作美国民主最引以为豪的标志。在他们看来：自由竞选不仅有助于民众自主择定政治代表，而且预设了民众平等担任公职的权利；竞选者倘若想要赢下选举，必须尽可能全面地向民众展示自身能力、表达自身主张，让选民提前了解竞选者的工作能力和施政承诺。

但是，美式民主的金钱化，让自由竞选成为一句空洞的口号。在美国大选中，无论是竞选前期准备，还是善后工作，都离不开金钱的支持。竞选者需要负担媒体宣传、工作人员薪资和竞选活动组织等费用，这些开支也随着竞选时间的拉长而不断增长。例如，2004年美国大选耗费近40亿美元，2008年美国大选耗费约50亿美元，2012年美国大选耗费约60亿美元，

2016年美国大选耗费约70亿美元，2020年美国大选耗费高达140亿美元。上述数据表明，当代美国民主政治同资本联系紧密，自由竞选有赖于资本支持，这深刻塑造着美国政治的运转逻辑。

政治献金上限的解绑，加速了美国政治运作同金钱融合的进程，让美式民主加速走向金钱化。对于规范政治献金的来源和运用，美国起初秉持相对严格的态度。一些政治家们认识到利益集团介入选举可能会败坏民主，为此，必须严格控制私主体的政治献金。早在1907年，美国就通过《蒂尔曼法案》限制法人向联邦选举候选人给予直接的政治献金。水门事件以后，1974年修改通过的《联邦竞选法》规定：第一，个人给每个候选人的捐款不得超过1000美元，每年度向候选人、政党和政治行动委员会的捐献总额不得超出2.5万美元；第二，公司等团体可成立政治行动委员会筹集竞选基金。2002年通过的《两党竞选改革法》规定个人在初选和大选中向每位候选人捐款的最高限额为2000美元，向每个政党全国委员会捐款的最高限额为2.5万美元。然而，近年来美国以限制政治献金等于限制言论自由为由，放宽了对政治献金的限制。例如，2010年，联邦最高法院判决允许企业和工会组织可以不受限制地向政治行动委员会捐款；2014年，联邦最高法院又取消了个人向自己支持的联邦候选人以及政党参与竞选活动的最高捐献额度。美国不断放宽政治献金的上限便利了资本同政治联姻，利益集团进而可以合法介入民主选举过程。

美式民主的金钱化使得选民利益受损。常言道："拿人钱财，替人消灾。"当选者为了维护同利益集团建立起来的"政治默契"，时常以或明或暗的方式回馈利益集团。这表现为：第一，论功行赏。当选者可以通过人事任命等手段犒赏利益集团代表。例如，奥巴马上台以后，即通过派驻大使的形式奖掖为其大选募资的功臣。第二，利益输送。当选者上任后实施有利于利益集团的政策。美国宪法修正案规定了公民持有及携带武器的权利，美国也因相对宽松的枪支管控政策成为世界第一大枪支持有国。美国历任总统面对不时发生的枪击事件，除了"深表痛心"之外，无所作为。联系到美国步枪协会曾向参选总统的特朗普提供 3000 万美元支持的背景，美国枪支管控法案出台受阻背后的缘由便不言而喻了。由此可见，资本家通常在捐献背后附加额外的政治条件，政治捐献合法化为资本家"明目张胆"地介入政策制定大开方便之门。虽然当选者是由民众选举产生的，但其行为逻辑实际上深受利益集团影响。一旦利益集团同选民立场对立时，兼具双重代表身份的当选者可能陷入抉择两难，不免会背弃民众利益。

金钱绑架政治，资本扭曲民意，美国民主选举沦为资本家角逐权力的游戏场，美式民主政治日渐走向"钱主"政治。

（四）美式民主的形式化

民主的实现需要配以复杂的制度设计。一旦制度设计导致民主的实质落空，那么民主的形式化便不可避免。美式民主的制度设计，固然有其可取之处，但也存在导致民主形式化的缺陷。

第一，选举人团制度的推行令美国民主选举实践长期形式化。美国总统选举实行选举人团制度。选举人团制度是美国制宪时大州和小州妥协的产物。因为竞选者是否赢得一州多数选民票，将直接影响竞选者能否赢得该州在国会所代表的选举人的票数，选举人团制的要义也可简单归纳为"赢者通吃"。

由于推行选举人团制度，历届美国总统选举多次出现竞选者输掉了普选多数票而最终胜选的情况。1860 年，林肯虽然只得到不到半数的选民票，但依靠占优的选举人团票最终当选总统；1912 年，威尔逊在比对手少约 100 万张选民票的情况下，最终当选美国总统；2000 年，虽然戈尔比小布什多出 53 万张选民票，但是小布什依靠关键摇摆州的选举结果最终赢下总统大选；2016 年，希拉里在获得超过特朗普 290 余万张选民票的背景下，最终与总统宝座失之交臂……由于关键摇摆州的得票情况影响候选人能否赢下这些州的选举人票，而关键摇摆州直接关系着候选人的选举人票是否超过 270 票，因此，两党候选人通常将绝大部分精力投入影响最终结果的关键摇摆州。

民主政治最基本的要求是民主平等,然而选举人团制度的运行实际上长期违反了民主平等的基本原则。一方面,不同州的选举效力并不相同。创设选举人团制度旨在维护联邦制,推行选举人团制度整体利于小州,对部分大州构成了逆向歧视。另一方面,身处不同州的选民投票存在效力差异,这也构成对部分选民的差别对待。享有选举资格的民众理应平等,其投出的每一票对选举结果能够产生同等效力。虽然美国对外宣称自身实行普选制,但是依照选举人团制度,选民投票的效力真的符合"一人一票""少数服从多数"的民主原则吗?不同州的选举人票背后象征数量不等的选民意志,仅凭借选举人票难以真实反映全国范围内民众的集体意志。在此情况下,胜选者真的具备足够厚重的民意基础吗?答案显然也是否定的。

第二,少数精英长期把持美国政治也暴露出美式民主的形式化。美式民主的鼓吹者时常为美国推行普选制而骄傲不已,他们认为通过规范的竞选程序确保选举结果符合形式正义的要求,确保人人都有机会享有平等的选举机会。尽管普选制预设了民众自主选择代表、成功竞选公职的可能性,然而因为经费限制,普通民众无法负担起漫长竞选活动所需要的巨额成本。参与民主选举要求筹集大量资金,这已为普通民众设置了隐性门槛。多数普通民众除了定期投下选票,很难深度介入美国民主过程。只有少数受到财团支持的政治精英才能得到所在政党的提名。这一情况导致美国政坛长期被罗斯福家族、布什家族等少数政治家族所把持。美式民主政治终究不过是少数政治精英的权力游戏。久而久之,普通民众对待选举的热情也不断下降,因为他们深知自身的选票很难改变精英把持美国政治的局面。

四、结语

当今世界,民主已经成为全人类共同价值。但是,价值通约性并不意味着价值实现方式的单一性。包括美式民主在内的各国民主模式,都是绚丽多彩的人类政治文明所不可或缺的底色。任何国家的民主发展,固然要借鉴外来文明的有益资源，更需要将普遍原理与具体国情结合。因而，一国不应该对他国民主模式指手画脚，也没有资格输出民主。但是，美国却对其民主制度充满迷之自信，认为美式民主是放之四海而皆准的制度真理，在全世界范围内充当民主的"教师爷"，强行推广其民主模式。这种企图当然会遭到其他国家的抵制，因为如果坚持世界上只有一种民主模式，这本身就是反民主的。

历史充分证明，美国在一些地区搞民主输出，不仅没有给当地带来繁荣发展，反而带来新的人道主义灾难。对此，美国不仅不思悔改，反而变本加厉，将国内两党内斗的恶习带入国际社会，纠集一些附庸国家和地区召开所谓的民主峰会。美国操办民主峰会，无非是企图借此垄断民主的定义和裁判权，借民主之名拉帮结派，建立一套以美国利益和意识形态为标准的世界体系。其实，美国搞所谓民主峰会注定是徒劳无益的。这是因为，美式民主已经充分暴露出诸多历史局限和现实弊病，已经逐渐失去说服力和吸引力了。越来越多的国家和人民已经深刻认识到，美式民主并不能代表民主的未来发展方向。各国人民应该而且也能够在独立自主的基础上走出一条具有本国特色的民主发展道路，为丰富人类政治文明多样性贡献智慧和力量。

民主在美国的异化和迷思

杨博超[*]

(《光明日报》 2022年5月29日)

"历史终结论"曾展现了美国对美式民主的自负与迷恋,似乎世界要实现民主,就只有效仿美国一途。但新冠肺炎疫情和美国总统大选的乱象使世界人民越发认识到美国背离民主初心的事实,也揭示了美式民主的制度性缺陷,政治的投机性、法治的政治性和虚伪的本质。热衷于扮演"民主灯塔",充当"民主教师爷"的美国面临信任赤字,也让很多沉醉于美国"精妙民主制度设计"的人从"美梦"中惊醒。

从历史角度看,自美国建国起,民主在美国就产生了异化。汉密尔顿和麦迪逊在《联邦党人文集》中明确指出,这个国家的本质在于强调"完全排除人民的集体能力,使其在政府中没有任何份额"。民众的意见通过选举代表转化为公共政策的制度设计,也从根本上限制了人民直接参与政府决策的可能性。人民有没有广泛参与权,体现着民主的质量和成色。如果人民只在投票时被唤醒、投票后就进入休眠期,只在竞选时聆听天花乱坠的口号、竞选后就毫无发言权,只在拉票时受宠、选举后就被冷落,这样的民主不是真正的民主。

从现实角度看,美式民主是作为统治者的工具在美国兴起的。自19世纪起,政治家才开始为一个意识形态上个人主义强烈的国家披上曾经并不习惯的民主袍。当时,旧的社会等级制度正被快速的工业化、大规模移民、西

---

[*] 作者杨博超系北京市习近平新时代中国特色社会主义思想研究中心特约研究员、中国政法大学人权研究院讲师。

进扩张和内战所颠覆。平等主义的情绪上升,那些曾经被设计用来将人民排除在政府之外的机构,之后被称作为促进建设"民有、民治、民享"的政府而存在。随后通过的若干宪法修正案使"美国是一个民主国家"的奇特说法也似乎产生了现实依据。

但越来越多的人注意到了这种"民主"的基础正在崩溃。美式民主的"光环"被现实击碎,人们也越发能够发现美式民主的异化。

一是"美式民主"存在系统性缺陷。"三权分立"作为美国的政治核心,其创设初衷是为了彼此制衡,防止一家独大。但美国立法机构和行政机构之间基于党争的常态冲突,导致持续僵局。有学者认为,美国总统和国会参众两院,即持否决票的三位"玩家"正是导致社会不平等加剧的重要因素。这也是任何复制美国民主模式的尝试,无论是在南美还是在东欧国家,大多是一场灾难的原因。各国家机构之间忙着争权夺利,早已将推进国家治理的民主初衷抛诸脑后。在美国许多政策领域,立法的工作已经被所谓的独立机构所取代,如联邦通信委员会和环境保护局等由国会成立的很多机构,在很大程度上不受立法监督。作为美国民主重要组成的"两党制",也在特朗普担任总统期间充分暴露对峙和"极化"的特点,而拜登上台以后同样如此。

二是"美式民主"的政治投机性。美国选举是利益集团打着民主的幌子来实现政治目的的"独角戏"。企业游说活动自20世纪逐渐合法化后,今天美国社会中,商人对政府的影响巨大。曾有报道指出,民主党国会竞选委员会曾为新任国会议员准备了一份示范日程表,指导他们每天花大约4个小时给捐助者打电话索取金钱支持,参选者也越来越沉迷于这种政治"金钱游戏"。2020年美国总统及国会选举打破了2016年的纪录,总花费增至近140亿美元。2015年盖洛普民意调查显示,超过80%的美国人认为国会是腐败的。曾有平民竞选者表示,为选举筹款是"一种折磨"。而这种折磨的真正受害者是美国人民,因为他们在这个看似民主的系统中没有发言权。"金主"慷慨解囊以试图拿到左右政治决策的"入场券",参选者则为了筹集大量资金蜕化为政治说客,花费更多时间与捐助者待在一起,进一步压缩与选民接触的时间。所以在通常情况下,当对"金主"关注的政治法案进行投票时,立法者并不需要激烈争斗,因为他们早就暗通款曲。

三是"美式民主"导致法治政治化倾向。"法者,智之端也。"法治是民主政治不可或缺的要素,但在关于美国最高法院9名非选举产生的大法官的权力的辩论中,明显体现了民意和法治之间的紧张关系。二战后长期由左派法官占据多数席位的局面被逐步改变。受逐利思想和"经济人"范式影响,法治逐步成了勾连权力腐败的精美遮羞布,民主在利益链条交织中被扯得支离破碎。法官的许多决定也助推扩大了社会体系中的不民主因素。如2010年的"联合公民"案中,法院推翻了之前案件中对公司和其他私人团体竞选开支的立法限制规定。这项裁决间接大规模放大了金钱利益集团的声音,使经济精英们更容易凌驾于民众的诉求之上。

四是"美式民主"的虚伪本质。政治家应当将增进人民福祉作为执政理念和初心,而绝不应为政治目的利用和操控民意。缺乏自我克制和责任感的政府很容易摧毁民主。美国权力的杠杆掌握在少数人的手里。柏拉图对"民主人"的蔑视性描述与美国前总统特朗普的形象基本一致。特朗普在入主白宫之前没有担任过任何公共职务,他轻视专家,缺乏对公共政策最基本的把握。他喜欢"虚假和吹嘘的言语和观点",认为放肆是"良好的教养",许可是"自由",挥霍是"华丽",无耻是"男人的精神"。而继任者拜登和他的政府也继续在反民主的道路上放飞自我。在美国,公共政策并不反映大多数美国人的偏好。有学者曾对美国国会和行政部门在20年内1779个政策的制定过程进行追踪,结果是令人震惊的:经济精英和利益集团的影响力巨大,他们在大约一半的时间里成功使自己喜欢的政策获得通过,并在几乎所有的时间里阻止了他们反对的立法通过。与此同时,民间团体对公共政策几乎没有影响,普通公民的意愿更如沧海一粟,无法泛起任何浪花。因此,近年来美国普通选民对传统政治机构的疏离感可能比以往任何时候都强烈。

民主在美国的实践证明了美国民意的易受骗性和可操纵性,谎言、仇恨和偏执可以用来转移视线,从而逃脱政策制定错误的责任。美国虚伪的民主制度，表面上表现为两党争权夺利、金钱操控政治，但究其内里则是没有"端坐在百姓这一面"。曾经美国国会议员具有强烈的地方意识，民主党人可能从当地工会或学校中崛起，共和党人可能是当地的商业或社区领袖，两党议员的生活与选民的生活交织在一起。但现在，当他们到达办公室时，许多政客已经被标签为文化、教育和金融精英，这使他们与普通美国人"泾渭分明"。虽然其中有些人与地区有很强的联系，但这种基于选票的联系是脆弱的，即使那些在所代表地区出生和长大的议员也是如此。他们接受昂贵的教育，青少年时即生活在大都市中，比他们的前辈更有可能在华盛顿、纽约、旧金山等城市追求有利可图的机会。而从几乎所有的指标来看，不论生活经历、教育背景还是净资产，这些政客都与普通民众彻底脱节。当政客所做的一切都是为了自己在办公室的那张座椅的时候，美式民主也就在黑暗的道路上渐行渐远了。

民主是全人类的共同价值，是人类文明的结晶，也是推进国家治理、增进人民福祉的手段。美式民主将民主制度异化为工具，进而产生对民意的忽视以及对他国民主制度的轻蔑和敌视，是人类民主事业健康发展的最大阻碍。

生命自由的美式悲剧

美国痼疾难除的枪支暴力严重践踏人权

中国人权研究会

(新华社 2019年8月24日)

近日,美国连续发生多起严重枪击案,引发美国及国际舆论广泛关注。2019年8月3日,一位名叫帕特里克·克鲁修斯的犯罪嫌疑人端着AK-47步枪进入得克萨斯州埃尔帕索的一家沃尔玛商店,向购物民众疯狂射击,造成22人死亡、20余人受伤。8月4日凌晨,在俄亥俄州代顿市密布酒吧、餐馆和剧院的俄勒冈区,24岁的白人青年康纳·贝茨手持装有100发子弹的AR-15步枪,向街道上的行人射击,造成9人死亡、27人受伤。这两起枪击案再次凸显了美国枪支泛滥的严重后果,折射出美国政治和社会制度的深刻危机,反映了"美式人权"的根本缺陷。

一、美国枪支泛滥、枪支暴力严重

美国是全世界私人拥有枪支最多的国家,民间枪支数量庞大,且呈现出不断增加的趋势。2000年美国私人拥枪数量为2.59亿支,目前美国私人拥枪数量已超过美国人口数。根据盖洛普民调机构2011年的调查,47%的美国成年人自报拥有枪支。美国南部成人拥枪率高达54%。一方面,对暴力威胁的担忧导致许多人为求自保纷纷购枪;另一方面,枪支泛滥又是造成暴力犯罪居高不下的重要原因。大量枪支散布在民间,使得美国成为枪击案件频发、枪击伤亡数量惊人的国家。美国疾病防治中心2014年报告称,由于普遍存在校园霸凌现象,美国约有20万到25万名中学生携带武器上学。据统计，8.6%受欺凌的学生带过武器上学，4.6%即使没受欺凌的学生也带过武器上学。

　　枪支泛滥必然带来枪支暴力。美国是世界上枪支暴力最严重的国家。2018年美国共发生涉枪案件57103件，导致14717人死亡、28172人受伤，其中未成年人死伤3502人。《赫芬顿邮报》网站2018年12月6日报道，对美国2000年至2016年枪支致死官方数据的分析发现，枪支暴力导致美国人均预期寿命减少近2.5岁，其中非洲裔减少4.14岁。美国的枪击案件造成大量人员伤亡，恶性枪杀案件更是形成对公众安全的重大威胁。枪支暴力严重践踏人权，特别是直接侵犯了美国民众的生命权。

　　美国枪支暴力痼疾难除。据统计，在美国非正常死亡人群中，枪杀是仅次于交通事故的第二大死因，平均每年有1.5万人左右遭到枪杀。根据美国联邦调查局2016年秋季发布的年度《统一犯罪报告》的统计，发生在美国的谋杀案件中有71.5%使用了枪支，抢劫案件中有40.8%使用了枪支，严重暴力袭击案件中有24.2%使用了枪支。自1972年以来，美国平均每天有80多人因枪杀案毙命，其中约12人为儿童。在枪支暴力事件的发生数量上，美国远远超过其他发达国家。美国人口仅占全球总人口的5%，发生在公共场所的大规模枪击事件却占到全球的31%。

　　频繁发生的恶性枪击事件已成为美国标志性特征。美国发生的严重枪击案件不时会上新闻媒体的头版头条。在电影院和校园等人员密集场所发生的枪击案常常造成严重伤亡。2017年10月1日晚，64岁的白人男子史蒂芬·帕多克在拉斯韦加斯从曼德勒海湾宾馆32层的房间向楼下露天演唱会2万多名观众开枪扫射。枪击持续了10至15分钟，造成近60人死亡、500余人受伤。这是美国现代史上最为严重的枪击案。事后，警察在其酒店房间与家中共搜出42支枪、数千发子弹及爆炸物。

二、美国枪支泛滥的制度原因

尽管枪支暴力严重威胁民众生命安全,但美国一直无法解决这个问题。美国枪支暴力痼疾难除,同美国特殊的社会政治制度有直接关联。

第一,美国僵硬的宪法规定使得全面禁枪无法实现。美国宪法第二修正案规定,"纪律严明的民兵乃保障自由国家的安全所必需,人民持有与携带武器的权利不容侵犯"。这条宪法修正案制定于1791年,反映了刚刚通过独立战争从英国独立出来的北美人民的愿望,在一定程度上满足了当时美国人的实际需求。正是在民众普遍拥枪的背景下,北美13州人民才开始武力反抗英国殖民统治,组建以民兵为主体的"大陆军",并最终赢得独立。这种特殊的历史经验使得美国人相信,持枪权是一项至关重要的权利。这项规定对美国政治生活产生了重要影响。美国44个州的宪法中都明确规定要保护公民持枪的权利。

但是,随着枪支威力的不断增强,随着城市化造成的人口密度增加,私人普遍拥枪的负面影响日益显现。世界各国普遍承认,私人持枪不利公共安全。私人普遍拥枪同枪支暴力有直接关系,会造成大量人员伤亡和暴力犯罪现象增加。绝大多数国家都对私人持枪采取严格控制的政策。美国宪法规定的持枪权已明显不符合现代社会需要。事实上,多年以前美国社会就认识到了持枪权的负面影响和枪支泛滥的危险性,并探讨通过修改宪法实现禁枪的可能性。然而,修宪在美国门槛很高,且过程复杂、漫长。在美国持枪文化深厚、持枪人口众多和枪支利益集团势力强大的情况下,试图通过修宪禁枪,成功的可能性微乎其微。

实现宪法禁枪的另一条可能途径是美国联邦最高法院对宪法重新进行解释。事实上,历史上许多宪法条款都经由联邦最高法院的重新解释解决了滞后性问题。然而,美国社会对宪法第二修正案一直存在不同解读。一种观点认为宪法第二修正案保护的是公民个人权利,另一种观点认为宪法第二修正案保护的是集体权利,因为该条款中的"民兵"组织是一个集体。在历次枪支问题争论中，自由派都把集体权利论作为控枪的理论根据，希望联邦最高法院通过这种解释控制枪支泛滥现象。但是，2008年6月联邦最高法院对赫勒案的裁决却让自由派的希望灰飞烟灭。在这个裁决中，联邦最高法院认定，持有和携带枪支是一项"天赋"人权，公民个人有权拥有和使用枪支，地方政府制定控枪法律是违宪行为。2010年6月，美国联邦最高法院进一步裁定，美国宪法第二修正案中有关公民享有持枪自由的条款同样适用于各州和地方法律，从而将个人持有枪支的权利扩大到整个美国。美国联邦最高法院的这两个裁决彻底消除了通过释宪禁枪的可能性。

第二，美国政党政治的弊端使控枪努力停滞不前。由于禁枪无望，所以美国只能想办法管控枪支，即从枪支购买方式、购买资格以及流通枪支的类型、登记和管理等方面做出限制性规定。但是，即使这种对个人拥枪的有限约束，也遇到重重阻力。近几十年来，美国政治"极化"现象严重，两党对立加剧。两党核心选民团体在这个问题上的主张截然对立。民主党支持枪支管制，主张实行更为严格的枪支管制政策，共和党则反对枪支管制。枪支管控已成为总统和国会选举的主要议题之一，并已成为决定竞选成败的重要因素。克林顿政府时期，美国国会通过《联邦攻击性武器禁售令》，明确禁止在民间出售19种攻击性较强的半自动枪械以及10发以上的子弹夹，在控枪问题上取得一些进展。奥巴马政府时期，鉴于美国枪击暴力案件居高不下、校园枪击等恶性案件频繁发生，参议院民主党人提出枪支管理修正案，要求将购枪背景审查范围扩展到枪支展销会和网上购枪领域。该法案尽管得到90%美国人的支持，但还是在2013年被参议院否决了。事实上，奥巴马政府推动的控枪法案全部铩羽而归。在此背景下，2016年1月，奥巴马政府不得不绕开国会，用发布行政命令的方式管控枪支，规定禁止精神病患者持有枪支，要求枪支经销商持证上岗，加强枪支购买者的背景审查。但是，随着共和党政府上台，奥巴马政府这些微弱的控枪措施也无法得到保持。

由于受到美国选举政治支配，近年来民主党对枪支管控的立场持续软化，因为严格控枪政策不利于民主党选票最大化。克林顿政府时期，民主党在 1994 年中期选举中丢失了参众两院控制权，政府坚持通过了两个控枪法案成为民主党失去大量选票与资助的主要原因。戈尔在副总统任上曾经以参议院院长的身份投票支持一项枪支管制法案，这使他被视为反对持枪者，成为其最终在总统选举中落败的一个重要因素。这些活生生的教训使民主党在枪支管制问题上态度变得摇摆不定。一方面，他们不敢明确支持枪支管制，因为激进的控枪政策会导致丢失大量选票；另一方面，他们更不敢反对枪支管制，因为这样会失去传统选民。民主党在枪支问题上的立场开始变得有些模糊。为了争取更多选票和政治献金，一些参选公职的民主党政治人物甚至不敢要求严格控枪，更不敢要求全面禁枪。

共和党一贯支持持枪权，反对严格管制枪支。共和党执政时期，美国通常会放松枪支管制。里根政府时期，国会于1986年通过《武器拥有者保护法》，大幅放宽对枪支销售者和购买者的限制，将联邦政府部门对枪支的检查限定为每年一次。这个法律极大强化了美国的持枪权，是美国枪支管制方面的严重倒退。小布什政府时期，《联邦攻击性武器禁售令》10 年期满，国会拒绝重新进行审议，致使法案最后自动失效。

当前的共和党政府支持私人持枪自由。2017 年 2 月，共和党控制的参、众两院废除了奥巴马政府发布的一项行政命令。该行政命令禁止患有某些严重精神疾病的患者购枪，要求精神疾病患者的医疗保险商向联邦调查局提交相关身份信息以供购枪许可审核。2018 年 4 月，美国副总统彭斯出席全国步枪协会年会并发表讲话说："总统和我都问心无愧地支持宪法第二修正案。本届政府不会侵犯人民拥有和携带武器的权利。"鉴于严重的校园枪击事件，2018 年 3 月，佛罗里达州参议院通过一项允许教师在校园内携枪的法案。随后，美国联邦政府也提出类似的计划，要求通过武装学校教职员工来阻止校园枪击案的发生。根据共和党一贯反对控枪的立场，有理由相信美国未来会进一步放松枪支管理。美国解决枪支泛滥问题的前景十分渺茫，枪支暴力和枪击伤亡事件恐怕只会增加，不会减少。

共和党拥护持枪权的立场不但影响国会立法，而且影响到联邦最高法院裁决。2010年，共和党支持者占多数的联邦最高法院对麦克唐纳案做出裁决，判定美国公民在全国各州各市都可以依据宪法赋予的权利拥有枪支，即持枪权适用于全国。这个裁决生效后，美国的枪支管控水平大幅后退，一半左右的州修改原有法律，以便允许枪支拥有者在大多数公共场所公开携带枪支。随着伊利诺伊州于2014年1月5日正式实施隐蔽持枪法，隐蔽持有和携带武器在美国50个州全部合法。隐蔽持枪法规定，除禁止民众在政府大楼、学校、医院和公交车等公共场所携带或者持有枪支外，获得持枪证的人可以在任何地方隐蔽携带枪支，这就意味着会有更多的枪支出现在大街小巷。费城、洛杉矶、旧金山等20多个机场允许有枪支许可的人携带枪支到安检口。在得克萨斯州北部的学校，校方允许教师携带枪支到校。田纳西州、亚利桑那州、佐治亚州和弗吉尼亚州允许在酒吧里携带装有弹药的手枪。还有另外18个州允许在提供酒精饮品的饭店里携带武器。

　　第三，利益集团是美国控枪的最大阻力。美国控枪难有成效，除了美国社会根深蒂固的持枪文化这个因素以外，还有利益集团因素。如果说法律因素是"表"的话，利益集团因素则是美国控枪难问题的"里"，是主要原因。美国的枪支制造、买卖和使用已形成庞大产业链，涉及庞大利益。根据美国全国广播公司2015年报道，美国的枪支和弹药制造业年收益达135亿美元，枪支和弹药商店平均年收益31亿美元，实际盈利达到4亿7840万美元，枪支制造和销售行业缴税总额达到20亿美元，雇佣26.3万全职员工，仅正式登记的武器销售点就有10万个之多。美国枪支和弹药行业的总体经济影响估计达429亿美元。反对枪支管控的协会组织是枪支行业和持枪者利益的代表，在控枪议题上拥有强大影响力。在美国，反对控枪的利益集团有全国步枪协会、全国持枪者协会、全国射击运动协会、全国枪支权利协会等12个组织。这些利益集团为美国总统选举和国会选举提供大量政治捐款，仅2010年至2018年期间就通过政治行动委员会捐款1.13亿美元。全国步枪协会是美国主要的反控枪组织，创立于1871年，有500万会员，其中包括实力强大的枪支生产商和经销商。该组织的宗旨就是反对枪支管制，具体的活动方式包括开展拥枪宣传、组织反控枪行动、进行院外游说和政治捐助等。全国步枪协会是美国最有影响力的院外游说组织，每年运营经费高达2.5亿美元，竞选年份经费更多。根据有关统计数据，全国步枪协会在2016年总统选举中捐出政治竞选资金5440万美元，其中3000万美元捐给了共和党候选人。根据美国有线电视新闻网统计，目前美国国会两院的535名成员中，有307人要么直接从协会及其附属机构处获得过竞选资金，要么就是从协会的广告活动中受益。全国步枪协会向国会议员捐出政治献金，数额较大的20笔都流向共和党籍议员。近年来，以全国步枪协会为代表的美国反枪支管制利益集团取得了巨大成功，几乎封杀了所有控枪法案，使美国枪支管制更加宽松。

第四，枪支泛滥同美国警察过度使用枪支现象有相当关系。美国警方在执法过程中滥用枪支现象非常严重。警察常常暴力执法，在执法过程中往往以被执法对象疑似持有枪支等武器为由过度使用枪械，造成大量人员伤亡。2017年，美国警察枪杀987人。在被警察枪杀的人中，有很多是无辜者。《华盛顿邮报》报道，截至2016年7月8日，在半年多一点时间内被美国警方枪杀的509人中，至少有124人是精神疾病患者。警察滥用职权枪杀平民却极少被追究刑事责任，每年有约1000名平民被警察射杀，至少致死400人，但在2005年至2016年的10多年里，只有77名警察因此而被指控犯有过失杀人罪或谋杀罪，平均每年仅为7.7人，并且绝大多数都被免予起诉。2015年前5个月，美国警察枪击致死人数达385人，平均每天致死超过2人。而与此形成强烈反差的是，这期间被起诉的警察只有3人，还不到总数的1%。这种情况引起很大社会反响。2015年，射杀17岁非洲裔男孩麦克唐纳的芝加哥警察，迟迟未被起诉，公众为此举行抗议游行。该警察之前曾遭20项投诉，居然未受到任何追究。

由于上述根本性的制度原因，美国枪支问题看不到解决的前景。美国深陷枪支泥淖，在枪支管制方面进退两难，充分反映了其所谓的自由民主制度遭遇困境。美国政治制度不能解决个人自由与公共安全的矛盾，无法维持两者之间的平衡。当天平向个人持枪自由过度倾斜、造成大量人员伤亡、威胁公共安全时，美国政府无力纠正，任由事态持续恶化。"美式民主"找不到解决枪支问题的出路，因为美国民主的根基是竞选，而竞选离不开金钱。枪支利益集团通过金钱捐赠获得政治影响力，阻止政府控枪。同时，候选人为了争取拥护持枪权的选民的选票，常常迎合他们。另外，美国党派政治已经渗透到号称独立的国家司法机构——联邦最高法院，使联邦最高法院面对枪支管制问题时陷于分裂。枪支管制问题折射出美国政治制度的根本困境，宣告美国自由民主走进死胡同。

三、枪支泛滥带来严重社会问题

美国枪支泛滥和枪支暴力产生严重后果，除了造成大量人员伤亡外，还催生更多的暴力和犯罪，使美国社会安全感大大降低。

第一，枪支泛滥导致美国谋杀案大量发生。枪支同谋杀联系密切。由于大量枪支散布在美国民间，任何人都比较容易获得，且容易掌握使用技能，所以在冲突中使用枪支的可能性很大。有了枪支介入，小的争吵会升级为凶杀；抢劫、偷盗等犯罪行为如果持枪进行，就有可能演变为谋杀案件。毒品和枪支联系到一起，就可能催生更多的暴力犯罪。黑社会性质的有组织犯罪，会因为枪支的缘故造成更大危害。在社会普遍拥枪的情况下，非法买卖枪支、未经登记而持有枪支的现象必定大量发生，"黑枪"必定更加难以控制。这一切都直接推高了美国的谋杀率。根据哈佛伤害控制研究中心对于多国情况的研究，私人持有枪支越多，谋杀案件发生的数量就越多，两者之间存在正相关关系。20 世纪 90 年代，美国每年平均发生 200 万件暴力刑事犯罪和 2.4 万件谋杀案件。这些谋杀案件中的 70% 与枪支有关。根据联合国毒品与犯罪办公室发布的报告，2005 至 2012 年，美国故意谋杀案中大约有 60% 都是通过使用枪支来实施的。枪支同暴力犯罪的密切联系也得到美国 2017 年发布的一项犯罪数据分析的支持。根据这项研究，一些州在放宽对隐匿持枪证的发放限制后，10年内当地暴力犯罪增加了10%至15%。

第二，枪支泛滥导致校园枪击案不断发生。频繁发生的校园枪击案是美国的特有现象，是美国枪支泛滥的结果。世界上其他严格控枪的国家，没有一个国家发生像美国那样多的校园枪击案。校园属人口密集的公共场所，一旦发生枪击案件，很容易造成较大伤亡。校园聚集了大量未成年人，他们缺乏自我防卫和应对意外情况的能力，在枪击事件中易受伤害。枪击事件的恐怖经历会给很多儿童造成长期伤害，导致学习成绩下降、社交障碍、抑郁、焦虑、睡眠不足、药物滥用等问题。每个学生后面都是一个家庭。校园枪击案的社会影响十分广泛。2018年美国共发生25起校园枪击事件，有25332名学生受到影响，其中33人丧生、61人受伤。超过400万少年儿童在2017至2018学年经历了校园封锁，很多人受到身心创伤。由于校园枪击案频繁发生，美国出现了教师持枪上课、学生挎枪上学的奇特景观。美国有的州甚至颁布法律，规定教师必须配枪。

第三，枪支暴力严重破坏美国民众的安全感。支持个人持枪权的一个论据是枪支能保护个人安全。但吊诡的是，如果人人持有枪支，每个人都会变得更不安全。由于大量发生的枪击案件，由于普遍存在的枪支暴力，美国成为一个极度缺乏安全的国家，民众深怀恐惧。他们必须依靠枪支保护自己。法律反映了美国民众的恐惧心理。许多州的法律允许公民在受到威胁的情况下开枪，即使在他们不用武力能够逃离威胁的情况下也可以开枪。这又加重了整个社会的不安全感。美国陷入了一种恶性循环。一方面，枪支在美国日趋泛滥，带来更多的安全隐患，恶性刑事犯罪日趋增多。另一方面，每当发生枪击事件后，出于对自身安全的担心和自我防卫的需要，更多的美国民众会去购买枪支。

美国民众的不安全感十分严重。根据2015年的一项盖洛普调查，37%的人表示不敢在离家一公里的范围内走夜路，家庭年收入在三万美元以下的低收入者的不安全感更加强烈，不敢走夜路的比例在40%以上。根据《美国公共卫生杂志》2017年的一项调查报告，有900万美国民众每月至少一次携带装弹手枪外出,其中的300万人甚至每天外出都携枪。《美国医学杂志》2016年2月的一项研究发现,美国人被枪杀的概率是其他发达国家的10倍。

枪支暴力践踏人权是美国存在严重人权问题的缩影,也是美国个人主义极度膨胀的结果,反映了美国固有的制度问题。美国很多人错误地认为,只有拥有枪支才能保护自己。他们忘记了,个人安全离不开国家的保护。在控枪问题上,美国已经走入死胡同。美国社会的呼声根本改变不了持枪问题的立法和决策。在控枪问题上,我们看不到"两党极化"背景下美国民主的成效,因为两党都无所作为,回应不了美国社会现实提出的诉求。每时每刻,美国社会都面临发生枪支暴力案件的危险,都在敲响践踏人权的警钟。

纪录片:《"自由女神"背后的枪声》
https://tv.cctv.com/v/v1/
VIDEETwYZp3SpVWQ123KVCLE170309.
html?spm=C77151.PjvMkmVd9ZhX.0.0

新冠肺炎疫情凸显"美式人权"危机

中国人权研究会

(新华社 2020年6月11日)

突如其来的新冠肺炎疫情，是第二次世界大战结束以来人类经历的最严重的全球公共卫生突发事件，也是世界各国面临的一次"人权大考"。病毒没有国界，疫病不分种族。科学采取疫情防控措施、全力保障人民生命安全和身体健康，是各国政府共同承担的人权责任。然而，美国政府在应对疫情上的自利短见、任性低效和不负责任，不仅造成约200万美国民众感染病毒、11万多人死亡的悲剧，更使得美国长期存在的社会撕裂、贫富分化、种族歧视、弱势群体权益保障不力等问题充分暴露和持续恶化，导致美国民众陷入深重的人权灾难。

一、美国政府应对疫情不力导致人权灾难

美国联邦政府对待疫情防控心有旁骛、懈怠失措、自以为是，迟至2020年3月13日才宣布美国因疫情进入紧急状态，付出了数万人的生命代价。美国约翰斯·霍普金斯大学发布的疫情统计数据显示，截至美国东部时间6月9日，美国累计新冠肺炎感染确诊病例达1971302例，累计死亡病例达111620例，两项数据均大幅高于其他国家或地区。这对于全球经济和科技实力最强、医疗资源最丰富的美国而言，无疑是一个令人悲伤的讽刺。

忽视疫情预警。根据《纽约时报》《华盛顿邮报》等媒体2020年4月复盘的美国疫情时间线，美国政府一再忽视疫情警告，怠于采取防控措施。

美国白宫国家安全委员会在1月初就收到情报，预测病毒将在美国蔓延。白宫贸易与制造业政策办公室主任彼得·纳瓦罗在1月29日撰写的一份备忘录中，详细列举了疫情暴发的潜在风险：可能会有多达50万人死亡，并造成数万亿美元的经济损失。美国卫生与公众服务部部长亚历克斯·阿扎等卫生官员和医学专家也多次警告疫情在美国暴发的危险。但美国政府不仅对各种警告置之不理，反而着重控制信息传播，限制医学专家向公众发布疫情信息，甚至发布虚假信息误导民众，称新冠病毒是"大号流感"，感染病毒的风险和死亡率"非常低"，疫情会很快"奇迹般地消失"，导致防控疫情的"黄金窗口期"被白白浪费。更有甚者，包括时任美国国会参议院情报委员会主席理查德·伯尔在内的多名国会议员，还涉嫌内幕交易丑闻——他们利用职务之便较早了解疫情严峻形势，却一边对公众淡化疫情风险，一边在疫情引发股市大跌之前抛售大量股票，上演"完美"避险。

优先考虑资本利益。《纽约时报》网站2020年4月13日报道，白宫新冠病毒应对工作组与国家安全委员会在2月14日就合作准备了一份题为《美国政府应对2019年新型冠状病毒的措施》的备忘录，其中明确建议采取包括"大幅限制公众集会规模，取消几乎所有体育赛事和表演，取消不能通过电话召开的公众和私人会议，考虑学校停课"等严格的疫情管制措施。然而决策层在听取相关措施将导致美国股市崩盘的判断后，立刻否决了该备忘录。可见美国政府在抗疫决策上在资本利益和人民利益之间进行了价值排序，并未把民众的生命权和健康权放在第一位，反而优先考虑资本市场的反应，导致政府既未对民众进行有效示警，也没有为疫情大流行所带来的潜在医疗资源消耗做准备，把美国民众推向感染和死亡的边缘。

将抗疫问题政治化。疫情在美国暴发后，一些美国政客并不把保障人民的生命和健康作为首要任务，反而将疫情作为攻击政治对手的武器，谋求选举利益。权威医学杂志《柳叶刀》网站5月16日罕见地发表社论，直指美国的公共卫生领域受到政党政治的干预，美国疾病预防与控制中心的作用被一再削弱，美国政府不积极采取检测、追踪和隔离等基本医疗防疫措施，反而寄希望于"神奇的子弹"——包括疫苗、新药,甚至盼望病毒最终会"神奇消失"。美国著名政治学者弗朗西斯·福山5月4日在《美国利益》网站发表《美国政治腐朽的代价》一文,指出政党政治的高度极化使得政治制衡制度成为决策不可逾越的障碍;疫情大流行原本应该成为抛开分歧、展现团结的机会,却进一步加深了政治极化。政客将疫情视为攫取权力和党派利益的契机,而这却是以不计其数的美国普通民众的生命为代价的。

导致灾难性后果。《纽约时报》网站2020年5月20日报道,美国哥伦比亚大学的研究显示,美国行动限制措施的延迟导致至少3.6万人付出生命;如果美国政府提前一星期实施行动限制措施,能够多挽救3.6万人的生命;而如果美国政府提前两星期就开始实施行动限制措施,美国83%死于新冠病毒的患者将幸免于难。《纽约时报》甚至在5月24日史无前例地用整个头版列出1000名新冠肺炎死者的姓名、年龄和身份,并在导语中写道:"这里列出的1000人仅占死者总数的1%。他们不仅是一个个名字,他们曾是我们当中的一员。"《时代》周刊网站5月20日报道,美国延迟采取社交疏离政策导致了90%的新冠死亡病例,付出如此多生命代价本质上是美国民主的失败。

二、美国社会的不平等在疫情中暴露无遗

在美国,无论自由派学者还是保守派学者,都赞同一个基本事实——美国社会存在严重的不平等。造成不平等的深层次制度原因在于,美国政府和政党长期被利益集团操纵和俘获,无法制定和实施促进社会公平的税收、产业和社保政策。面对此次疫情,美国社会在阶层和经济方面的不平等进一步暴露和加剧。

权贵阶层获得病毒检测特殊待遇。病毒感染不分贫富,但有限的检测和医疗资源却在美国无法得到公平配置。《纽约时报》网站2020年3月19日报道,美国众多权贵在各州检测设备短缺且自身无感染症状的情况下,难

以言明地进行了病毒检测。急救医生乌切·布莱克斯托克颇感无奈地直言："（医生）不得不给病人的新冠病毒检测定额，且必须等 5 到 7 天才能得到结果；而名人却可以轻松测试，并迅速拿到结果。"这种明显的不公平现象令民众愈发质疑：在医护人员和许多病人都无法得到诊断时，权贵阶层凭借特权获得优先检测是否意味着剥夺了普通人的检测机会。英国《卫报》网站 3 月 21 日刊文指出，"泰坦尼克号撞击冰山沉没的时候，妇女和儿童首先被保护和救助；但是在新冠病毒面前，美国却是富人和权势群体优先获救"。美国在新冠病毒检测上的"贫富差距"，凸显了其疫情防控系统的延误、混乱与不公正。

底层民众面临更加危险的处境。疫情使美国底层民众的生存状况越来越艰难，进一步加深了社会贫富分化。根据哥伦比亚广播公司 2019 年的报道，近 40% 的美国人无法支付 400 美元的意外开支，有 25% 的美国人因为负担不起医疗费用而不得不放弃必要的治疗。美国《大西洋月刊》网站 2020 年 4 月报道，美国低收入人群患病后，"通常会延迟去看医生，不是因为他们不想康复，而是因为根本没有钱"。面对新冠肺炎疫情，美国有数千万人没有医疗保险，而新冠肺炎重症监护费用却高达数万美元。"生存还是毁灭"，并不只是文学作品中的生命哲学，也是美国底层民众面临的现实抉择。今日俄罗斯电视台 4 月 30 日报道，盖洛普公司的一项调查显示，七分之一的美国成年人表示，如果他们自己或家庭成员出现新冠肺炎相关症状，将因为担心负担不起治疗费用放弃治疗。联合国极端贫困与人权问题特别报告员菲利普·奥尔斯顿 4 月 16 日指出，美国穷人正受到新冠病毒的"最严重打击"，"由于长期的忽视和歧视，低收入和贫困人口面临着更高的受到冠状病毒侵害的风险，而一个混乱的、注重企业的联邦应对措施未能完全照顾到他们的利益"。

高失业率使工薪阶层陷入生存危机。根据美国劳工部 2020 年 5 月 28 日公布的数据，美国 3 月 15 日至 5 月 23 日累计首次申请失业救济人数达 4080 万。面对疫情带来的高失业率，由于长期贫富分化和结构性歧视，美国工薪阶层抵御风险的能力大大减弱。沃克斯新闻网 4 月 10 日报道指出，"从餐饮业、旅游业到媒体业,整个美国经济都感受到了(疫情的)影响。但是就像危机带来的其他影响一样,那些本已是最脆弱的群体也将首当其冲地受到经济影响"。"这段时间最容易遭受裁员的人正是那些薪水最低的人,例如餐饮业和零售业的低薪工人。"根据美国全国餐馆业协会4月20日发布的调查报告,受疫情影响,三分之二的餐厅工人(约800万人)因餐厅关闭已被解雇或休假。虽然美国政府也推出了旨在援助中小企业的"薪资保护计划",但一些资金较充裕的大企业却利用规则漏洞趁机获得巨额贷款,而一些亟须贷款"续命"的小企业、小商铺却无法得到救助。上述调查报告显示,至少有60%的经营者表示,现有的联邦政府救济计划不会令他们减少裁员。可见,美国工薪阶层最早体验到疫情带来的经济衰退的痛感,成为美国政府低效抗疫举措的牺牲品。

三、美国的种族歧视在疫情中愈演愈烈

系统性种族歧视是美国社会的痼疾。2016年以来,美国白人至上主义回潮,种族歧视呈愈演愈烈之势。新冠肺炎疫情带来的社会紧张情绪,特别是有限抗疫资源配置的不均等,进一步加深了美国"主流社会"对亚裔、非洲裔和拉美裔等少数种族的歧视。

亚裔群体遭受严重的污名化攻击。英国《卫报》网站2020年4月1日报道指出,"(美国社会)对亚洲人的刻板印象从未消除",一些美国媒体在报道新冠肺炎病例时都附有亚洲人面孔的照片。《纽约时报》网站4月16日报道指出,"新冠病毒肆虐期间,在美国身为亚裔是一种非常孤独的感觉"。疫情暴发以来,亚裔美国人在公共场合遭受羞辱甚至攻击的事件比比皆是。一些美国政客对此更是有意误导。在世界卫生组织将新冠病毒所致疾病正式命名为"COVID-19"后,包括国务卿蓬佩奥在内的美国政府高层仍然坚持使用"中国病毒""武汉病毒"的说法,甚至招致国际社会强烈批评后也拒不改口。联合国当代形式种族主义问题特别报告员滕达伊·阿丘梅

3月23日和4月21日先后指出，有关国家政客主动发表公开或暗示性的仇外言论，使用别有用心的名称来替代新冠病毒，这种把特定疾病与某个具体国家或民族相联系的仇外表达不负责任、令人不安。"这一波'疫情歧视'将原本较为隐蔽的种族偏见彻底揭示出来，在全球大流行的背景下暴露得越发明显。"在自诩为"自由灯塔"的美国，政府官员公然煽动、引导和纵容种族歧视，无异于对现代人权观念的悍然羞辱。

非洲裔和拉美裔在疫情中承受巨大的种族不平等。种族歧视深深植根于美国的历史与现实之中，而新冠肺炎疫情就像一面放大镜，将种族歧视带来的恶果以更加悲剧的形式呈现出来。非洲裔受到新冠肺炎疫情"不成比例"影响的状况极为普遍。密歇根州卫生与公共服务部2020年4月2日公布的该州新冠肺炎确诊和死亡病例种族构成数据显示，非洲裔仅占该州总人口的12%，却占确诊病例的33%，死亡病例占比更高达40%。美国疾病预防与控制中心公布的全国性统计数据显示，截至5月13日，美国新冠肺炎致死病例中非洲裔占22.4%，明显高于其在总人口中12.5%的份额。堪萨斯州、伊利诺伊州和密苏里州的非洲裔分别仅占总人口的5.7%、14.1%、11.6%，在死亡病例中占比却分别高达29.7%、30.3%和35.1%。拉美裔在疫情中也遭遇了更高的感染率和致死率。根据纽约市4月初公布的新冠肺炎死亡病例种族分布，拉美裔占34%。《纽约时报》网站4月14日报道指出，非洲裔和拉美裔的感染率和死亡率之所以居高不下，是因为"今天他们在健康上的差距，直接来源于历史上财富和机会的不平等"。英国《金融时报》网站5月15日报道指出，非洲裔和拉美裔美国人比白人更有可能从事维持社会运行所必需的工作，他们贫困率较高，更容易患糖尿病和高血压等"共病"，使得他们更易感染新冠病毒。"这场大流行病加剧了美国的种族差异"，"没有什么比这场大封锁中的生与死更能体现美国的肤色差异了"。5月25日，明尼苏达州非洲裔男子乔治·弗洛伊德遭白人警察暴力执法致死，引发美国全国范围的大规模抗议示威活动，再次凸显美国民众对于种族不平等日益恶化的不满与愤怒。

种族主义暴力事件频发多发。疫情期间,美国基于种族主义的暴力事件频发,亚裔群体遭受严重的人身攻击。仅 2020 年 3 月 19 日至 4 月 1 日,美国非营利组织"停止仇恨亚裔"就收到超过 1100 起仇恨事件报告。2020 年 2 月,洛杉矶一名 16 岁亚裔男孩在学校被诬称为"病毒携带者"并遭到殴打。3 月 14 日,在得克萨斯州米德兰市一家超市里,一名 19 岁男子故意用刀刺伤一名亚裔男子及其两名年幼的子女,理由是"他们是中国人并将新冠病毒传染给别人"。4 月 5 日,纽约市布鲁克林区一名亚裔女性在家门口倒垃圾时,遭到种族主义分子泼洒不明化学液体攻击,导致其上半身、面部和手部严重烧伤。暴力事件进一步加剧了疫情期间紧张的社会气氛,社会分裂、种族对立和枪支泛滥随之恶化。4 月 15 日,近 200 位美国外交政策学者、前外交官在《今日美国报》上发表声明指出,针对亚裔的仇恨犯罪和暴力袭击为美国敲响了警钟,美国各层级、各领域的领导人应采取行动,反对针对亚裔的种族主义行为,结束对亚裔社区的仇恨犯罪。

四、美国的弱势群体在疫情中生存维艰

对于社会弱势和边缘群体的生存照顾,代表了一个社会的良心,也是验证一国真实人权状况的试金石。疫情期间,美国的"残酷资本主义"特征暴露无遗,致使老年人、无家可归者和儿童陷入悲惨境地。

老年人成为政府抗疫不力的"牺牲品"。联合国秘书长古特雷斯多次强调,老年人和年轻人享有同等的生命权和健康权,疫情之下谁也不能被牺牲、被抛弃。然而在疫情中原本就面临更大风险的美国老年人群体,因年龄歧视被进一步弱化和边缘化,生命权无法得到基本保障。2020 年 3 月 23 日和 4 月 22 日,得克萨斯州副州长丹·帕特里克在接受福克斯新闻网采访时两次表示,他"宁愿死也不愿看到公共卫生措施损害美国经济",同意以老年人的生命为代价"冒险重启美国经济"。美国右翼媒体《每日连线》新闻网主编本·夏皮罗 4 月 29 日在一个访谈节目中冷血地宣称,"81 岁的人死于新冠肺炎和

30岁的人死于新冠肺炎不是一个概念","如果一个81岁的老奶奶死在养老院,这虽然很悲惨,但美国人的预期寿命就是80岁"。《纽约时报》网站5月11日报道,美国养老院等老年人长期照护机构已有至少2.81万名入住者和工作人员死于新冠病毒感染,约占美国新冠死亡病例的三分之一。在这些护理机构中,许多老年人生活在较为封闭的环境中,感染新冠病毒后死亡风险很高。《大西洋月刊》网站3月28日和4月29日先后刊发《年龄歧视使疫情恶化》《我们正在杀死老年人》两篇文章,指出美国的老年人长期照护系统存在资金投入、人员配备不足等严重缺陷,在保障老年人权益方面"比其他国家应对较弱","这出于很多政治上的原因"。《华盛顿邮报》网站5月9日报道称,美国的抗疫行动"成了一场国家批准的屠杀","它故意牺牲老年人、工人、非洲裔和拉美裔人口"。

无家可归者在疫情中无处安放。《今日美国报》网站2020年4月22日报道,美国每晚都有55万多人无家可归;据无家可归者联盟统计,每1万名美国人中约有17人经历过无家可归,其中约33%是有孩子的家庭。无家可归者中有很多年迈的老人和残障人士,他们原本身体健康状况就不佳,生活和卫生条件恶劣,是病毒的易感群体。疫情期间,流落街头的无家可归者遭到严厉驱逐,被迫住进临时收容所隔离。路透社网站4月23日报道,美国各地的无家可归收容所因人员拥挤而难以保持社交距离,使得病毒极易传播。截至4月20日,纽约市收容所中已有43人因感染新冠病毒死亡,有617人病毒检测呈阳性。《纽约时报》网站4月13日报道称,无家可归者收容所成为纽约市疫情的"定时炸弹",超过1.7万人住在为单身成年人准备的集中收容所中,睡在床上几乎可以手碰手。《自然》杂志网站5月7日报道,研究人员开始对美国无家可归者进行病毒检测时发现,那里的情况已经失控。《波士顿环球报》网站5月4日报道,波士顿市已有596名无家可归者确诊感染新冠病毒,占当地该群体已接受检测人口的三分之一。《洛杉矶时报》网站5月14日报道,研究显示美国的无家可归者数量受疫情影响可能一年内激增高达45%,导致公共卫生危机进一步加剧。

贫困儿童和移民儿童状况堪忧。美国至今未批准联合国《儿童权利公约》这一核心国际人权公约。近年来，美国的儿童贫困和受虐待问题一直非常严重，疫情暴发使之进一步加剧。福布斯新闻网2020年5月7日报道，调查显示，大量美国儿童在疫情中面临饥饿问题。截至4月底，五分之一以上的美国家庭面临食品危机；在拥有12岁以下儿童的美国家庭中，面临食品危机的比例高达五分之二。福布斯新闻网5月9日报道，疫情期间美国有关儿童剥削的报告数量激增，全国失踪和受虐儿童中心4月份收到420万份相关报告，比2020年3月增长200万份，比2019年4月增长近300万份。更令人担忧的是，美国还关押着大量无人陪伴的移民儿童，这些儿童在病毒大流行中处于极端危险境地。联合国移民人权问题特别报告员莫拉莱斯等多位联合国人权专家4月27日发表联合声明，要求美国政府将移民从人满为患且卫生条件恶劣的拘留中心转移；5月29日，联合国人权理事会15名特别机制专家发表联合声明，敦促美国采取更多措施，防止疫情在拘留中心暴发。联合国网站5月21日报道，自3月以来，美国政府不顾疫情风险，将至少1000名无人陪伴的移民儿童遣送回中南美洲，联合国儿童基金会批评此举将导致儿童处于更大的危险之中。

五、美国政府相关行为严重背离国际人权法精神

面对美国国内疫情蔓延对公民生命权和健康权的巨大威胁，美国政府非但未将精力投入疫情防控，反而挥舞霸权大棒四处煽风点火，试图转移视线、推卸责任，对国际社会团结合作应对疫情造成严重破坏。

抗疫不力违反保障生命权的国家义务。《公民权利和政治权利国际公约》规定，人人享有生命权，国家有义务采取积极措施保障生命权。作为此公约的缔约国，美国政府面对新冠肺炎疫情未将人民的生命权和健康权置于首位，反而将国内政党竞选和国际上打压中国的政治需要置于人民生命安全之上，错失遏制病毒传播的最佳时机，造成约200万人感染、11万多人死亡的重

大人权灾难。美国政府显然未能履行其应尽的保护人民生命免受流行疾病威胁的国家义务。英国《独立报》网站2020年4月10日评论称，美国总是把人权挂在嘴边，却忽视自己的人权义务，对人民生命公然漠视。《赫芬顿邮报》网站5月6日报道，耶鲁大学流行病学家格雷格·贡萨尔维斯对美国政府应对新冠肺炎疫情的拙劣表现进行严格评估后，毫不留情地指出这"非常接近于默许的大屠杀"。

恶意"污名化"中国违反平等与不歧视原则。平等与不歧视原则是国际人权法的核心准则，经《世界人权宣言》等一系列国际人权文书所确认。疫情暴发以来，美国政府高层不顾人类良知和伦理底线，为维护自身霸权借疫情大搞政治操弄，持续"污名化"中国，"武汉病毒""中国病毒"等称呼在美国政客口中层出不穷。在科学界普遍认为病毒来自自然界的情况下，美国国务卿蓬佩奥甚至不惜以所谓虚假"情报"为幌子，一再声称病毒来自中国武汉的实验室。美国政客的行为明显违反世界卫生组织、世界动物卫生组织和联合国粮农组织2015年联合发布的《病毒命名最佳实践原则》，与世界卫生组织关于新冠肺炎的正式名称建议相悖。联合国当代形式种族主义问题特别报告员滕达伊·阿丘梅2020年3月23日指出，美国政府官员故意不使用国际认可的病毒名称，而是选择别有用心的名称来称呼新冠病毒，这种不负责任的、歧视性的国家言论植根于并会助长种族主义和仇外情绪，导致特定人群被污名化、排斥和暴力侵害，与国际人权法义务不符，是不可原谅的。

停缴世卫组织会费阻碍全球共同抗疫。美国政府为推卸自身抗疫不力的责任，试图将世界卫生组织打造成"替罪羊"，一边挖空心思罗织各种不实指责，一边以停止缴纳会费相威胁。2020年4月14日，美国政府宣布暂停向世卫组织缴纳会费，遭到国际社会一致批评。联合国秘书长古特雷斯4月14日发表声明称，全球正在抗击新冠疫情，削减世卫组织或任何其他人道主义组织行动所需资源不合时宜。美国医学会主席帕特里斯·哈里斯4月15日发表声明说，抗击疫情需要国际合作，美国在这一关键时刻暂停向世卫组织提供资金支持，是在错误方向迈出的危险一步。欧盟外交与安全政策高级代表博雷利4月15日表示,"在现在这个时候,没有任何理由可以为这个行为进行辩护"。英国《卫报》网站4月15日发表评论称,在世界迫切需要共同战胜这场全球从未经历过的威胁时,美国政府停缴世卫组织会费是一种缺乏道德和破坏国际秩序的行为,是"对全球团结的骇人背叛"。德国外交部长马斯4月16日表示,世卫组织是全球抗击疫情的支柱,美国此时停缴世卫组织会费是"把飞行员扔出飞机"的不负责任行为。而美国国务卿蓬佩奥却在4月22日再次对世卫组织发起攻击,威胁永久停缴会费。5月29日,美国总统宣布终止与世卫组织关系。

单边制裁违反人道精神和国际合作原则。国际合作是维持国际社会生存和运作的基石,是在全球层面确保人权和基本自由得以落实的重要原则,也是《联合国宪章》等国际文书确认的各国义务。在疫情全球蔓延、关乎人类生命与健康福祉的重要时刻,各国应当团结协作以应对疫情,维护全球公共卫生安全。美国政府在疫情期间依然对伊朗、古巴、委内瑞拉等国实施制裁,导致被制裁国家难以及时获得抗疫需要的医疗物资,严重威胁民众生命权和健康权。联合国人权事务高级专员米歇尔·巴切莱特2020年3月24日表示,在病毒全球大流行的情形下,制裁会阻碍医疗工作,给所有人增加风险;无论是出于维护全球公共卫生安全,还是为了维护被制裁国家数百万人的权利和生活,都应放松或暂停特殊领域的制裁。联合国极端贫困与人权问题特别报告员、安全饮用水和卫生问题特别报告员、教育权问题特别报告员5月6日发表联合声明,表示美国对委内瑞拉的制裁正对该国民众的人权产生严重影响,敦促美国在疫情肆虐情形下立即解除加剧该国民众苦难的制裁。

纪录片:《疫情下的"美式人权"危机》
https://tv.cctv.com/v/v1/
VIDETs5vaCMS86xeo7cjFwOC200611.html

无法呼吸的痛：
警察暴力阴影下的"另一个美国"

王 凯[*]

(中国人权研究会"仁之言"公众号 2021年10月11日)

2021年9月22日，美国参议院关于警务改革的两党会谈宣告破裂，共和党与民主党再次陷入党派对立、相互指责的泥淖。2020年以来的美国社会被暗黑的底色所充斥。面对新冠肺炎疫情大流行，美国政客漠视生命、自利短见、推卸责任，使得世界上号称经济和科技实力最强、医疗资源最丰富的国度反而疫情最为严重，迄今已有4400多万美国民众感染病毒、71万多人死亡。更令世人侧目的是，非洲裔男子乔治·弗洛伊德之死在全美范围内引发的一波又一波抗议示威浪潮，揭开了种族主义笼罩下警察暴力频现的"另一幅美国景象"。

一、美国警察暴力执法致死恶性事件频发

警察过度暴力执法是美国社会一个长期存在的问题，受害者尤以非洲裔居多。时间来到21世纪第二个十年，随着社交媒体的迅猛发展，信息传播与社会动员的门槛大大降低，美国警察不断枪杀和残暴虐待非洲裔的恶性事件被更加直观地呈现在世人面前。

2012年2月26日，佛罗里达州桑福德郡17岁的非洲裔高中生特雷沃

---

[*] 作者单位：中国人权研究会。

恩·马丁遭白人协警乔治·齐默尔曼射杀。齐默尔曼后来被判无罪,在美国多个城市引发抗议示威活动。抗议人士直呼"马丁之所以死于非命,是因为他与其他非洲裔男子一样被视作'问题',而非一个人"。"马丁之死"是非洲裔美国人反抗种族压迫新一波浪潮的分水岭,成为"黑人的命也是命"运动兴起的肇因之一。

2013年9月14日,24岁的非洲裔青年乔纳森·法瑞尔在北卡罗来纳州夏洛特市发生车祸后向他人寻求帮助,在没有携带任何武器的情况下被赶来的警察连开多枪射杀。"法瑞尔之死"将美国社会对非洲裔的潜在焦虑、种族歧视和过度暴力暴露无遗:一个非洲裔青年因为车祸被困在一个陌生的社区,当他试图求助时反倒引起当地居民恐惧并报警,而警察暴力最终导致了他的死亡。

2014年8月9日,密苏里州弗格森镇手无寸铁的18岁非洲裔青年迈克尔·布朗遭白人警察连开6枪"像动物一样"射杀。事发后布朗的尸体被警察弃置在炎热的柏油路上长达4个多小时,等到最终被拖走时血泊已经从红色变成了黑色。这一事件在当地引发了持续的骚乱和暴动。涉事警察其后被判不予起诉,引发美国170余座城市大规模的抗议示威运动,人们高呼"举起手,别开枪""不要法西斯行径的警察"等口号。"弗格森事件"成为美国警察种族主义暴力执法侵权恶果的"新界碑"。

埃里克·加纳,44岁,2014年7月遭警察锁喉致死;弗雷迪·格雷,25岁,2015年4月被警察扭断脖子致死;贾马尔·克拉克,24岁,2015年11月遭警察射杀;奥尔顿·斯特林,37岁,2016年7月遭警察射杀;斯蒂芬·克拉克,22岁,2018年3月遭警察射杀;威利·麦科伊,20岁,2019年2月遭警察射杀;布伦娜·泰勒,26岁,2020年3月13日在自己家中被警察射中8枪致死……

2020年5月25日,明尼苏达州明尼阿波利斯市46岁的非洲裔男子乔治·弗洛伊德因涉嫌使用假钞遭白人警察"跪杀"。现场视频显示,警察将弗洛伊德放倒在地后,无视路人的劝阻与弗洛伊德的挣扎、哀求,用膝盖死死压住他的脖子长达8分46秒,过程残忍至极。弗洛伊德临终前不断发出"我无法呼吸"的呻吟,引爆了美国乃至全世界人民长期以来对美国警察种族主义暴力执法积压的怒火。"我无法呼吸"成为美国黑色形象的深刻表征。

非洲裔日复一日地暴露在美国警察高度武断的暴力之下,不幸者的尸体依然在不断地堆积,几乎每一起悲剧都激起民众的愤怒与抗议,而人们一次次的抗争又无疾而终。

《华盛顿邮报》网站2020年6月8日报道,2015年以来,美国警察每年枪杀约1000人的数字"始终保持稳定"。尽管受到新冠肺炎疫情影响,2020年上半年美国民众被限制在家减少外出,但警察枪杀人数却荒谬地不降反升。仅2020年5月警察就开枪射杀了109人,比2019年5月多出35人。而"警察暴力地图"网站搜集的数据则显示:2019年美国仅有27天没有发生"警察致死"事件;2013年至2019年,美国平均每天有3人死于警察暴力执法,其中约99%的案例涉事警察都没有受到犯罪指控。

美国警察暴力致死情况统计			
年份	美国警察暴力致死人数		涉事警察遭指控人数*
	总人数	非洲裔人数	
2013年	1089	286	10
2014年	1050	277	15
2015年	1102	305	16
2016年	1070	278	11
2017年	1091	276	15
2018年	1145	258	8
2019年	1099	278	19
2020年	1127	233	16
总计	8773	2191	110

数据来源:"警察暴力地图"网站
起止时间:2013年1月1日至2020年12月31日
* 涉事警察遭指控人数含尚未判决案件

匪夷所思的是，警察滥杀无辜问题如此严重，美国联邦调查局却直至2019年1月才开始收集警察枪击及暴力执法致人伤亡数据，但数据被大大低估，尚不及媒体统计数据的一半。这一悬殊的数据差异被曝光后，时任联邦调查局局长詹姆斯·科米直言联邦数据"令人感到尴尬和荒谬"。

二、美国警察过度军事化助长"暴力之恶"

警察权兼具权利保障机能与人权戕害之风险。一旦缺乏约束，职在保障公共安全与维持社会秩序的警察部门反而会成为危及人权的"利维坦"。美国警察的滥杀无辜正是其多年来过度军事化下"暴力之恶"的集中体现。

美国警察过度军事化趋势已延续数十年。20世纪60年代，美国国内民权运动兴起，政府祭起"法律与秩序"的大棒，开始派遣国民警卫队等军事力量协助地方警察对付民众示威活动。美国前总统约翰逊于1968年签署"公共汽车犯罪和街道安全法案"，为地方警察部门拨款购买军事化装备。美国前总统尼克松在任时发动"对毒品宣战"，授权警察以更加军事化的手段对付毒品犯罪。及至20世纪80年代末，美国军队与警察、战争与执法、内部安全与外部安全之间的传统界限日渐模糊。根据美国国防部后勤局和联邦总务署网站公布的信息，1990年，美国国会同意国防部根据《国防授权法》启动"1033项目"，将包括装甲车、防暴装备、步枪、弹药等在内的军队剩余武器装备转交给地方禁毒执法部门；1997年，"1033项目"开始向所有地方执法部门提供武器装备，而地方执法部门仅需为此支付运费。

"9·11"事件后，爱国者法案等系列立法及国土安全部的创设等因素进一步加剧了警察部门的军事化倾向，联邦政府以打击恐怖主义的名义为警察部门拨款数十亿美元购买装备。"布朗之死"引发的弗格森骚乱一度让美国社会关注到警察过度军事化的后果。美国前总统奥巴马曾于2015年1月签署一份行政命令，禁止向警方提供装甲车、榴弹发射器、刺刀、口径12.7毫米以上的枪支及弹药等军事装备。然而，继任总统特朗普就职不久，就于

2017年8月将奥巴马这一行政禁令撤销，再次为军方向警察部门转交装甲车、大口径武器等军事装备"开绿灯"。

美国警察的过度军事化受到资本利益驱使。美国国防部后勤局的数据显示，截至2020年6月，共有约8200个联邦、州及地方执法机构参与"1033项目"，国防部已向地方执法部门转交总价值超过74亿美元的武器装备。2017年8月撤消行政禁令后，国防部向全国警察部门追加提供了10亿美元的所谓"超额资产"。美国消费者新闻与商业频道2020年7月9日报道，警察军事化如今已占据美国国土安全市场的很大部分，相关货物与服务的市场估值超过200亿美元。布鲁克林学院警务与社会正义项目负责人亚历克斯·维塔莱指出，"联邦政府补贴警察部门购买军事装备并未将公共安全问题放在首位，实际上是在为国防承包商制造新市场。"国土安全部前高级政策顾问托马斯·诺兰表示，"武器制造商正从中牟利"，甚至于一些大学的警察部门也在获取军事装备，即便他们根本没有理由需要这类武器。尤为令人不安的是，查尔斯·科赫研究所的研究指出，"1033项目"对警察部门产生了不正当的激励措施，他们必须在一年内使用掉根据该项目收到的军事装备，否则就要将之退还国防部。

警察过度军事化使得美国越来越成为一个"警察国家"。美国有线电视新闻网2020年6月8日列举多项数据指出，美国警察枪杀、逮捕和监禁的人数远远高于其他发达国家。除警察每年射杀近千人外，美国监狱中还羁押着高达220万人，如果把美国各州比作"国家"，那么全世界监禁率最高的31个"国家"都将是美国的州。《纽约时报》网站2020年6月11日报道，约翰斯·霍普金斯大学和耶鲁大学的研究团队在美国6个城市中12个警力严密社区开展的研究显示，"美国的警察执法正在剥夺许多公民的权利，使得宪法承诺的依法平等保护成为谎言"。

2020年夏天，美国警察以过度军事化的手段对待"弗洛伊德之死"引发的街头抗议达到新的高度。警察普遍使用橡皮子弹、催泪瓦斯、闪光弹、烟幕弹、胡椒喷雾、警棍等武器，不加区别地暴力对待抗议民众与新闻记者。

美国有线电视新闻网的非洲裔记者奥马尔·吉梅内斯在电视直播过程中被警察拘捕,其摄制组的摄影师和制片人被橡皮子弹击中。自由摄影师琳达·蒂拉多在明尼阿波利斯拍摄民众抗议活动时,左眼被警察发射的橡皮子弹击中,可能永久失明。肯塔基州路易斯维尔的电视记者凯特琳·鲁斯特在直播中被警察用胡椒弹瞄准击中,她当场哭喊道:"我中枪了!我中枪了!"英国《卫报》仅5月26日至6月2日就记录了美国发生的高达148起记者遇袭或被捕事件,其中有40起遭到"低致命性子弹"射击,有超过35起涉及使用催泪瓦斯或胡椒喷雾。记者们将报道美国抗议示威活动遭遇的危险比作"战地报道",表示"即使在报道海外抗议活动以及在阿富汗、伊拉克战区进行报道时,也从未遭到过警察开枪!"美国保护记者委员会副执行主任罗伯特·马奥尼5月30日发表声明称,记者遭到警察袭击、拘捕等违反新闻自由的事件规模是"自20世纪60年代以来前所未有的"。

新闻自由基金会执行董事特雷弗·蒂姆评论说,美国警察对新闻记者使用暴力"最大的问题是警察的军事化,国防部将用于战争的武器装备出售给警察部门,这是真正的系统性问题"。波士顿伊曼纽尔学院社会学教授汤姆·诺兰认为,美国政府把警察这一国内执法机构转变为"反恐战争中的前线突击部队",警方对付抗议活动所显示的军事化程度越来越明显,而"示威者抗议的正是他们使用的高压手段"。《明尼苏达邮报》网站2020年7月9日报道,南卡罗来纳大学学者爱德华·劳森始于1997年的长期研究发现,在排除地区种族构成、总人口数、犯罪率等影响因素后,被警察杀死的人数随着警察军事化程度的升高而显著增加。事实上,警察军事化是20世纪以来不为公众所警觉、但影响美国最大的侵犯自由的行为。

枪支问题成为美国警察使用暴力手段执法的挡箭牌。美国是世界上私人拥枪最多的国家,数量高达3亿多支,超过人口总数。大量枪支散落民间,导致枪支暴力事件频繁发生。枪支暴力档案室发布的统计数据显示,近年来美国每年都有10万多人遭遇枪击,其中有3万多人命丧枪口,这意味着每15分钟就有一人被枪杀。《赫芬顿邮报》网站2018年12月6日报道,对美国2000年至2016年枪支致死官方数据的分析发现，枪支暴力导致美国人均预期寿命减少近2.5岁，其中非洲裔减少4.14岁。枪支泛滥带来的枪击案件频发，既是美国社会公共安全的重大隐患，也使美国警察承担了更高的职业风险。《华盛顿邮报》网站2020年6月8日报道，哈佛大学和卡耐基梅隆大学的研究人员发现，枪支拥有率较高的地区发生警察枪击事件的概率也更高。美国有线电视新闻网2020年7月17日报道，面对公众对警察过度军事化的质疑，很多警察部门领导人为之辩护，全国主要城市警察局长协会主席、休斯敦警察局局长阿特·阿塞维多就辩解称，在"文明自由世界最暴力的国家之一"，警察使用军事装备是合理的。在枪支泛滥、枪击事件频发的美国巡逻，警察无法预知下一次行动会否遇到有人持枪射击，使得他们通常认为面对致命威胁时必须瞬间做出决定以保护自己。不过，根据美国警察行政研究论坛执行董事查克·韦克斯勒的研究，关于警察在执法中如何规范使用暴力手段，美国成千上万的警察部门都有自己的政策，"缺乏国家统一标准"。

三、种族主义加剧美国警民与族群冲突

对非洲裔等少数族裔的奴役压迫与歧视是美国的"原罪"。挥之不去的种族主义阴霾不仅影响美国警察对暴力执法对象的选择，还引发种族对立与仇恨犯罪，导致警民冲突与族群冲突不断，严重撕裂着美国社会。

美国警察存在系统性种族主义执法倾向。美国普利茅斯基督教联合教会的格雷兰·哈格勒牧师表示，"弗洛伊德之死"只是"持续不断的压迫体系中的一个事例"。《美国国家科学院院刊》网站2018年刊文指出，在排除犯罪率及其他社区特征因素后，非洲裔居民遭遇警察军事化执法的概率更高。美国广播公司网站2020年6月11日报道，对美国数千个警察部门2018年的逮捕数据分析显示，在其中800个辖区非洲裔的被逮捕率是白人的5倍，另有250个辖区非洲裔的被逮捕率甚至高达白人的10倍。《华盛顿邮报》网站2020年6月8日报道，非洲裔虽然只占美国总人口的约八分之一，却

占美国监狱羁押人数的三分之一,在被警察枪杀的人群中占比超过五分之一。"警察暴力地图"网站搜集的数据显示,2019年非洲裔被警察致死的概率是白人的3倍。美国公民权利律师委员会主席克里斯汀·克拉克认为,这些数据揭示了一个普遍问题,即非洲裔已经被警察作为执法目标单独挑选出来。时任美国司法部长威廉·巴尔2020年7月9日也不得不承认,美国执法人员区别对待白人与非洲裔是"普遍存在的现象","非洲裔男子总是遭到额外怀疑"。《纽约时报》网站2020年6月11日发表评论文章称,"警察暴力被过多地用于非洲裔和其他受到严厉执法的少数族裔,不断有犯错的警察逍遥法外,令滥权制度化","这对占主导地位的阶级或群体提供了双重保护:警察的暴力维护了他们在社会等级中的地位;而掌权者通过默许而不是自上而下的明确命令来鼓励这种行为,从而可以合理地否认他们在暴行中所扮演的角色。"2021年2月26日,近20位联合国人权专家呼吁美国政府采取广泛改革举措,结束日益严重的警察军事化和暴力执法问题,解决系统性的种族主义和种族歧视问题。

民众对美国警察的信任感遭到严重侵蚀。查尔斯·科赫研究所的研究指出,21世纪以来,美国警察的军事化倾向和暴力执法手段使得民众对警察部门的合法性认同与信任度明显下降。英国《卫报》和奥皮纽姆咨询公司2020年7月8日发布的联合调查显示,约91%的美国受访者认为种族歧视是美国存在的问题,约72%的受访者认为这是"严重问题";约89%的受访者认为警察暴力行为是"问题",约65%的受访者认为这是"严重问题"。而涉嫌暴力执法的警察往往逍遥法外,则进一步侵蚀着民众对警察部门的信任。《华盛顿邮报》网站2020年6月8日报道,俄亥俄州鲍灵格林州立大学犯罪学家菲利普·M.斯汀森的研究显示,即使涉事警察遭到起诉,也很难被定罪。自2005年以来,有110名非联邦执法人员被指控在执法中涉嫌谋杀或过失杀人罪,但已结案件中仅有42人被裁定犯罪且通常是次要罪行,有50人则并未被定罪。纽约市立大学刑事司法学院教授菲利普·高夫认为,美国全国范围内抗议警察暴力执法和种族歧视的游行示威展现了人们心中积压的强烈愤怒，"这是几代人的共同感受"，"是美国欠非洲裔不公之债的逾期通知"。2016年7月，一名非洲裔枪手愤怒于警察枪杀非洲裔，在得克萨斯州达拉斯市中心的游行示威活动中开枪袭击警察，造成5名警察死亡、9名警察受伤。《纽约时报》其后刊登了一幅漫画，题为"凝视一个分裂的美国"：一条警戒线将美国地图一分为二，警戒线上写着"请勿穿越"，一侧是一具倒在血泊中的非洲裔尸体与惊恐愤怒的民众，另一侧则是警察与另一具倒在血泊中的警察尸体，形象地表达出美国警察与民众之间的深度裂痕。

种族关系持续恶化导向种族冲突与仇恨犯罪。近年来，美国白人至上主义沉渣泛起，种族仇恨犯罪问题愈演愈烈。2015年6月17日，21岁的白人男子戴伦·鲁夫出于对非洲裔的仇恨，在南卡罗来纳州查尔斯顿一个非洲裔教堂内枪杀9人。2015年11月，"贾马尔·克拉克之死"在明尼阿波利斯市引发的抗议游行活动遭到数名白人至上主义者枪击，造成5人受伤。2018年3月，奉行白人至上主义的53岁白人男子约翰·卡罗瑟斯将一名40岁的非洲裔男子用火烧死，他称有色人种群体是"没有灵魂的人"。《华盛顿邮报》调查指出，这一极端思想是一个仇恨团体的集体教条，该团体成员多达5万人。2017年的夏洛茨维尔骚乱成为白人至上主义者从边缘走上前台，从潜伏的阴影中公然跳出的象征。白人武装民兵扛着自动步枪上街"巡逻"成为2020年夏天美国种族冲突浪潮中的一个"新景观"。在威斯康星州基诺沙市的抗议示威活动中，持不同观点的示威者之间发生了严重对峙，一名白人少年8月25日持枪与示威者发生冲突，造成两人死亡、一人受伤。种族仇恨的激化，日益演变为困住美国的枷锁。那些"天赋人权""人人生而平等"的梦想，在美国很多地方依然难以安放。

冰冻三尺，非一日之寒。今日"刺穿美国灵魂""令人无法呼吸"的乱象，正是美国诸多社会痼疾多年来交互影响、恶性循环形成的系统性人权危机之呈现。而一众美国政客却出于私利忙于相互攻讦，政党对立、政治极化日益严重，导致温和立场声音减弱，包容与理性声音被晾在一边，狭隘和极端思想丛生，使得国家治理陷入难解的困境。

历史并未终结。160多年前，亚伯拉罕·林肯曾针对美国"黑人奴隶制原罪"发出一句著名的警告："分裂之家无可持存。" 50多年前，马丁·路德·金曾在领导民权运动中憧憬："道德宇宙的弧线是漫长的，但它终将弯向正义。"类似"弗洛伊德之死"的美国式悲剧能否不再重演？这是自诩为"山巅之城"的美国不容回避的灵魂拷问。

美国大规模非法拘押严重侵犯人权

朱元庆[*]

(《人民日报》 2022年5月27日)

在一贯标榜"人权""自由""法治"的美国，其国土安全部经常以"危害国家安全"为由无限期非法拘押公民，警察暴力执法恶性事件层出不穷，移民群体遭受超期羁押、酷刑和强迫劳动等种种不人道待遇……一个个触目惊心的真相，戳穿了美国自称"人权卫士"的谎言，暴露了其侵犯人权、践踏人权的体制痼疾。

2020年7月20日，阿德姆·哈桑被美国国土安全部以"资助恐怖主义活动"为由非法拘押长达17个月之后，在没有任何说法的情况下被释放。哈桑被非法拘押的"依据"竟然是监狱里匿名线人的二手和三手传闻。

哈桑的案例仅仅是美国非法拘押的冰山一角。美国《爱国者法案》赋予了联邦执法人员几乎不受约束的权力，允许政府部门以"危害国家安全"为由进行无限期拘押。执法人员甚至经常未经许可搜查个人财物，在无搜查令的情况下进入民宅，无正当理由实施逮捕等。

美国警方在执法过程中随意违反警械使用规范滥用武力。一些引发强烈关注的典型案例包括1965年的洛杉矶马科特·弗莱耶案，1967年的底特律拘押82名非洲裔美国人案，1980年的迈阿密警察枪杀一名非洲裔男子案，1992年的洛杉矶罗德尼·金案，2014年的密苏里州弗格森市警察枪杀迈克尔·布朗案，2015年的马里兰州巴尔的摩市弗雷迪·格雷在遭非法拘押时

---

[*] 作者朱元庆系西南政法大学人权研究院副院长。

死亡案，2020年的明尼苏达州明尼阿波利斯市乔治·弗洛伊德被当街"跪杀"案，等等。

《柳叶刀》2021年的一篇文章指出，从1980年到2018年，美国有3万多人死于警察滥用武力。2000年，美国政府曾试图统计死于美国警察滥用武力非法拘押的人数，但该项目因缺少资金被取消。

美国对移民实施非法拘押的不光彩历史持续了几百年，加利福尼亚的天使岛和纽约的埃利斯岛都长期作为移民拘押地。20世纪80年代，马列尔运船事件导致1万多名古巴人被非法拘押。此后，拘押移民问题日益严重。遭非法拘押的移民人数从1994年的每天7000名上升到2019年的每天5万多人。

越来越多的监狱和收容所摇身一变，成为移民拘押设施，并且多由营利性机构经营。运营拘押设施的公司与相关机构共谋，为赚取利润肆意削减开支、减少服务，导致被拘押者医疗护理不足、食物短缺、住宿条件拥挤不堪。一些被拘押者甚至需要向法院申请才能获得肥皂。有独立医学专家对一些被拘押者在移民拘押所期间死亡或被释放后立即死亡的案例进行分析后发现，即便是简单的骨折也需等待数周才能获得治疗，还有很多不合格的护理直接导致了死亡。疫情期间，这些拘押所基本上未采取防疫措施，美国政府对移民拘押所的死亡情况讳莫如深。

许多移民拘押中心位于偏远地区。许多被拘押的人没有办法联系律师，也没有钱支付律师费用。跟随父母一起被拘押的孩子们在年满18岁时，收到的第一份"成人礼"竟是手铐。他们在18岁那天将被正式宣布逮捕，拘押至其他地方。这一延续几十年的做法充分暴露了美国政府对待移民及其子女的野蛮性。

近年来，美国大规模非法拘押问题愈演愈烈，严重侵犯了美国民众和外来移民难民的人权。国际社会敦促美国政府切实改正严重侵犯人权问题，接受联合国方面的有关调查并公开调查报告。

资本逻辑主导下的美国枪支暴力顽疾

俞 凤*

（《光明日报》 2022年5月28日）

5月14日，美国纽约州布法罗市一家超市发生枪击事件，造成至少10人死亡、3人受伤；10天后，得克萨斯州一所小学又发生枪击事件，导致至少19名儿童和2名教师遇害。不断发生的枪击事件再度引起美国社会对枪支暴力的关注。

作为美国社会经久不衰的一个公共议题，枪支暴力和枪支管控问题涉及美国的历史文化、宪法权利、党派政治与资本利益等，是个高度政治化的问题。目前，因枪支暴力造成大量伤亡已经成为美国人生活的常态。枪支暴力泛滥不仅严重威胁到美国人民的基本生命权，而且也映射出美国社会严重的种族问题和政府治理危机。枪支管控进程的停滞不前充斥着党派政治和资本利益之间的纠葛，其背后的资本逻辑揭露了美国政府保护资本而非民众的本质，亦警示"美式自由"与"基本人权"之间的矛盾。

枪支暴力泛滥折射美国的种族不平等问题

美国枪支暴力的泛滥给社会带来巨大安全隐患。据"枪支暴力档案"网站发布的统计数据，近年来美国枪支暴力造成的死亡人数急剧上升，从2019年的39580人上升到2020年的43671人，再到2021年的45007人，

---

* 作者俞凤系中国社会科学院习近平新时代中国特色社会主义思想研究中心特约研究员、中国社会科学院美国研究所助理研究员。

创下有记录以来的最高值。换言之，平均每天有超过110个美国人死于枪口之下。与其他高收入国家相比，美国人死于枪杀的概率要高出20多倍。根据美国疾控中心的统计数据，2020年的谋杀犯罪中，约有79%的案件与枪支相关，这也是自1968年以来的最高值。

枪支暴力案件频发及其造成的大量伤亡已经严重威胁到美国民众的基本生命权，其背后更隐藏着美国社会种族不平等的残酷现实。美国枪支暴力对有色人种社区产生了不成比例的影响，其中非洲裔美国人因枪支暴力死亡的可能性要高于整体平均水平的4倍，并高于白人12倍。粗略估算，2020年的19350起枪杀事件死亡人数中，非洲裔美国人占了62%，白人仅占21%。不仅如此，近年来有色人种中年轻人使用枪支自杀的比例也在逐年攀升。研究表明，在过去10年中，非洲裔青少年的枪支自杀率增加了一倍多，白人青少年则增加了35%。

有色人种枪支暴力死亡率大幅增长的根源在于美国社会长期的系统性不平等与结构性种族主义。一方面，美国社会对有色人种根深蒂固的种族歧视和不平等对待决定了他们在经济、住房和教育等方面获得的机会有限，也导致了其所处环境往往治安情况较差、族群暴力频发；另一方面，有色人种的孩子也会遭到个人和系统层面的种族歧视。在其成长过程中，他们容易因社区和社会上的枪支暴力案件而受到心理创伤。近年来美国经济低迷、种族矛盾激化、极端暴力事件频发，对少数族裔青少年的影响极大，广泛存在的针对有色人种的警察暴行和大规模枪击事件等亦会使其对自己存在的意义和价值产生怀疑。

枪支暴力泛滥的背后是盛行的枪支文化和无力的政府管控

导致美国枪支暴力泛滥的最主要原因在于其盛行的枪支文化和滞后的枪支管控能力，体现了美国政府的治理失能。

美国是世界上拥有枪支数量最多的国家，并且该数值仍在逐年攀升。根据2021年全美枪支调查，32%的美国人表示自己拥有枪支。这意味着，超过8140万美国人拥有枪支，而这还未包括非法取得枪支的情况。

美国的拥枪情况与美国社会盛行的枪支文化密切相关。自建国之初，枪支就融入美国社会，成为许多美国人的骄傲。无论是狩猎、运动射击还是个人防护，大多数枪支拥有者都将携带武器的权利视为其自由的核心。美国人对枪的"痴迷"根植于其历史和共和文化。在早期的殖民历史、独立战争和西进运动中，枪械曾"陪伴"美国人抵御外敌、保护自我和开拓边疆，美国人也将拥有武器的权利看作预防政府独裁暴政、保障民主的必要手段。美国的开国元勋们更以法律的形式将公民的这一权利合法化。《美利坚合众国宪法第二修正案》明确规定："……人民持有和携带武器的权利不得受到侵犯。"美国人的历史经历和宪法权利决定了其对"拥枪自由"的执着，因此即使在枪支暴力泛滥、大规模枪杀和校园枪击案频发的背景之下，美国社会也只是提出"管控枪支"的要求。

滞后的枪支管控是导致美国枪支暴力泛滥的另一重要原因。近年来，澳大利亚、加拿大和英国等国皆因大规模枪杀案件而加紧对枪支的管理，但美国方面尚未有所行动。美国政府已有超过25年没有通过重要的控枪法律。虽然政府对枪支销售和持有设置了一些基本限制，例如1993年的《布雷迪法》要求对从联邦授权经销商处购买枪支的所有无证个人进行背景调查，但最高法院却在近年撤销了某些枪支法。2008年，法院推翻了华盛顿特区实施了30多年的禁止使用手枪的法律。同时，各州和城市对枪支的管控法律并不相同，降低了联邦控枪法律的执行力。民主党与共和党执政时期对控枪法律的立场不一，政策延续性不足，也限制了政府在枪支管理方面的治理能力。例如，2016年奥巴马执政时期虽然下达了一系列关于枪支管控的行政令，却难以获得执行，并且许多都被特朗普政府推翻。这一切，都体现了美国政府在管理枪支、保障民生方面的失职与失能。

枪支管控不力背后的资本主导逻辑

美国的枪支管控之所以难有重大突破，根源在于资本力量的主导。虽然从表面上来看，是美国盛行的枪支文化、党派之争以及利益集团的游说导致枪支管控进程的相对滞后，但其根源都在于美国资本的强大力量。

美国盛行的枪支文化源自美国早期的边疆开拓史，同时也源自枪械制造商的长期宣传。历史学家迈克尔·贝勒希尔斯在其著作《武装美国：美国枪文化的诞生》中指出，美国的枪支文化并非起源于殖民时期和独立战争时期，而是在19世纪中期枪支制造广泛发展之时。制造商的大肆宣传加强了枪支文化，流行文化以及电视、电影、电子游戏和其他娱乐形式中枪支的广泛使用，以及媒体报道中不断出现的枪支暴力新闻等都加强了美国民众拥枪的意愿，使美国的枪支文化成为一种顽症。

另一方面，代表不同资本利益的游说集团对政党的游说作用，加剧了两党在枪支管控问题上的分歧，阻碍控枪法律的通过。以美国全国步枪协会为代表的枪支游说团体和枪支制造商利用金钱贿赂各级立法者支持他们的议程。全国步枪协会是反对枪支管制的利益集团中势力最大、影响力最强的一个组织，只支持拥护拥枪自由权利的政党和候选人（主要是共和党）。该组织拥有近400万会员，其中许多是枪支生产商和经销商。在2016年，全国步枪协会花费5400万美元支持各地选举，其中有3000万美元帮助特朗普当选。由于代表着不同的选民群体和不同的资本利益，在枪支管控问题上，美民主党与共和党历来存在分歧，并且这一分歧在日渐扩大。民主党对控枪的支持率从2001年的61%增加到91%，共和党则从44%降低到24%。随着党派政治的极化现象日益严重，两党在这一问题上达成共识的可能性只会更低。

总而言之，美国强盛的枪支文化和政府对枪支管控治理的失能导致了美国社会日渐泛滥的枪支暴力现象，严重威胁美国人民的人身安全。然而，在资本力量的主导作用之下，美国的枪支管控问题难以得到解决。在美国这个强调"自由和民主"的国度里,枪支的自由支配权被认为是保障民众及其人权的重要手段,却在事实上导致了严重的社会不安,侵犯了人民的基本生存权,并在极端分子的暴乱中威胁到美国的"民主政权"。从这个角度来说,美国的枪支暴力问题向世人揭示了美国政府听从资本而非民意的非民主本质,体现了美式民主与基本人权之间的矛盾。

私营监狱：美国的人权黑洞

程春华*

（《光明日报》 2022年6月2日）

2021年11月，美国国土安全部警告，移民和海关执法局管辖的私人拘留机构存在医卫条件差、疫情风险高、员工培训弱、生活设施差等问题。2022年3月，美国公民自由联盟起诉私营监狱，指控其大搞钱权交易、过度监禁和强迫劳动。5月13日，GEO集团西北拘留中心的13名被拘者绝食抗议条件恶劣，却遭该集团伙同移民和海关执法局打击。美国私营监狱乱象层出不穷，揭开了其"人权卫士、教师爷、判官"幌子背后的黑幕。

强迫劳动、残酷剥削的人间炼狱

美国私营监狱强迫劳动源于殖民主义与奴隶制。从1607年开始，首批英国殖民者将私营监狱强迫劳动移至北美，自1619年开始贩运黑奴从事强迫劳动。美国现代私营监狱兴起于20世纪80年代，是强迫劳动的重灾区与大本营。早在1986年，美国律师公会就指控监狱私有化违宪和违法。然而，定罪率提高及利润导向的激励机制，使私营监狱强迫劳动体系持续扩张。美国司法统计局表示，私营监狱公司目前控制约18%的联邦囚犯和6.7%的州囚犯。

私营监狱囚犯被强迫劳动，饱受压榨。大部分私营监狱囚犯时薪只有

---

* 作者程春华系北京市习近平新时代中国特色社会主义思想研究中心特约研究员、中央民族大学民族学与社会学学院副教授。

17—50美分，远低于美国15美元的最低法定时薪。囚犯若拒绝劳动，常致鞭打、单独关押、影响减刑等伤害。2018年，美国监狱工人委员会发动全美监狱罢工，提出"必须向美国任何被囚禁的人支付其所在地区的现行工资"。2017年以来，华盛顿州和加利福尼亚州对GEO集团提起诉讼，指控该集团违反了《人口贩运受害者保护法》。GEO集团因强迫劳动被索赔总额达3758万美元，2021年12月因未向被拘移民支付华盛顿州最低工资被起诉。

美国私营监狱是奴隶制病毒变异的培养皿。美国私营监狱从非洲裔奴隶制时代的种植园模式、动产奴隶制时代的租赁模式，演变至现代奴隶制时期的工业园模式。美国国土安全部网站承认，强迫劳动式的现代奴隶制存在于美国。加州大学伯克利分校博士丹尼斯·埃特勒指出，被迫劳动的囚犯成为"监狱工业园"的盈利工具。

新自由主义是美国私营监狱发展的动力。里根政府掀起私有化浪潮，美国私营监狱随之复兴。自20世纪80年代以来，随着"新自由主义行刑论"兴起，强迫囚犯劳动在美国被当作创造经济价值、提升囚犯改造效果、支持监狱运营的手段。美国惩教公司、GEO集团和管理培训公司垄断了50亿美元规模的私营监狱市场，囚犯如原油般被分馏榨干成官商发财之路上的"沥青"。

美国私营监狱将创收私利置于对待囚犯的公义之上，不断上演"黑狱断肠""危狱惊情"等恐怖片。私营监狱刑期平均比公立监狱长90天。爱德华·巴普蒂斯特的《被掩盖的原罪》一书写道，利润导向的激励模式导致私营监狱增囚创收，暴力与死亡率增加。弗雷德里克·皮耶鲁齐在《美国陷阱》指出，怀亚特看守所如"人间地狱"，GEO惩教集团莫斯汉农山谷改造中心唯利是图。得克萨斯州拉萨尔惩教公司雇佣不合格狱卒，导致囚犯被猛喷胡椒粉窒息而亡。2021年8月，美国惩教公司莱文沃思拘留中心被拘者遭食品托盘击头身亡。

美国私营监狱消极对待新冠肺炎疫情，导致疫情暴发，囚犯健康权、生命权受到严重损害。截至2022年2月17日，GEO集团西部地区拘留所至少有417名囚犯感染新冠病毒。加州大学洛杉矶分校法学教授莎朗·多洛维奇认为，私营监狱疏于防控疫情，"反映了不把囚犯当人看的罪恶制度"。

美国私营监狱背后的逐利与嗜血资本还将触角伸向世界。截至2019年3月，GEO集团在美国、澳大利亚、南非、加拿大和英国的134个惩教和拘留设施中有床位近9.5万张，图谋通过投资国际化与多元化，规避政策、经营与安全风险。

种族迫害、弱肉强食的现代地狱

美国早期私营监狱是种族迫害的集中营。19世纪私营监狱主要通过"奴隶贸易""囚犯租赁""以囚养监"迫害压榨非洲裔群体。美国内战后出台"吉姆·克劳法"，使得被解放的黑奴常因轻微或栽赃罪名被押回种植园。正如《汤姆叔叔的小屋》所言："上帝选中可怜的非洲裔下炼狱。"在囚犯租赁制度下，私营监狱企业虐待和屠杀少数族群长达几十年，包括白人弱势群体亦难幸免。

美国现代私营监狱是种族歧视的重灾区。在司法领域的种族等级制度下，少数族群成为私营监狱囚犯的重要来源。加州大学伯克利分校报告《惩教公司的颜色》指出，私营监狱故意规避体弱多病、成本高昂的白人囚犯，更青睐年轻健康的少数族群囚犯。截至2022年5月14日，少数族群占美国联邦囚犯的42.3%，其中非洲裔38.3%、原住民2.6%、亚裔1.4%。2021年10月，美国审判项目组织调查报告《正义的颜色：州监狱中的族裔差异》指出，非洲裔的州级入狱率是白人的5倍，非洲裔女性的入狱率是白人女性的2倍，拉丁裔入狱率是非拉丁裔白人的1.3倍。《美国监狱》作者肖恩·鲍尔认为，种族主义是私营监狱人满为患的重要因素。私营监狱惯用新纳粹、白人至上主义者及黑手党等牢头狱霸管控囚犯。

司法领域的系统性种族主义使少数族群更易成为冤假错案的受害者。美国相关法律对冤狱的赔偿范围窄、数额少，不合理的冤狱救济制度于事无补。"吉姆·克劳陪审团"制度限制少数族群参与审判权，增加少数族群蒙冤概率，违反美国《人权法案》关于保障公正陪审团公开审判权的规定。从《杀死一只知更鸟》的原型"1931年斯科茨伯勒男孩案"，到电影《正义的慈悲》的原型"1986年麦克米利安案"，非洲裔饱受种族歧视，成为冤狱的首选"替罪羊"。

私营监狱还残忍猎捕和压榨移民、穷人与老幼病残等弱势群体。钓鱼执法、无罪也罚、轻罪重罚的移民司法，为私营监狱血盆大口源源不断输送"食料"。2021年被关押的170多万移民中，80%沦为私营拘留机构的猎物。近几年，26.6万名被拘留的移民儿童中，超过2.5万人被关超过100天。2021年，4.5万名儿童被关押于条件恶劣的美国私营拘留设施中，布里斯堡收容点甚至被称为"牲畜围场"。移民的"美国梦"被遭遇私营拘留机构的噩梦击碎。

相互勾结、牟利分肥的司法黑狱

美国私营监狱导致社会、资本和政府关系失衡，加剧社会不公、种族矛盾和贫富差距，是美国司法腐败、政治衰败、社会溃败结出的恶果。私营监狱将欺压弱小装扮成为公执法，将钱权交易装扮成公私协作，将草菅人命装扮成安全人道。2021年9月，堪萨斯州法院法官朱莉·罗宾逊称，美国惩教公司等私营监狱是"绝对的地狱"。

美国私营监狱是一个"狱政法商复合体"。其中，立法部门属于上游环节，为私营监狱制定增囚护业的政策法律。执法部门属于中游环节，包括司法部联邦监狱管理局与法警局、国土安全部移民与海关执法局等联邦惩教机构，向私营监狱提供外包合同，网罗大量"客源"。私营监狱与后勤服务企业属于下游环节，专门剥削压榨囚犯牟利，通过分赃机制回馈立法与执法部门，以获得更多合同与商机。

美国政府为私营监狱床位付费，无异于以肉去蚁、以鱼驱蝇。2020年5月，美国移民和海关执法局为私营监狱1.2万张空床位付款2000多万美元。

私营监狱通过游说、捐款和收买等方式，干扰立法与司法公正。自1989年以来，美国惩教公司和GEO集团耗资3500万美元用于资助政客和游说，通过修改相关法律、移民政策与执法方式，所获颇丰。1999年至今，两大私营监狱资助与游说官方的资金年均至少140万美元。臭名昭著的国会参议员卢比奥在任佛罗里达州众议院议长期间，协助其经济顾问为老东家GEO集团获州政府1.1亿美元合同。2017年美国惩教协会会长克里斯·埃普斯被控受贿100多万美元，为私营监狱谋取8亿美元合同。宾夕法尼亚州鲁泽恩县法院法官被控2003年至2008年受贿260万美元，误判3000名无辜少年入私营监狱。

正因为有政治保护伞的庇护，多年来美国私营监狱虽不断遭到反对，却一直屹立不倒。里根开美国现代监狱私有化之先；老布什下令严打跨境贩毒，促进了私营监狱的发展；1994年克林顿签署《暴力犯罪控制和执法法案》，提出"三击出局"规则，即犯两项严重罪行者再犯应判无期徒刑，导致入狱率与刑期飙升，推动了私营监狱的勃兴；小布什严打非法移民，助私营监狱财源广进；2016年奥巴马叫停联邦与私营监狱签约，但纵容私营移民拘留业务；特朗普续用私营监狱，猛打非法移民，为私营监狱广纳"客源"，美国惩教公司和GEO集团在新业务增长点刺激下股票大涨；拜登政府向美国惩教公司、GEO集团付款日均300万美元，超过特朗普政府的日均290万美元、奥巴马政府的日均220万美元。2021年1月，拜登签署行政令，称要逐步取消联邦对私营监狱的依赖，司法部停签私营监狱合同。但该行政令只针对私营监狱的联邦业务，遗漏了私人移民拘留机构与地方监狱，"空壳游戏"的色彩十分强烈。

天堂空荡荡，恶魔在人间。肖恩·鲍尔的《美国监狱》一书将美国私营监狱喻为"坟墓"。私营监狱是美国侵犯公民人权的重灾区。对作恶者的宽容就是对受害者的残忍，唯有推进正义与公益导向的政治与司法改革，美国才能实现"肖申克的救赎"。

美国宗教领域侵犯人权现象层出不穷

付随鑫*

(《光明日报》 2022年7月10日)

美国向来以宗教宽容自诩,并动辄以宗教自由为借口恶意攻击他国人权,粗暴干涉他国内政,破坏国际关系的正常发展。实际上,美国国内的宗教歧视十分常见,宗教暴力活动接连不断,教会丑闻层出不穷,宗教领域对人权的侵害连绵不绝,充分暴露了美国在宗教人权领域的虚伪和双重标准。美国根本没有资格制定评判宗教自由和人权的标准,更无权以此为借口对他国说三道四、指手画脚。

政府患上"伊斯兰恐惧症"

美国建立之初是一个以盎格鲁-撒克逊新教徒为主体的国家,至今仍将该群体的文化作为美国国民身份的核心。这个群体为了保住自身的特权与地位,向来对外来宗教疑虑重重,千方百计地同化或排斥其他宗教。在美国历史上,天主教、摩门教等基督教派别曾长期深受新教的迫害。当今美国遭受宗教歧视最严重的群体包括穆斯林、无神论者和犹太教徒。

美国社会中的"伊斯兰恐惧症"是结构性的。许多美国人刻意歪曲伊斯兰教义,攻击伊斯兰教徒,破坏其宗教活动。皮尤研究中心和美联社等机构的调查显示,只有42%的美国人对伊斯兰教有好感,三分之一的美国人认

---

* 作者付随鑫系中国社会科学院习近平新时代中国特色社会主义思想研究中心特约研究员、美国研究所助理研究员。

为穆斯林的宗教主张是对他人的威胁，82%的美国人认为穆斯林在美国受到了歧视，63%的美国人表示穆斯林身份会损害他们在美国的发展机会。67.5%的穆斯林受访者经历过"伊斯兰恐惧症"带来的伤害，93.7%的穆斯林受访者表示他们的身心健康受到"伊斯兰恐惧症"的影响。在全美范围内，穆斯林在向同样的雇主提交相同的工作申请后，得到的回应比基督徒少13%；在共和党主导的州里，穆斯林得到的回应只有基督徒的七分之一。美国对伊斯兰教的仇视还经常导致穆斯林被驱逐出境、吊销签证、在机场遭到刁难和审讯。

对穆斯林的歧视和压迫很大程度上是美国政府蓄意推动的结果。对伊斯兰教的仇视早已通过法律、政策、政治言论和其他形式深入美国政府和社会。"9·11"事件爆发后，穆斯林成为美国政府重点监控和排斥的对象。事件发生后不久，就有600名穆斯林被美国遣返。在2002年的一次驱逐中，有大约3000名据称来自有"安全威胁"国家的穆斯林被拘留。2003年，美国政府又要求来自25个伊斯兰国家的16岁以上的男性移民进行登记，最后登记人数是8.2万人，有1.3万人被驱逐。据2011年美国媒体报道，纽约警方在中央情报局的协助下，一直对纽约、宾夕法尼亚和新泽西等州数十所高校的穆斯林学生组织成员实施监控。特朗普在2016年竞选中大力宣扬穆斯林的威胁，上任后不久就颁布臭名昭著的"禁穆令"，禁止7个伊斯兰国家的公民入境美国。在2017年美国发生的反穆斯林事件中，三分之一以上受到美国联邦政府机构的煽动，其中464起事件与"禁穆令"有关。

仇视伊斯兰教成为美国政客煽动恐惧、谋取选票的工具。美国的右翼政客和保守派基督徒普遍认为伊斯兰教不是一种宗教，而是一种危险的政治意识形态，因此没有资格得到美国法律的保护。调查显示，72%的共和党人将伊斯兰教与暴力活动联系在一起，68%的共和党人说伊斯兰教不是美国主流社会的一部分。特朗普在煽动对伊斯兰教的仇视中起了关键作用。他在2016年竞选中宣称伊斯兰教对美国怀有巨大的仇恨，并承诺将全面禁止穆斯林进入美国。特朗普政府可谓是患上"伊斯兰恐惧症"的政府，特朗普的高级顾问班农、弗林、米勒等人都极为敌视伊斯兰教。在2018年中期选举期间，反穆斯林情绪非常普遍，超过三分之一的候选人声称穆斯林天生暴力或构成迫在眉睫的威胁，接近三分之一的候选人呼吁剥夺穆斯林的基本权利或宣称伊斯兰教不是宗教。

针对美国穆斯林的暴力活动频繁发生。2015年，一个仇视伊斯兰教的白人至上主义者在北卡罗来纳大学谋杀了三名穆斯林大学生；2008年2月，田纳西州哥伦比亚市的伊斯兰中心被一个基督教极端分子用自制燃烧弹炸毁；2015年2月，得克萨斯州休斯敦市的伊斯兰学院被人放火烧毁；2016年9月，一名男子放火烧掉一座清真寺。美国联邦调查局在2020年记录了110起针对穆斯林的仇恨犯罪行为。美国伊斯兰关系委员会的报告显示，该组织在2021年共收到6720份暴力活动的投诉，涉及学校霸凌、人身攻击、仇恨犯罪或恐怖活动，这是该组织27年以来收到的最高投诉数量。

歧视、攻击无神论者和犹太教徒

在冷战时期，美国将无神论与苏联共产主义的威胁紧密联系在一起。近年来，不信教的美国人越来越多，接近三分之一的美国人没有宗教归属，4%的美国人自称是无神论者，但美国人仍然普遍把无神论与不道德或犯罪联系在一起。无神论者经常被美国法官拒绝给予儿童监护权，理由是他们缺乏抚养孩子所需的道德。美国军队中也存在对无神论者的制度化歧视。尽管美国最高法院禁止各州和联邦政府在录用人员时进行宗教测试，但仍有7个州的宪法包含宗教测试条件，禁止无神论者担任公职或出庭作证。在美国，不信仰任何宗教的人参与竞选极为困难，自称无神论者等同于政治自杀。在当前美国国会500多名议员中，仅有一名无宗教信仰的议员，没有任何议员自称是无神论者。

针对犹太教的歧视在美国同样不断恶化。著名的汽车企业家亨利·福特曾在美国的反犹活动中发挥了关键作用。美国许多保守基督教徒坚信犹太人怀有颠覆美国的巨大阴谋，并认为犹太教因曾出卖耶稣而与基督教不相容。遭受歧视是许多美国犹太人生活的常态。皮尤研究中心的调查显示，64%的美国人认为犹太人在美国面临歧视，20%的美国人认为身为犹太人损害其上升机会，90%的美国犹太人认为反犹太主义是美国的一个问题。

犹太教徒的生命财产安全受到暴力犯罪活动的严重威胁。自1991年以来的每一年，美国犹太人都是宗教仇恨犯罪的最频繁受害者。在2020年，美国联邦调查局记录了683起针对犹太人的仇恨犯罪，占当年宗教仇恨犯罪总量的55%。相比之下，犹太人仅占美国总人口的2%。近年来针对犹太人的暴力活动接连不断。例如，2018年10月，宾夕法尼亚州匹兹堡市的"生命之树"犹太教堂遭到反犹分子的恐怖袭击，共造成11名犹太人死亡，包括几位二战大屠杀的幸存者。这是美国有史以来针对犹太人最大规模的袭击。2019年4月，加利福尼亚州波威市的犹太教堂发生枪击事件，造成多人死伤。同年12月，一名反犹分子袭击了新泽西州的一家犹太杂货店，造成5人死亡。

神职人员性虐待未成年人

过去几十年里，美国天主教会存在大量侵犯未成年人人权的违法犯罪活动。1985年，一名天主教牧师承认犯有11项猥亵男童的罪行，美国天主教会神职人员性虐待儿童的问题首次被公开。2002年，《波士顿环球报》揭露波士顿主教区70多名牧师对未成年人长达数十年的性虐待行为，在美国引发轩然大波。该主教区最终以8500万美元与552名受害者达成和解协议。2003年，天主教路易斯维尔主教区支付了2570万美元，以解决在240起诉讼中提出的儿童性虐待指控，这些诉讼涉及34名神职人员。2007年，天主教洛杉矶主教区为遭受221名神职人员性虐待的508名受害者支付了6.6亿美元，这是美国历史上天主教区为性虐待事件支付的最高赔偿纪录。在2004至2011年间，美国有8个天主教教区因性虐待案件宣布破产。2018年，宾夕法尼亚州的一个大陪审团发布了一份长达884页的报告，称在过去

70年里该州至少有1000名儿童受到了300多名天主教牧师的性虐待,真实受害者人数估计高达数千名。2021年内布拉斯加州司法部报告,该州57名天主教会人员被指控实施性虐待,受害者包括236名男童和22名女童。自20世纪80年代以来,美国天主教会收到了17000多名性虐待受害者的投诉,已经向受害者支付了约40亿美元。最可悲的是,大多数实施性虐待的神职人员并没有受到应有的惩罚。美国天主教会一直竭力掩盖丑闻,将涉事人员转移到其他教区继续从事神职工作,并阻挠对涉事人员的调查。

美国新教教会也存在对未成年人人权的大规模侵犯。南方浸信会是美国最大的新教教派。该教派以坚决捍卫传统家庭道德自居,但并未阻止其神职人员长期性虐待未成年人。2022年5月发布的首次针对新教教派的大规模调查报告就揭露了南方浸信会有380名神职人员在过去20年里对未成年人实施了性虐待,其中许多神职人员在丑闻被揭露时仍然在职。该教会领导层竭力掩盖性虐待丑闻、诋毁性虐待的受害者,抵制外界要求改革的呼声。他们还秘密保存有一个花名册,其中记录了700多名有性虐待行为的神职人员,但该教会并未主动对涉事人员进行处理以防止更多的性虐待事件发生。

美国强迫劳动严重侵犯人权

唐颖侠[*]

(《人民日报》 2022年8月15日)

近年来,美国刻意逃避劳工保护责任,导致滥用童工、压榨外籍劳工、纵容强迫劳动等问题持续恶化。据国际劳工组织统计,美国是批准国际劳工公约数量最少的成员国之一。10个核心公约中,美国仅批准了2个,迄今尚未批准《1930年强迫劳动公约》。这充分印证了美国在强迫劳动和侵犯劳工权利方面的长期糟糕记录。

据非营利机构"美国农场工人就业培训计划"估计,美国至今仍有约50万童工从事农业劳作,其生命权、健康权和受教育权受到严重威胁和侵害。美国《公平劳动标准法》对雇主使用青少年和儿童参与劳作进行了规定和限制,但对于农场主"网开一面",甚至允许他们在某些条件下雇佣儿童收割庄稼。许多童工在8岁时就开始在农场工作,每周工作长达72小时。农场的工作条件非常艰苦,童工长期暴露在农药等危险化学品中。在烟草农场,童工长期暴露于尼古丁和有毒的农药中,经常出现呕吐、恶心、头痛头晕等中毒症状。据《华盛顿邮报》报道,2003年到2016年间,美国有452名儿童因工伤死亡,其中237名童工死于农业事故。农场童工大多是拉美裔移民和季节性迁徙工人的子女,大多数儿童不能保证上学时间甚至无法上学,有些儿童随着工作地点变化频繁更换学校而受到歧视,他们在未来可能陷入持续贫困的恶性循环。

---

[*] 作者唐颖侠系南开大学人权研究中心副主任。

美国"临时外籍劳工签证计划"是一种隐蔽的现代奴隶制。赴美劳工主要从事农业、林业、海产品加工、园林绿化、建筑等工作。近年来相关签证数量激增45%，从2015年的近7万份增加到2020年的约10.1万份。在近30年的时间里，美国对这些外籍劳工实施了系统性的剥削和虐待。该计划只允许外籍劳工为那些向美国劳工部申请入境人员的雇主工作。外籍劳工通常不得不受制于将其"进口"的单一雇主，今后能否再次受雇完全取决于雇主的意愿。如果对不公待遇进行反抗，他们将面临被驱逐出境、列入黑名单或其他报复行为。因此，外籍劳工往往遭遇一系列悲惨处境：或是证件被没收，遭受人口贩运和债务奴役，或是被迫抵押财产，以获得低薪酬临时工作；同时被迫在危险、肮脏的条件下工作和生活，在受工伤时无法获得医治。根据国际劳工组织的相关公约规定，这些行为已经构成强迫劳动。

美国公立监狱、私营监狱和移民拘留所中广泛存在强迫劳动，是现代奴隶制的表现形式之一。被称为"带围栏的工厂"的联邦监狱工业公司于20世纪30年代成立，是美国政府的全资企业，每年通过使用监狱劳动力赚取数亿美元的净销售额，每小时仅向囚犯支付23美分至1.15美元，而截至2022年5月全美的平均时薪约为10.96美元。佛罗里达州等7个州绝大多数安排给犯人的工作没有劳动报酬。自20世纪80年代开始，美国政府打着"缓解收容压力、降低监禁成本"的旗号，将私营监狱纳入国家惩教体系。矫正公司、惩教集团等私营监狱公司肆意压缩劳动力成本和医疗费用，监狱内安全状况堪忧，被羁押者往往得不到及时有效的医疗救助。2021年，美国政府关押非法移民数量高达170万人次，其中80%关押在私营拘留所中，包括大量儿童，引发人道主义危机。移民拘留所内侵犯人权的现象司空见惯，包括暴力行为、性侵犯或性虐待、医疗服务不足、频繁断绝食物、频繁使用单独监禁等。

美国不仅在国内大搞强迫劳动，而且在海外供应链中纵容强迫劳动。美国《外国人侵权法》虽赋予外国人在遭受"违反国际法"的侵权行为时可寻求司法救济的权利，但美国法院在司法实践中限缩了该法的适用范围，对本国的跨国公司实行保护主义，纵容其供应链中存在强迫劳动，导致相关被害人无法获得有效救济。据美国媒体报道，一些美国知名大型巧克力公司采用的可可原材料近20年来大多由西非童工采摘，从事可可豆采摘的童工人数高达200万，每人每天报酬不足1美元。

美国强迫劳动表现形式各异，但其内在逻辑和本质属性相似，都源于美国基于种族歧视的奴隶制历史，反映了其人权保障的狭隘性、虚伪性和工具性特征。国际社会严重关切美国社会存在的强迫劳动，呼吁美国政府认真反思和对待自身的严重问题。

种族主义的美式痼疾

美国根深蒂固的种族歧视问题凸显"美式人权"的虚伪

中国人权研究会

(新华社 2019年7月26日)

美国是一个多种族国家。历史上欧洲殖民扩张和非洲奴隶贸易，以及近代以来大量移民人口的不断进入，形成了当今美国的种族结构和种族关系。

根据2010年人口普查数据，美国总人口约为3.08亿。美国官方根据肤色、血统、来源地等对种族进行分类：白人占总人口的72.4%，其中非拉美裔白人占总人口的比例为63.7%；非洲裔占总人口的比例为12.6%；亚裔占总人口的比例为4.8%；原住民占总人口的比例约为1.1%；其他种族占总人口的比例为6.2%；混合种族约占总人口的2.9%。非拉美裔白人被视作美国的主体种族，而包含拉美裔白人在内的1.12亿其他族裔都被称为少数种族。

种族是美国重要的社会类别区分指标。美国学者托马斯·索维尔在其《美国种族简史》一书中指出，"肤色在决定美国人的命运方面，显然具有举足轻重的作用。"基于这种区分，美国不同种族之间逐步形成了一套在群体地位和群体权利上的层级系统。作为主体种族的欧洲裔白人对国家权力的根本性控制，以及对其他所有种族群体系统性的歧视，是美国种族层级系统的核心特征。美国的种族歧视事实上就是欧洲裔白人对所有其他少数种族的歧视。种族歧视既是这套种族层级系统的形成原因，也是这套种族层级系统的维持机制。

一、美国种族歧视的种种表现

联合国《消除一切形式种族歧视国际公约》要求各缔约国采取积极行动，禁止并消除一切形式种族歧视，保证人人在法律上一律平等，不分种族、肤色和民族或人种，得以平等享受公民权利、政治权利和经济、社会及文化权利。作为这一国际公约的缔约国，美国国内的种族歧视问题与此要求相去甚远。美国种族歧视体现在现实生活的方方面面，其中特别突出地体现在执法司法领域、经济领域、社会领域。

（一）执法司法领域中的种族歧视

法律面前人人平等是国际人权宪章的基本原则。虽然美国的政治理念和法律制度也明确承认这一原则，但现实中美国的执法司法实践却与之背道而驰，相关领域中的种族歧视现象呈变本加厉之势，少数种族的基本人权被肆意践踏。

最为引人关注的是警察滥用职权枪杀非洲裔事件频繁发生。2014年，美国密苏里州弗格森镇手无寸铁的18岁非洲裔青年迈克尔·布朗遭白人警察6枪射杀。2015年，明尼苏达州24岁非洲裔男子贾马尔·克拉克在戴着手铐被制服的情况下被警察开枪杀害。美国联邦统计数据分析显示，非洲裔青年男性被警察射杀的风险比白人青年男性高21倍，15岁至19岁的非洲裔男性被射杀率高达百万分之31.17，而同年龄段的白人男性被射杀率仅为百万分之1.47。据"警察暴力地图"网站统计，2013年美国至少有301名非洲裔遭警察枪杀，2014年为320人，2015年为351人，2016年为309人，2017年为282人，2018年为260人。《纽约时报》网站2018年6月7日报道，截至2017年，在舆论广泛关注的15起警察枪杀非洲裔案件中，只有一名警察被判入狱。

警察在面对不同种族时所采取的差异性应对方式体现了执法中的双重标准。2016年2月17日，非洲裔男子加斯顿在经历严重车祸神志恍惚的状态下被辛辛那提三名警察开枪击毙,警方的解释是他试图去取腰带上挂的枪,但事后证明那是一支假枪。而仅在此前一天,一名白人男子甚至用这种假枪对准辛辛那提的警察,警方却没有开枪,毫发无损地将其逮捕后仅以威胁警方的罪名进行起诉。《纽约每日新闻》网站评论称,这两个相似事件的不同结果突出表明了警察对待非洲裔和白人态度完全不同,在美国的确存在着种族上的双重标准。上述事件并非孤例。《华盛顿邮报》网站2016年12月6日报道,28岁的白人韦尔奇携带半自动步枪进入华盛顿西北部一家餐厅,之后放下武器从餐厅走出,背向警察双手举起,警察没有开枪。与此形成鲜明对照的是,2016年9月16日,在俄克拉何马州塔尔萨市,手无寸铁的非洲裔男子克拉彻在高举双手背向警察的情况下被白人警察开枪击毙,他在被杀之前还遭遇了警方的电击。

美国执法领域存在着根深蒂固的种族偏见。首先,非洲裔的被捕率远高于美国其他种族。全国至少有1581个警察局非洲裔被捕率高于其他种族3倍,超过70个警察局非洲裔被捕率高出其他种族10倍以上,最高的甚至达到26倍之多。其次,警察在执法中偏袒白人。全国各地警察部门的数据统计显示,在实施"零容忍"街头执法策略地区,警察逮捕的对象主要为贫困社区中的非洲裔,而对富裕白人社区的同样行为则视而不见。再次,警察还针对少数种族实施圈套执法。在缉毒行动中,美国酒精、烟草、火器和爆炸物管理局使用执法圈套锁定的犯罪嫌疑人中,91%是少数族裔。美国民权联盟的报告揭示,非洲裔和白人吸食大麻的比例相当,但是前者因携带大麻被捕的可能性是后者的4倍。

美国司法领域中存在系统性的种族歧视。美国公共宗教研究所的调查显示,51%的美国人认为非洲裔和其他少数族裔在刑事司法体系中与白人相比受到了不平等对待,78%的非洲裔美国人认为他们在刑事司法体系中受到不平等对待。非洲裔男性的被监禁率比白人男性高5.9倍,非洲裔女性的被监禁率比白人女性高2.1倍;非洲裔仅占美国总人口的约13%,却占联邦和各州囚犯总数的36%。美国量刑委员会研究发现,针对同样罪行,非洲裔男性犯人刑期平均比白人男性犯人高出19.1%。全国免罪记录中心对1989年至2016年10月相关案例分析后得出结论，非洲裔美国人比白人更容易被错误判定为犯有谋杀、性侵犯、非法毒品活动等罪行。在1900名被宣判有罪但后来被改判无罪的被告人中，47%是非洲裔美国人。美国哈佛大学法学院教授安妮特·戈登说："非洲裔还不是完全意义上的公民。非洲裔尤其是年轻非洲裔被假定为罪犯，隔离在充分享有公民权的边界之外。"

联合国严重关切美国执法司法领域的种族歧视问题。联合国人权理事会非洲裔问题专家工作组2016年的调查报告指出，美国政府未能履行保护非洲裔权利的责任，制度性和结构性种族主义的持续存在，对非洲裔美国人的公民权利、政治权利和经济、社会及文化权利造成了负面的影响。报告重点批评了警察暴力以及刑事司法系统中的种族歧视行为，而这些行为大多被免予刑事处罚。"警察枪杀非洲裔及其带来的心理创伤使人联想起过去私刑处死的种族恐怖主义行为。对国家暴力行为免予刑罚已经造成了当前的人权危机，必须作为紧急事项予以处理。"报告称，警察对手无寸铁的非洲裔的杀戮，只是司法体系中普遍存在的种族偏见的冰山一角。

（二）经济领域中的种族歧视

由于种族歧视的客观存在，少数种族在就业、职业发展、工资收入、经济状况等方面处于全方位的劣势地位。经济领域中的种族歧视相对隐性，但其对于少数种族命运的影响却是决定性的。

少数种族在就业市场中处于不利地位。从美国劳工统计局历年的统计数据来看，非洲裔和拉美裔的失业率远高于白人，且就业率上的种族差异并没有因经济形势的变化而发生改变。非洲裔的失业率通常为白人的两倍左右；拉美裔失业率通常比白人高出40%左右。

少数种族面临薪酬歧视。美国劳工统计局2010年至2018年的数据显示，非洲裔全职工作的周薪中位值平均比白人低近30%，拉美裔全职工作的周薪中位值平均比白人低近40%。《今日美国报》网站2014年10月9日报道，美国经济研究所的研究显示，同等工作职位中亚裔的收入明显低于白人，例如在计算机编程和软件开发等高科技职位中，亚裔的年收入与白人之间的差距平均高达8146美元。

少数种族贫困状况严重，社会保障堪忧。美国有线电视新闻网2015年报道，种族之间的收入不平等进一步扩大，白人拥有的财富是非洲裔的12倍，是拉美裔的近11倍。美国经济政策研究所2017年2月13日发布的报告显示，大部分非洲裔和拉美裔劳动人口家庭的养老金账户中没有任何资产。超过四分之一的非洲裔家庭的净资产为零或负数。美国4500万贫困人口中28.1%为拉美裔。在美国1450万贫困儿童中，有37%为拉美裔。26%的非洲裔人口处于贫困之中，12%的非洲裔生活在极度贫困之中。与在美国整体人口中所占比例相比，非洲裔无家可归者的比例高出3倍。近60%的收容所居住者是少数种族。紧急避难所中5岁以下的非洲裔儿童是白人同类群体的29倍。

（三）社会生活中的种族歧视

少数种族在教育机构中遭受普遍的歧视与欺凌。美国教育部2013年至2014年民权数据显示，遭受离校停课处分的280万学生中，有110万是非洲裔学生，非洲裔学生遭受离校停课处分的可能性是白人学生的3.8倍。研究显示，亚裔学生在校遭欺凌多于其他族裔，54%的亚裔青少年表示曾在校园遭遇欺凌，非洲裔、拉美裔的这一比例分别为38.4%和34.3%，亚裔学生在网络上受到嘲讽或辱骂的比例是其他族裔的3倍。

工商业机构歧视少数种族事件频发。《赫芬顿邮报》网站2013年10月23日报道，非洲裔大学生特雷因·克里斯汀在巴尼百货公司购买了一条价值350美元的皮带，店员怀疑交易涉嫌欺诈并报警，他在出示了购买凭证和身份证件的情况下，依然被警察戴上手铐带到当地警局讯问。其辩护律师说："他唯一的罪行就是身为一个年轻的非洲裔。"《洛杉矶时报》网站2018年5月27日报道，联邦消费者金融保护局的数据显示，在所有贷款类型中，非洲裔申请人被拒绝的比例是非拉美裔白人的2倍以上。非洲裔和拉美裔还被收取更高的贷款利率，他们通常要承担比平均利率高出 1.5 个百分点的年利率。

工作场所中的种族歧视和种族隔离现象明显。一项研究显示，58 个被调查行业中有 19 个呈现出明显的种族隔离倾向。WFAA 网站 2018 年 12 月 11 日报道，美国卓达飞机座椅制造公司的一名非洲裔员工，对公司存在种族歧视的工作环境提起诉讼。白人员工对他使用种族歧视性语言，称他为"黑猴子"。他在向公司举报后遭到报复，两位白人女同事竟将绞索放在他的工作台上。

非洲裔在日常生活中面临各种隐性和显性歧视。《今日美国报》2016 年报道，在西雅图和波士顿等城市的调查显示，在使用优步软件叫车时，非洲裔乘客等待时间要比白人乘客大约长 30%，且预约被取消率比白人乘客高出一倍。英国《金融时报》2016 年 11 月 16 日报道，哈佛大学商学院的一项实验研究证明，生活中处处体现出对非洲裔美国人的隐形歧视。研究者在使用虚拟个人资料订房时发现，预订者的姓名明显像是非洲裔美国人的，其预订被接受的可能性要低 16%。使用虚拟简历来应聘工作的，非洲裔姓名的简历得到面试的概率要显著低于内容一样但使用被认为可能是白人姓名的简历。

（四）对印第安人等原住民的种族歧视

原住民经济状况堪忧，健康问题突出。英国《每日邮报》2011 年 2 月 15 日报道，2011 年的统计数据显示，主要由印第安人聚居的南达科他州齐巴克县有超过六成居民生活在贫困线以下，冬季失业率高达 90%。2013 年，时任联合国人权理事会原住民权利问题特别报告员詹姆斯·安娜亚的报告指出，美国原住民的贫困率是全国贫困率的两倍，原住民的寿命比全国平均水平低 5.2 岁。

原住民妇女权利保障问题突出。2013 年 2 月 13 日，时任联合国人权理事会原住民权利问题特别报告员詹姆斯·安娜亚指出，美国原住民妇女遭到非原住民暴力侵害的案件多发。美国司法部估计，原住民妇女遭受暴力侵害的比例是全国平均值的两倍多，原住民妇女遭受强暴的比例高达三分之一，80%的强奸案嫌犯不是原住民。联合国消除种族歧视委员会对美国第七次至第九次合并履约报告的审议要求美国防止和打击对原住民妇女的暴力行为，从法律上和实际上保障所有原住民妇女暴力受害者享有诉诸司法和得到赔偿的权利。

（五）对穆斯林群体的种族歧视

美国政府对穆斯林群体大肆进行监控活动。2011年12月1日，美国公民自由联合会称，美国联邦调查局违反联邦法律，利用其广泛的网络越权秘密地收集穆斯林和一些其他组织的情报。皮尤研究中心的报告显示，52%的美国穆斯林认为受到政府监视，28%的穆斯林认为曾有过被视为犯罪嫌疑人的经历，21%的穆斯林声称他们在机场过安检时被单独检查。一项民意调查表明，超过半数的美国穆斯林认为政府的反恐政策单独针对他们增加监控和检查。

穆斯林群体遭遇日趋严重的歧视。2017年1月27日，美国政府发布一项行政命令，禁止伊朗、伊拉克、利比亚、索马里、苏丹、叙利亚和也门等7个国家的公民进入美国。由于禁令所涉国家均以穆斯林人口为主，因此该行政令也被普遍解读为"穆斯林禁令"。这一禁令在美国国内和世界各地都引发了广泛抗议。皮尤研究中心2017年初的一项调查显示，75%的美国成年穆斯林表示美国社会存在大量对穆斯林的歧视，69%的普通公众也持相同观点。50%的穆斯林表示，近年来在美国做一名穆斯林变得更加困难。

宗教歧视明显上升，侮辱和攻击穆斯林的事件增多。穆斯林人口不到美国总人口的1%，但是联邦政府调查的宗教歧视案件中，14%涉及穆斯林；在职场宗教歧视案件中，25%涉及穆斯林。2012年9月，美国一名导演拍摄并在互联网上播放侮辱伊斯兰教先知的电影，引发全球穆斯林的抗议浪潮。皮尤研究中心对美国联邦调查局仇恨犯罪统计数据的分析显示，2015年至2016年，美国针对穆斯林的攻击事件数量显著增长，超过了2001年"9·11"

事件后的峰值。英国《卫报》网站2018年10月22日报道，在2018年美国中期选举中，反穆斯林言论大幅上升。调查显示，针对穆斯林的阴谋论日益进入政治主流，"超过三分之一的候选人声称穆斯林天生暴力或构成迫在眉睫的威胁"，"将近三分之一的候选人呼吁剥夺穆斯林的基本权利或宣称伊斯兰教不是宗教"。

（六）对移民群体的种族歧视

美国政府污蔑和暴力对待移民。《华盛顿邮报》2018年11月26日报道，美国当局多次在美国与墨西哥边境使用催泪瓦斯，阻止来自中美洲的移民，导致多人受伤。2018年11月28日，联合国人权理事会任意拘留问题工作组主席兼报告员、人权与国际团结问题独立专家、健康权问题特别报告员、住房权问题特别报告员、"人权卫士"问题特别报告员、移民人权问题特别报告员、当代形式种族歧视问题特别报告员、酷刑问题特别报告员、贩运人口问题特别报告员、消除对妇女歧视问题工作组主席发表联合声明，批评美国政府高层违反国际人权标准、发表种族主义和排外主义言论并采取相关行动，对移民和难民进行污名化，将其视为罪犯和"传染病"，从而助长不容忍、种族仇恨和排外情绪，营造对非白人充满敌意的社会环境等。

移民政策致使儿童与父母骨肉分离。《纽约时报》网站2018年5月12日报道，美国政府2018年4月开始实施"零容忍"政策，边境执法人员在逮捕非法入境者时，强制将其未成年子女另行安置，导致至少2000名儿童被迫与家人分离。该政策在美国国内及国际社会遭到潮水般的严厉批评与抗议。

寻求庇护的妇女、儿童惨遭虐待和性侵。英国《独立报》网站2018年5月23日报道，美国边境执法人员虐待寻求庇护儿童的案件数量惊人增长。有116起虐待寻求庇护儿童的事件被披露，涉事人员被指控对5至17岁的儿童进行身体、性或心理上的虐待。美国移民委员会网站2018年8月30日报道，亚特兰大移民拘留中心卫生条件糟糕，被拘留的移民经常受到"关禁闭"和"单独囚禁"等惩罚。《纽约时报》网站2018年11月12日报道，得克萨斯州边境巡逻队的执法人员埃斯特班·曼扎纳雷遇到 3 名寻求庇护的女性移民，其中有 2 名未成年人。他将 3 人驱赶到距边境 16 英里的一个树林，在那里性侵了一名女孩，毒打了另外两人，之后把流血不止的她们扔在了灌木丛中。检方提供的信息显示，得克萨斯州南部过去 4 年至少有 10 人被边境执法人员绑架、强奸或谋杀。美国有线电视新闻网 2018 年 12 月 26 日报道，7 岁的危地马拉女孩杰奎琳·卡奥 12 月 8 日在被美国海关及边境保卫局拘留后不到 48 小时死亡。12 月 24 日平安夜，又一名 8 岁的危地马拉男孩费利佩·阿隆佐 - 戈麦斯在该机构监管下死亡。

联合国机构严厉谴责美国移民政策。2018 年 6 月 2 日，联合国人权与国际团结问题独立专家依照联合国人权理事会第 35/3 号决议提交报告指出，美国政府奉行民粹主义，使用带有种族主义和仇外色彩的措辞污蔑和诋毁移民，并将儿童与其寻求庇护的父母强行分开，上述行径严重危及移民的生命权、尊严和自由权等多项人权。联合国消除种族歧视委员会第九十三届会议报告，以及联合国当代形式种族歧视问题特别报告员根据联合国大会决议撰写的报告指出，美国社会长期存在白人至上、煽动种族歧视和仇恨言论等现象。美国政府未能明确拒绝和遏制有关种族主义暴力事件和示威，包括总统在内的政府高官宣扬仇外的民族民粹主义言论，利用纸质媒体和社交媒体发表种族主义和仇外言论。

二、美国种族歧视的社会后果

美国种族歧视问题造成了严重的社会后果，它导致种族关系持续恶化，仇恨犯罪不断增加，社会撕裂日益严重。

（一）种族关系持续恶化

2014 年是美国《民权法案》颁布 50 周年，皮尤中心对美国种族关系现状的调查显示，仅有 45% 的受访者认为美国在种族平等方面取得了进步。

皮尤中心2015年8月发布的数据显示：50%的美国人认为种族主义是美国社会的严重问题；60%的美国人认为国家需要继续努力促进种族平等，比一年前高出14个百分点。美国全国广播公司2016年的民意调查显示，77%的美国民众认为存在针对非洲裔的种族歧视问题，其中52%的人认为这种歧视非常严重。皮尤研究中心网站2018年2月22日报道，2017年的一项调查显示，81%的非洲裔认为种族歧视仍是当今社会的严重问题，比8年前增长37个百分点。美国全国广播公司新闻网2018年5月29日报道，一项问卷调查显示，64%的受访者认为种族主义是美国的一个重大社会问题，45%的受访者认为美国的种族关系在恶化，30%的受访者认为种族问题是当今美国社会分裂的最大根源。

（二）种族仇恨犯罪增多

种族仇恨团体数量快速增长。美国南方贫困问题法律中心数据显示，美国国内的仇恨团体数量在1999年为457个，到2000年增长到602个，在2010年前后突破1000个，其中不乏"三K党、新纳粹、光头党、反穆斯林团体"等种族仇恨团体。在2017年弗吉尼亚州夏洛茨维尔的白人至上主义者游行中，就出现了这些种族仇恨团体的身影。

种族仇恨犯罪数量居高不下。根据美国联邦调查局仇恨犯罪年度统计报告，2010年至2015年美国仇恨犯罪数量年均在6000起左右。这些仇恨犯罪中，60%左右的案件涉及种族歧视因素，20%左右涉及宗教歧视因素。《洛杉矶时报》网站2018年11月13日报道，联邦调查局发布的报告显示，2017年美国的仇恨犯罪创2001年以来的最大年度涨幅，上升超过17%。在7175起仇恨犯罪案件中，约60%的犯罪涉种族歧视，近50%的受害者是非洲裔。

恶性种族仇恨犯罪案件时有发生。2014年4月，73岁的白人至上主义分子弗雷泽·格伦·克洛斯在堪萨斯城犹太人机构附近枪杀3人。他在被拘捕后大喊"希特勒万岁"显示其反犹太人立场。2015年，21岁的白人男子戴伦·鲁夫在南卡罗来纳州查尔斯顿一个非洲裔美国人的教堂内枪杀了包括牧师在内的9人，并在行凶时大喊："你们必须滚出去！"2018年10月27日，46岁的白人男子罗伯特·鲍尔斯携带步枪、手枪等武器，闯入位于宾夕法尼亚州匹兹堡市的犹太人教堂，高喊反犹太主义极端口号，向正在教堂内礼拜的教徒进行了20分钟的扫射，致11人死亡、6人受伤。这是美国历史上犹太人社区遭受的最为致命的攻击。

（三）社会撕裂日益严重

美国社会对种族歧视问题的认识存在严重分歧。美国公共宗教研究所2016年的调查表明，64%的非洲裔认为社区内存在警察施虐问题，仅有17%的白人认同这种观点，前者是后者的近4倍。有83%的白人对警察执法较有信心，但仅有48%的非洲裔同意这种观点。白人和非洲裔对警察杀害非洲裔美国人的看法截然不同，大约有65%的白人和15%的非洲裔认为警察杀害非洲裔美国人为孤立事件，但有81%的非洲裔认为该类事件广泛存在。

警察枪杀非洲裔事件引发不同种族之间的对立与仇恨。2015年11月，在明尼阿波利斯市，人权团体"黑人生命也珍贵"因非洲裔男子贾马尔·克拉克被警方枪杀而组织的抗议游行活动遭到数名白人至上主义者枪击，造成5人受伤。2016年7月，路易斯安那州、明尼苏达州先后发生白人警察枪杀非洲裔案件，美国多地爆发抗议游行。在得克萨斯州达拉斯市中心的游行示威活动中，一名枪手开枪袭击在现场维持秩序的警察，共造成5名警察死亡、9名警察受伤。枪手在与谈判人员沟通时表示，他杀死白人警察只是为了抗议警方枪杀非洲裔的暴行。

白人至上主义游行引发暴力冲突。2017年8月，一些白人种族主义者和右翼抗议者聚集在弗吉尼亚州的夏洛茨维尔市游行示威，高喊着"鲜血与土地"的纳粹战斗口号。20岁的白人至上主义者詹姆斯·菲尔茨驾驶汽车高速撞向抗议白人至上主义游行的人群，致使1人死亡、19人受伤。英国《每日电讯报》网站2017年8月13日报道,白人至上主义游行及后续暴力事件共造成3人死亡,数十人受伤。美国民权团体将这次白人至上主义游行描述为"几十年来最大的仇恨聚会"。针对这一事件,联合国消除种族歧视委员会主席阿纳斯塔西娅·克里科里指出:"我们对白人民族主义者、新纳粹和三K党以公开的种族主义口号和仪式进行的种族主义游行感到极度震惊,这种行为助长了白人至上主义并煽动种族歧视和仇恨。"

三、美国种族问题难解

种族歧视深深植根于美国的历史与现实之中。这对少数种族权利和地位的平等实现构成了结构性的障碍,也成为美国社会撕裂的深层原因。

美国的种族歧视现象贯穿其历史。在北美殖民地创建和西部开发时期,就一直存在对印第安原住民的屠杀、驱赶问题。从北美殖民地的建立到美国南北战争数百年间,非洲奴隶贸易在这块土地上盛行,大量非洲奴隶被劳役虐待致死,而针对非洲裔的种族隔离制度也直到20世纪中期之后才逐步得到废止。美国在立国及发展过程中,出现了对亚洲劳工移民的严重排斥与歧视问题——如臭名昭著的《排华法案》。诸如此类的种族歧视以不同的形式存在,伴随着美国的发展历史并延续至今。

美国的国家机构和社会制度未能消除种族歧视。执法机构针对少数种族的暴力执法、致命枪击、圈套执法、街头拦截检查已经成为一种常态。大型企业机构针对少数种族的就业歧视、晋升歧视、薪酬歧视已经成为一种潜规则。金融机构和房产中介通过合谋的方式维持种族居住隔离已经成为一种传统。正是由于社会制度的内在支撑与国家机构的不作为,使得少数种族在美国的政治、经济、文化、社会生活等诸多层面不可避免地遭受着全方位的歧视。

美国所有少数种族都面临着不同程度的种族歧视。美国在骨子里依然是一个白人盎格鲁-撒克逊新教徒的国家,所有不符合这些特性的种族、族群和宗教文化群体都不可避免地遭受到或多或少的歧视,其各项人权受到或明或暗的侵害。非洲裔、拉美裔、亚裔、原住民概莫能外，甚至拉美裔中的白人群体同样也无法避免受到种族歧视的伤害。

2008年，身为非洲裔美国人的奥巴马当选美国总统之时，包括一些主流媒体在内的不少人都为之欢呼，将其视作美国种族主义的终结以及美国彻底根除种族歧视的新起点。然而八年之间，警察枪杀非洲裔的事件依然频繁发生，"黑人生命也珍贵"运动风起云涌，种族关系处于二十余年来最糟糕的阶段，就连奥巴马本人都表示他在总统任期内绝对面临着种族歧视："歧视几乎仍存在于我们生活的各个制度中，影响深远，仍是我们基因的一部分"。消除种族歧视依然如同马丁·路德·金所言还是一个梦想。

2016年以来，美国的白人至上主义呈现回潮之势。2017年夏洛茨维尔右翼极端势力游行及其后发生的种族主义恐怖行为使得美国的种族关系蒙上了一层厚厚的阴影。

美国的种族歧视背后有着深刻而复杂的根源。种族问题将成为美国难以破解的社会难题，甚至成为社会冲突的爆发点。

美国自诩为"人权卫士"，却无意亦无力解决本国存在的严重种族歧视问题，暴露了其制度性结构性缺陷，凸显了"美式人权"的虚伪本质。美国种族关系的现状受制于其国内的政治架构、历史传统和意识形态，不在这些方面进行改革，就无法改变美国种族关系和种族歧视的恶性循环，少数族裔人权保障也就无从谈起。

反亚裔种族歧视甚嚣尘上
坐实美国种族主义社会本质

中国人权研究会

（新华社　2022年4月15日）

长期以来，美国主流社会给亚裔贴上"模范少数族裔"的标签，极力营造不存在针对亚裔种族歧视的假象。然而在新冠肺炎疫情大流行的背景下，部分美国政客肆无忌惮的种族主义言论，以及美国社会针对亚裔愈演愈烈的种族主义攻击，已经撕下了这层虚幻的面纱。2021年3月16日，美国亚特兰大地区连续发生3起针对亚裔的枪击案，共导致包括6名亚裔女性在内的8人死亡。这一惨案是美国近年来针对亚裔歧视、暴力现象不断升级的后果。

美国的反亚裔事件如同那里的新冠肺炎疫情一样持续肆虐。"停止仇恨亚裔及太平洋岛民"组织2021年11月18日发布的报告显示，2020年3月19日至2021年9月30日，该组织共收到10370起针对亚裔的种族主义攻击事件报告，大多数事件发生在街道、工作场所等公共空间。纽约市警察局2021年12月8日发布的数据显示，该市2021年针对亚裔的仇恨犯罪比2020年猛增361%。有媒体报道说，纽约实际发生的针对亚裔的仇恨犯罪案件远远高于以上公布的数量，因为许多受害者并没有向警察局报告立案。《经济学人》周刊和舆观调查公司2021年3月联合进行的民意调查数据显示，70%的受访者认为亚裔在美国受到严重歧视，其比例甚至高于非洲裔。"肤色在决定美国人的命运方面，显然具有举足轻重的作用"——美国社会这个铁律再次得到了印证。冰冷的现实映照出，美国在骨子里依然是一个白人盘格鲁-撒克逊新教徒的国家,亚裔同非洲裔、拉美裔、原住民一样,在享有和实现人权的诸多方面受到有形无形的歧视和侵害。

一、美国亚裔正在遭受愈演愈烈的种族主义攻击

新冠肺炎疫情这场严重的公共卫生危机,为检视美国社会种族歧视问题提供了一个直观透明的窗口。非洲裔与拉美裔成为美国新冠肺炎疫情的直接受害者,他们的感染率和死亡率要远高于白人群体;而亚裔则不幸沦为美国新冠肺炎疫情的间接受害者,他们是伴随着疫情而日益猖獗的种族歧视言行的主要攻击目标。加州州立大学圣贝纳迪诺分校"仇恨与极端主义研究中心"的统计数据显示,2020年美国整体仇恨犯罪案件较2019年下降了7%,然而针对亚裔的仇恨犯罪却激增149%。2021年第一季度美国15个大城市针对亚裔美国人的暴力犯罪相比2020年同一时期增长了169%。

近两年来,美国针对亚裔的种族主义攻击频发,案情令人触目惊心。

——2020年3月14日,得克萨斯州一名男子在超市里持刀攻击一户亚裔家庭,试图杀死他们全家,被刺伤者中甚至包括两岁和六岁的儿童。

——2020年7月14日,纽约一名89岁的华裔妇女在街边行走时,突然遭到两名陌生男子扇耳光。当她试图逃离时,攻击者却从背后点燃了她的衣服。

——2021年1月28日,一名84岁高龄的泰裔男子在旧金山被蓄意猛烈撞击重摔倒地,最终因伤势过重而不幸死亡。

——2021年3月16日,21岁的白人男子罗伯特·亚伦·朗持枪袭击亚特兰大地区3家亚裔经营的按摩店和水疗中心,共造成8人死亡,其中6人是亚裔女性。

——2021年8月30日,一名菲律宾裔老年女性在纽约皇后区雷哥公园地铁站内遭一名白人男子推下楼梯,脸部和身体严重受伤。

——2021年11月17日,费城3名华裔高中生在放学乘地铁回家时遭

到种族主义袭击,当地警方表示,"受害者之所以被选中很明显是因为他们是亚裔"。

……

《纽约时报》在 2021 年 4 月 3 日一篇题为《愈演愈烈的反亚裔暴力》的长篇报道中写道,"在过去一年里,在一系列明显带有种族敌意的事件中,亚裔被推搡、被殴打、被踢踹、被唾面、被辱骂,甚至连房屋和商店也遭到破坏。"根据亚裔遭受种族主义攻击的不同形式,该文将搜集整理的案件分为三类。第一类是亚裔遭受身体攻击的案件,例如遭遇殴打、胡椒喷雾袭击或者被吐口水,许多亚裔受害者因此身心受重创;第二类是亚裔遭受口头攻击的案件,主要是一些带有种族主义性质的侮辱性言论;第三类是亚裔受害者的财产遭受破坏的案件,例如房屋、店面被破坏,或被喷涂上种族歧视标语。事实上,该报道也只是揭露了过去一年中亚裔所遭受种族主义攻击的冰山一角。令人震惊的是,就在这些种族主义行径开始引发美国社会的关注与抗议之际,针对亚裔的攻击行为还在持续不断地发生,其中妇女和老人等弱势群体成为重点攻击对象。

二、美国亚裔被歧视被排斥的历史仍在延续

长期以来,美国针对亚裔的种族歧视之所以未引起足够重视,一方面是因为在非洲裔与白人之间的种族冲突过于引人注目,另一方面则是美国主流社会意图掩盖历史上亚裔的悲惨遭遇。美联社曾坦言,"针对亚裔美国人的种族主义,一直是美国历史上的丑陋主线"。

美国华裔的命运是亚裔遭受歧视和迫害的缩影。亚洲人移民美国的历史始于 19 世纪中叶,当时他们因美国经济社会发展亟须廉价劳动力而远渡重洋来到这个国家。19 世纪后期,在政客的鼓动与媒体的渲染下,亚裔被污名化为"黄祸",被主流社会视为对美国白人的"种族威胁""经济威胁""健康威胁",美国对亚裔的排斥和攻击达到一个顶峰。在美国历史上的各个时期,

亚裔持续遭受偏见、仇恨和种族暴力的折磨和煎熬。早在1854年，美国联邦最高法院就在判例中判定亚裔不能成为美国公民，对亚裔获得公民权的限制直到二战前后才最终被取消。对亚裔的群体暴力的最早记载是1871年，一伙白人冲进洛杉矶唐人街附近街区，枪击和绞死了21名华裔；亚裔社区被焚毁，居民被赶出城市。对亚裔的恐惧和偏见最终导致美国禁止亚裔移民美国：华裔移民在1882年开始受到《排华法案》的限制；日裔在1907—1908年间开始受到移民限制；到1924年所有亚裔都被禁止移民美国。亚裔在公共卫生事件中被当成替罪羊在美国历史上也不新鲜，早在19世纪70年代旧金山暴发天花疫情之时，华裔就曾被诬称为"罪魁祸首"。

亚裔在美国的悲惨历史未能得到公正的清算和反思，甚至不为美国主流社会所知晓，因而其中所潜藏的种族主义恶意自然无法彻底消除。亚裔被塑造为美国种族关系的局外人，美国主流社会中很多人否认存在针对亚裔的种族歧视历史，更拒不承认当前存在针对美国亚裔的种族主义攻击。华裔历史学家李漪莲在美国国会关于针对亚裔种族仇恨犯罪的听证会上发言说："当今亚裔美国人和太平洋岛民面临的种族歧视和暴力的行为并非由精神错乱的个人随意犯下的罪行，而是一个系统性的国家悲剧。它反映了美国针对亚裔美国人的系统性种族主义的悠久历史。"对于美国各地针对亚裔暴力事件的增加，联合国秘书长古特雷斯表示深感关切，"过去一年发生的数千起事件，是长达数百年来刻薄、刻板化、寻找替罪羊、剥削和虐待历史的延续。"

对亚裔的种族歧视从历史延续到现在，深刻体现了美国社会对亚裔作为"弱者"的欺凌以及作为"他者"的排斥。美国亚裔整体力量的弱小使其成为种族主义欺凌的目标。亚裔"弱者"地位主要体现在以下几个方面。第一，亚裔人口总量相对较少。美国亚裔总人口约为2400万，在美国总人口中所占比例约为6%，与白人、非洲裔、拉美裔相比都存在较大差距。第二，亚裔人口内部异质性很强。美国亚裔指的是来自东亚、东南亚及南亚数十个国家的移民及其后代，而这些国家的文化遗产、经济状况、政治体系、宗教习俗和语言的差异很大，导致亚裔内部的异质性极强。第三，亚裔群体内部的认同感和凝聚力不强。亚裔这个共同的身份认定在很大程度上是外部社会强行赋予的结果，多数亚裔甚至并不愿意接受属于单一亚裔种族的身份。人口数量少、内部差异大、群体凝聚差，再加上政治参与低，使得亚裔长期以来在遭遇整体性种族歧视时缺乏反抗的能力，而默默承受的弱者形象又使得亚裔更易成为种族主义攻击的对象。

美国亚裔外来者的身份认定使其成为种族主义排斥的目标。亚裔遭遇愈演愈烈的种族歧视也与疫情之下美国排外主义情绪高涨有关，因为亚裔在美国主流社会中某种意义上被认定为永久的"外来者"和"他者"。一方面，美国亚裔人口的增长很大程度上是由于移民而不是自然增长，大量亚裔的出生地在美国之外。另一方面，大部分亚裔与美国主流社会和主流文化保持着一定的距离。因此我们可以看到在针对亚裔的种族主义攻击中，"滚出我们的国家""滚回自己的国家去""离开这里""你们不属于这里"的排外主义表述极为常见。种族主义者甚至将这种"外来者"的认定视作发动针对亚裔种族主义攻击的合理性支撑，这在美国社会中具有相当的民众基础。正如一位亚裔美国人所言："新冠肺炎疫情提醒我们，我们的归属是有条件的。前一刻我们还都是美国人，下一刻我们就是'把病毒带到这儿来的外国人'。"

三、疫情大流行背景下反亚裔种族主义甚嚣尘上的原因

（一）美国政客对新冠肺炎疫情的种族主义操弄

美国政客对新冠肺炎疫情的种族主义操弄是美国社会针对亚裔的种族歧视日渐猖獗的直接动因。美国前任总统特朗普擅长利用种族因素达成自己的政治目的，其执政4年间不断操弄种族主义议题，导致美国种族紧张局势不断加剧。随着美国因防控不力逐渐沦陷为全球新冠肺炎疫情的重灾区，特朗普和蓬佩奥等一众美国政客出于推卸责任及竞选的需要，多次采用"中国病毒"等带有地域指称性而非国际公认的名称来指代新型冠状病毒，并千方百计地将本国疫情的蔓延归咎于中国。受美国政客种族主义操弄的影响，那些

被认为是华人或其他东亚血统的人士遭受到各种形式的种族主义攻击，如恶意诽谤、拒绝提供服务及野蛮暴力对待等。联合国当代形式种族主义问题特别报告员滕达伊·阿丘梅指出，"那些试图将新冠病毒归咎于特定国家或族裔的领导人正是那些奉行民族主义和民粹主义、将带有种族主义和仇外心理的花言巧语作为其政治平台核心的领导人"。白宫现任新闻秘书普萨基在解释美国当下反亚裔情绪高涨时也承认："特朗普政府的伤害性言论是导致对亚裔美国人威胁增大的原因之一，并且影响很大。"特朗普下台后，美国政府继续操弄和炒作病毒溯源政治化议题，客观上也使得美国国内反亚裔情绪保持在高位状态。

（二）美国白人至上的种族结构与社会氛围

疫情下美国亚裔所遭受的仇视和排斥境遇，与非洲裔、拉美裔等少数族裔长期遭受的种族歧视一样，最终根源都在于美国白人至上的种族结构和社会氛围。亚裔群体长期以来一直在美国社会处于边缘位置，许多美国人甚至没有意识到或者没有勇气承认美国长期存在针对亚裔群体的种族歧视问题。在"模范少数族裔"标签的遮盖之下，亚裔与其他少数种族同样面临着系统性的种族歧视。白人至上主义者并没有因为亚裔的"模范表现"而网开一面：针对亚裔的种族仇恨犯罪中，75%的攻击者是白人；针对亚裔的仇恨犯罪同样在白人占主导地位的地区发生最为频繁；特朗普、蓬佩奥等白人政客是蓄意将新冠肺炎疫情的祸水引向亚裔的始作俑者。美国主流社会对于亚裔遭受的种族歧视，长期以来都呈现出漠视与掩盖的态度。2020年9月，164名美国共和党议员投票反对国会通过谴责针对亚裔歧视的法案。很多针对亚裔的恶性暴力攻击事件，如九旬老人被纵火焚烧案、华人在曼哈顿街头被刺案，都未能以"仇恨犯罪"的性质来立案。在"3·16"亚特兰大枪击案发生之后，当地警方发言人杰伊·贝克在发言中否认案件的种族仇恨犯罪性质，并出言为枪手辩护，称其"度过了糟糕的一天"。

(三）亚裔"模范少数族裔"标签的羁绊

在 20 世纪 60 年代中后期美国黑人民权运动风起云涌的社会背景之下，一批描述日裔、华裔等亚裔族群获得成功的故事相继登上了美国主流报刊。在美国政界、学界和媒体界的共同推动之下，亚裔被贴上了"模范少数族裔"的标签。客观而言，"模范少数族裔"的标签承认了亚裔通过自身艰苦卓绝的努力所取得的成就，也一定程度改善了亚裔在美国长期遭受的污名化困境。然而很多分析指出，"模范少数族裔"只是美国主流社会炮制的"又一个强化种族等级、保护歧视行为的谬论"，对于亚裔自身而言"名为光环，实为枷锁"。其一，"模范少数族裔"使得亚裔面临的种族歧视不受重视甚至不被承认。"模范少数族裔"塑造了亚裔经济收入高、教育程度高的刻板印象，这个标签使得他们通常不被纳入美国种族歧视讨论的范畴。在"成功种族"的光环之下，亚裔群体在经济社会上所面临的困境同样被忽视，如亚裔老年人 13.5% 的贫困率远高于美国平均水平，亚裔失业之后再就业周期几乎是所有种族中最长的，亚裔在政界、工商业界、学术界、法律界的领导层中代表性明显不足，等等。其二，"模范少数族裔"消解了亚裔对种族歧视的感知能力与反抗精神。美国主流媒体塑造之下的亚裔具有"独立、聪明、勤奋、顺从、从不发表政见"的品德，他们的文化价值观念被认为与美国新教伦理相契合。这种貌似褒奖的话语体系甚至赢得了相当多亚裔的认同，使得他们愿意按照被期望的形象和品质来低调行事。内化了这套话语的亚裔面对种族歧视时缺乏敏感性，甚至羞于承认遭受种族歧视的事实。其三，"模范少数族裔"话语恶化了有色人种内部的关系，成功转移了种族矛盾的焦点。"模范少数族裔"这一概念将亚裔捧上神坛，同时也暗含着对非洲裔隐喻性的批评，其目的正是打击当时势头强劲的美国黑人民权运动。这种极具种族分化功效的策略使得有色人种内部产生了尖锐的矛盾，亚裔自此成为很多少数种族群体的指责或攻击目标。

(四)美国种族关系的对立

研究发现,尽管所有少数种族遭受的攻击都主要来自白人群体,但亚裔比非洲裔和拉美裔更容易遭受到来自其他少数种族的攻击。亚裔遭受攻击的施害者75%系白人,还有25%则系其他少数种族。这一事实在一定程度上揭示了美国种族秩序的复杂性及美国种族关系的对立。非洲裔等对亚裔群体攻击的增加,一方面是由于美国部分政客和媒体对新冠肺炎疫情的种族主义操弄,导致社会上形成了一种特定的种族敌对氛围。在美国政客"甩锅"战术的诱导之下,亚裔成了"替罪羊"和"出气筒"。另一方面,这也是美国亚裔社区与非洲裔社区之间长期对立的反映。美国主流社会对"模范少数族裔"的塑造,文化传统价值观念上的差异,就业等社会资源上的竞争,历史上种族冲突事件的印痕等,造成亚裔与非洲裔之间深深的隔阂与误解。非洲裔和亚裔正在共同遭受明显的种族不公正,然而互不信任的种族关系却使得亚裔更加无力摆脱当下的困境。与"黑人的命也是命"运动中其他种族踊跃参与支持相比,亚裔反种族歧视游行示威中其他种族出席与支持的程度则明显不够。

(五)美国政客破坏中美关系的政治诱因

历史多次证明,来自不同国家的移民及其后代在美国的处境深受美国与其母国关系的影响。一旦美国与某国的关系紧张,针对该国移民及其后裔的歧视就会甚嚣尘上。例如,一战期间的德裔、二战期间的日裔、"9·11"事件之后的伊斯兰国家移民在美国都曾遭遇到极为严苛的对待。早在新冠肺炎疫情暴发之前,特朗普政府就不断对中国采取遏制与打压的政策,发表抨击中国政治制度、损害中国主权的极端言论,掀起对华贸易战、科技战,鼓吹中美脱钩,致使两国关系遭遇严重挑战。受此影响,华裔在美国开始遭遇越来越多的歧视性对待,最为典型的是针对华裔知识分子的审查与迫害。新冠肺炎疫情在美国蔓延之后,特朗普政府为了掩盖疫情应对不力,不断使用种族主义言论攻击中国,在造成中美关系进一步恶化的同时,也使得包括华

美国人权的多维透视

裔在内的整个亚裔群体面临更为严重的种族歧视。拜登政府上台之后,将中国作为主要战略竞争对手,这也是当下美国反亚裔情绪依旧处于高位的动因之一。依此推断,后疫情时代即便美国社会针对亚裔整体的种族歧视可能会有所消退,但针对华裔群体的种族攻击反而可能会愈演愈烈。这不得不引起我们的隐忧和警惕,也需要国际社会持续关注。

纪录片:《星条旗下的"永久外来者"》
http://tv.cctv.cn/v/v1/
VIDEPub70MEn2pYaUGByDIem220415.html

反亚裔仇恨犯罪猖獗
美国"人权卫士"人设崩塌

倪建平[*]

(《光明日报》 2022年5月16日)

亚裔美国人当下正面临一个严峻的现实：尽管拜登总统2021年上台后不久就正式签署《反新冠仇恨犯罪法》，旨在打击疫情暴发以来美国频发的针对亚裔的仇恨犯罪事件，但随着疫情在全美各地急剧扩散，亚裔美国人遭遇的仇恨犯罪并没有减少，导致袭击的种族仇恨和体制问题也未得到实质性解决，针对亚裔美国人的仇恨犯罪数量反而日益激增。

根据美国亚太政策和规划委员会以及华人平权行动组织新近发布的报告，从2020年3月到2021年底，针对亚裔美国人的仇恨犯罪有10905起。美国加州州立大学圣贝纳迪诺分校仇恨与极端主义研究中心的研究还发现，针对亚裔的仇恨犯罪2021年跃升了339%。这些沉重的数字表明，猖獗的反亚裔仇恨犯罪深深植根于美国的种族歧视历史、文化和制度中，而美国政客对疫情的政治操弄又成为反亚裔仇恨犯罪的助燃剂，美国一向自我标榜的所谓"人权卫士"人设全面崩塌。

近年来，美国内病外治，醉心于大国竞争，对国内的新冠肺炎疫情应对不力，目前累计新冠死亡病例超过100万。在此大背景下，美国所谓的"大熔炉"社会撕裂日趋激化，对亚裔美国人的歧视全面加剧。据美国广播公司

---

[*] 作者倪建平系大连理工大学马克思主义学院教授、大连理工大学东北亚国际发展和合作研究中心主任。

5月6日报道，由非营利组织"引领亚裔美国人团结促变"近期发布的2022年度全美亚裔美国人社会追踪指数显示，21%的美国成年人表示"亚裔美国人起码须对新冠肺炎疫情负部分责任"，该比例在2021年为11%。调查数据显示，美国人比以前更可能质疑亚裔美国人，包括出生在美国的亚裔对美国的忠诚，认为亚裔美国人更忠于原籍国的美国人在2021年从20%增加到33%。实际上，被视为"永远的外国人"是许多亚裔美国人共同的痛苦经历；而在排外主义和反共反华思潮的共同作用下，华人科学家当前在美处境几乎如同重回20世纪的麦卡锡时代。

反亚裔仇恨犯罪受到美国政治极化的显著影响，疫情期间美国政客对亚裔滥用贬损性语言，更是对反亚裔仇恨犯罪起到火上浇油的作用。马萨诸塞大学洛厄尔分校安全研究主任兼犯罪学和司法研究教授佩里格和"发展服务集团"联合进行的研究发现，大多数反亚裔暴力事件，无论是在新冠肺炎疫情期间还是之前，都发生在选民支持民主党的蓝州城市和郊区。加州州立大学圣贝纳迪诺分校仇恨与极端主义研究中心公布的仇恨犯罪数据汇编显示，2021年报告的反亚裔仇恨犯罪激增，明显高于2020年，同比增加了124%，纽约、旧金山、洛杉矶和其他城市的反亚裔仇恨犯罪数量都刷新了纪录。仅在2021年，洛杉矶就"创下了本世纪美国所有城市中仇恨犯罪最多的纪录"，比2020年大幅增加173%；纽约则紧随其后，从30起增加到133起，比2020年增加343%；旧金山从9起增加到60起，飙升了567%，其中一半是由一名针对中国企业的白人男子在2021年8月被捕前的短短5个月内犯下的。在新冠肺炎疫情期间，几乎60%的袭击亚裔事件发生在这些地区。对亚裔的袭击中，大约60%是人身攻击，大约三分之一是损坏财产。

美国非营利组织亚太政策与规划委员会和华人平权行动组织研究发现，包括特朗普总统在内的不少美国政客将新冠病毒诬称为"中国病毒""功夫流感"等，这样的种族主义言论煽动了美国社会的反亚裔暴力。一些白人袭击者对中国表现出恶毒的敌意，并鹦鹉学舌地使用"中国病毒"一词。2020年6月，新泽西州的一家亚裔餐厅遭到破坏，肇事者写下"冠状病毒"。在加利福尼亚州报告的832起事件中,许多事件涉及反亚裔诽谤以及提及中国和新冠病毒。

佩里格教授和合作者的研究表明,新冠肺炎疫情期间,亚裔更频繁地成为白人极端分子的暴力目标。在2020年和2021年针对亚裔的袭击中,几乎一半的动因是疫情引发对亚裔的恼怒和敌意。根据这项研究,在疫情暴发之前的30年中,美国针对亚裔美国人或其财产的暴力袭击平均每年只有8.1起,但2020年和2021年两年间发生了163起,年均81.5起,为此前的10倍多。

亚太政策与规划委员会和华人平权行动组织于2021年3月19日推出一个仇恨事件报告网站,在当年3月至6月间,接到全美2100多起与疫情相关的反亚裔美国人仇恨事件报告,包括人身攻击、言语攻击、工作场所歧视和在线骚扰。美国有线电视新闻网报道指出,由于将新冠病毒与亚洲国家或民众相联系的错误信息的传播,美国社会对亚裔的讽刺和成见达到历史高潮。一场"种族主义危机"使全美成千上万亚裔家庭经常处于担惊受怕中。

反亚裔仇恨犯罪还突出表现在针对亚裔美国女性的性骚扰或性侵犯案件激增。疫情暴发以来,针对亚裔美国女性的非人化、物质化和异化对待激增,她们在医保系统中更容易遭遇暴力行为和系统性虐待,在公共场所更多遭遇被推搡、被殴打、被踢踹、被唾面、被辱骂。根据"停止仇恨亚太裔"组织最近发布的数据,在针对亚裔仇恨犯罪的受害人中,女性占68%,女性报告的歧视和骚扰事件几乎是男性的两倍。纽约州扬克斯市警方3月14日公布,一名亚裔女子遭到一名男子袭击,她的头部和面部被殴打超过125次,被脚踩7次,并遭到辱骂。对亚裔女性的攻击几乎包含仇恨犯罪的一切方式,却没有引起美国社会的足够重视。2021年3月,亚特兰大发生一起针对亚裔女性的特大枪击案,6名亚裔女性被白人凶手枪杀。这起血案突出表明了当前美国亚裔群体,尤其是亚裔女性面临的安全风险。拜登总统近日发表声明承认,这起特大枪击案迫使美国人不得不"正视存在已久的反亚裔情绪和基于性别的暴力行为"。

值得注意的是,美国司法制度的结构性缺陷导致针对亚裔仇恨犯罪案件

美国人权的多维透视

在司法系统中越来越多地遭遇双重标准，让亚裔不免对自己当下和未来的处境更加忧虑。美国公共宗教研究所的调查显示，51%的美国人认为，在刑事司法体系中美国少数族裔与白人相比受到了不平等对待。美国法律体系在结构设计上就对富人和强势群体有利，一些猖狂的反亚裔攻击或谋杀并没有被判定为仇恨犯罪行为。例如，69岁的越南裔美国人安莱2019年11月在唐人街散步时，一对白人父子用棒球棍对他进行野蛮攻击，并威胁要杀死他。但地方检察官却拒绝以仇恨犯罪起诉凶手，直到宣判前才通知安莱与袭击者达成宽大认罪协议，凶手被轻判。安莱批评说，地方检察官办公室系统性地拒绝维护遭受种族暴力的亚裔美国人的权利，这是他"一生中最残酷、最可怕、最屈辱的经历"。此事让当地亚裔受害者及其家属倍感沮丧。

亚裔美国人处境堪忧，绝非杞人忧天，既可归根于当下的消极现象，也可溯源于美国过往的斑斑劣迹。比如，在美国公共卫生危机历史中，对少数族裔等弱势群体的仇恨犯罪并不鲜见，一百多年来他们一直是美国暴发大规模传染病的替罪羊。1849年夏天，波士顿当地政府的一份报告将霍乱疫情的"源头"引向新到的爱尔兰移民；1900年3月，旧金山卫生当局因唐人街发现首例疑似淋巴腺鼠疫病例，将整个唐人街围封，并企图驱逐华侨，使众多华侨生活在担惊受怕和悲愤之中；20世纪80年代，美国错误地指责海地人将艾滋病毒带到美国，美国政客污蔑在美墨西哥人和其他拉美裔是病毒"源头"和携带者。

可见，尽管美国一向宣称人权是其价值观核心，但是美国的种族歧视和排外主义痼疾却从来没有减轻，这充分凸显了美国内生性、结构性的人权困境。美国如果不对症下药进行政治和文化等方面改革，就无法改变其种族关系和种族歧视的恶性循环，少数族裔特别是亚裔美国人的人权保障也就无从谈起，更不用说消除针对亚裔仇恨犯罪居高不下和恶性仇恨犯罪时有发生的顽疾。

美国解决种族问题面临制度性障碍

田 立*

(《光明日报》 2022 年 5 月 27 日)

2020 年 5 月美国白人警察杀害非洲裔男子乔治·弗洛伊德的事件引发了美国国内对警察执法偏见的反思以及全球范围内反对种族歧视的抗议。实际上,美国的种族问题由来已久:来自欧洲的白人移民及其后代与以印第安人为代表的原住民之间在肤色、语言、世界观和精神世界等方面存在差异,这些差异导致了种族间的偏执和仇恨。美国建国后,种族问题愈加严重,其中一个重要的影响因素就是美国政府自己:在建国后的一个世纪里,美国政府对于民间针对印第安人和其他原住民的大量暴行(如谋杀、抢劫、暴力驱逐等)大多持许可或默许的态度。甚至在 1830 年,美国国会通过《印第安人迁移法案》并在此后的 10 年间依据该法案开展了超大规模的"西进运动"。美国的"西进之路"也是印第安人的"血泪之路"。

直到现在,美国政府依然缺乏勇气来面对和承认已经犯下的错误,也未彻底终结与奴隶制度遗绪相关的系统性种族歧视。当前,美国的种族问题已与刑事司法、移民政策、社会经济政策等其他领域中出现的人权问题交织在一起,成为阻碍美国长远发展的一个重要因素。

在刑事司法领域,与 2019 年相比,2021 年,因对亚裔和非洲裔的仇恨导致的犯罪事件大幅增加。由于缺乏以社区为基础的精神健康支持服务,美国在 2021 年持续发生了多起黑人和拉丁裔身心障碍者遭遇警察暴力的事件。

---

* 作者田立系山东大学人权研究中心研究员。

美国人权的多维透视

在移民政策方面，拜登政府错误地援引《美国法典》第42篇，以公共卫生理由驱逐抵达陆地边界的移民，继续维持其前任特朗普政府在美国边界上限制难民入境的政策。据统计，2021年，美国边境巡逻队和外勤业务办公室分别驱逐了1040695人和30380人。今年第一季度，前述两项数字已分别达到去年全年总和的51.4%和66.6%，预计今年这两项指标总数都将远超去年。被驱逐的对象往往是黑人和拉丁裔，尤其是来自中美洲、非洲和海地的移民。然而同时，成千上万的旅客却可以不经任何健康筛检穿越边界。2021年9月，在美国得克萨斯州德尔里奥市，当地政府完全漠视以海地黑人为主的约15000名移民寻求庇护的权利，并任由移民官员骑在马上以缰绳当皮鞭来驱赶和吓阻他们。此外，被驱逐的移民更容易受到绑架、强奸、攻击、勒索以及其他形式的虐待和伤害。

在社会经济政策领域，新冠肺炎疫情使本就存在的诸多不平等因素相互叠加，加剧了疫情对少数族裔造成的负面影响，特别是在感染率、重症率和死亡率方面。统计数据显示，拉美裔美国人感染新冠肺炎的风险是白人的两倍，死于新冠肺炎的风险是白人的2.3倍，美洲原住民和非洲裔人群感染新冠肺炎及病亡的风险也都高于白人。少数族裔在接种疫苗时也会遇到更多的障碍。此外，在一些地区，学校因疫情被迫关闭，有色人种学生受到的负面影响更大，因为他们大多就读于教育资源相对匮乏的学校，缺乏远程教学所需的网络设备。同时，由于美国不对药价进行管制，许多美国原住民社区无法承受高昂的药物价格，难以获得适足的健康服务。

在国际上，自1945年以来通过的一系列国际人权条约和其他文书赋予了固有人权的法律形式，发展了国际人权体系。美国虽然一直认为自己是矗立在人权领域的一座"灯塔"，但实际上却并不像人们想象的那样热衷于此。到目前为止，美国只批准了六项与种族问题有关的国际人权法律文书：《防止及惩治灭绝种族罪公约》《消除一切形式种族歧视国际公约》《公民权利和政治权利国际公约》《禁止酷刑和其他残忍、不人道或有辱人格的待遇或处罚公约》和《儿童权利公约》的两项任择议定书。美国是唯一没有签署《儿童权利公约》的联合国会员国。

美国的法律制度本身，特别是美国宪法，是其长期拖延批准特定人权条约/公约的重要原因。以《防止及惩治灭绝种族罪公约》（以下简称《公约》）为例，该公约是不能直接适用的，只能作为美国法律的解释指南。该公约于1948年正式开放给各国签字、批准和加入。直到1988年，美国在颁布本国的《灭绝种族罪公约实施法》，将灭绝种族罪列为美国法律规定的联邦罪行后，才正式批准该公约。值得注意的是，尽管在国际法上，各国均有义务对涉嫌犯有种族灭绝的个人行使普遍管辖权，但是《灭绝种族罪公约实施法》却禁止美国起诉在美国境外犯下种族灭绝行为后来到美国的外国公民。其真正目的是防止其他国家对美国公民在美国或国外犯下的灭绝种族罪行使刑事管辖权。此外，美国还通过声明保留和解释性声明试图规避其国际人权条约义务。美国对《公约》第5条（规定缔约国颁布相关立法的义务）做出了保留。美国政府认为：美国联邦宪法没有赋予联邦政府进行刑事立法的权力；《公约》中没有任何内容要求或授权美利坚合众国采取美国宪法所禁止的立法或其他行动；联邦政府也不能通过参议院或通过与州政府的合作安排确保此类立法可以获得通过。美国这种以国内法为不遵守《公约》义务借口的行为是违背一般国际法的，也与联合国大会第96(1)号决议相矛盾，该决议"邀请各国通过任何必要的立法"来处理种族灭绝问题。美国的做法遭到了许多其他国家的强烈批评。

目前看来，美国依然无法有效解决自身面临的种族问题。造成这一局面的原因在于其根深蒂固的三个制度性障碍：

第一，美国国内法与国际法存在不可调和的规范性冲突。比如，在《公约》的起草阶段，美国完全从自身利益出发，试图主导公约的具体条款向有利于本国的方向倾斜，达到削弱公约对本国进行有效约束的能力。又如，在起草《公约》第3条时，美国担心禁止对种族、民族和宗教的仇恨宣传会导致过于宽泛的言论禁止，进而危及其宪法所保护的言论自由，因此坚持对该条加以限制，即只包含"直接和公开煽动"的行为。这样的限制无论在当时还是现在看来，都是不符合该条约的目的和宗旨的。《公民权利和政治权利国际公约》禁止所有鼓吹民族、种族或宗教仇恨，构成煽动歧视、敌意或暴力的行为，但美国拒绝将所有传播基于种族优越性或仇恨思想的言论定为犯罪。美国这种允许仇恨言论存在的做法甚至得到了许多本国人权律师的支持。

第二，美国固有文化对不相容的条约规范强烈排斥。比如，美国联邦最高法院明确拒绝了联合国消除种族歧视委员会提出的全面消除种族歧视，以满足该委员会有关"目的或效果"的定义（即使没有歧视的意图，也会造成种族差异）的建议。美国联邦最高法院认为，所谓"目的或效果"测试没有被美国的法律实践所采用，美国的法律实践不太可能在短期内转向符合委员会期望的那种"目的或效果"测试。

第三，即使是与美国的国家价值观和法律文化相一致的国际人权义务，美国也以其司法主权属于不可分割的主权权力为由拒绝接受国际社会的监督。比如，美国拒绝接受联合国人权宪章机构联合国人权理事会和条约机构（如上文提到的消除种族歧视委员会）内的任何个人申诉/来文程序，或将条约下的争端提交给国际法院的条款。

因此，从二战后国际社会赖以建立并已被纳入国际人权法的价值观的角度来看，美国要显示其对每个人的尊严和自由以及对所有人人权维护的应有尊重，仍有很长的路要走。但是，美国不愿意或无法履行它在国际人权条约下做出的关键承诺，至少在为监督这些条约而设立的国际专家委员会看来是这样。就种族问题而言，导致少数族裔权利无法得到有效实现和保护的制度性障碍是根深蒂固的，美国也根本不想消除这些障碍，因为这些障碍使美国处于国际人权法的有效约束之外。

"白人特权"无处不在 有色人种"无法呼吸"
——美国的系统性种族歧视

王浩宇 张 敖*

(《光明日报》 2022年6月7日)

生存权与发展权是首要的基本人权。政府向本国公民提供大致均等的基本公共服务是促进和保护人权的重要手段。但在自诩"人权灯塔"的美国，曾经的黑奴贩卖史是抹不去的历史污点，如今政府公共服务针对有色人种的歧视依然如故。美国黑人、拉丁裔等在教育、医疗、用水、住房、司法等各领域正在遭遇系统性压迫，无处不在的"白人特权"将有色人种"无法呼吸"的困境展现得淋漓尽致。

公共教育方面，尽管美国最高法院在1954年的"布朗诉教育委员会案"中宣布学校的种族隔离制度违宪，但根据2019年《纽约时报》的报道，美国公立学校的种族隔离状况几乎没有改变，部分地区学校甚至越发严重。如美国城市研究所调查发现，芝加哥白人、黑人、拉丁裔学生分别占当地学生总数的25%、31%和37%，但高达96%的黑人学生就读于以非白人为主的学校，67%的白人学生就读于以白人为主的学校，而这一趋势也正在底特律、明尼阿波利斯、纽约、费城等拥有大量有色人种的城市中扩大。另外，调查发现，美国的公共教育在资金分配方面存在严重的种族歧视。以亚利桑那州为例，同样都来自贫困学区，非白人学生得到的财政资助要比白人学生少

---

*作者王浩宇、张敖，分别系西南交通大学公共管理学院副研究员，西南交通大学公共管理学院助理研究员。

60%左右，资金投入上的差异无疑会持续扩大白人学生和非白人学生之间的教育差距。

公共卫生方面，美国社会"医疗种族主义"问题愈演愈烈。根据2022年4月美国《新闻周刊》的报道，一项调查显示，80%的黑人受访者认为种族影响了个人获得医疗保健的质量，特别是新冠肺炎疫情"使原本就不可逾越的障碍更为恶化，让黑人群体变得脆弱不堪"，甚至还有约55%的黑人表示，医疗保障系统"只从我身上获利，却没有真正帮助到我"。长期以来，医疗资源的分配不公导致黑人死于癌症、心脏病等重大疾病的概率远远高于白人，黑人妇女死于妊娠的可能性是白人妇女的3倍，黑人婴儿的死亡率是白人婴儿的2倍。同时，与白人社区相比，有色人种社区严重缺乏医疗卫生服务供给，药店的药品库存经常不足，而且服务于有色人种社区的疗养院和医院也面临更多被关闭或减少服务的风险。

在3月22日世界水日，联合国强调：水是一项人权，不应剥夺任何人取用水的能力。美国作为世界第一强国，家家户户拥有安全饮用水似乎是理所当然的事情。然而，美国国家科学院院刊发表的最新研究却颠覆了人们的认知——美国有色人种的饮用水安全存在突出问题。根据美国人口普查局的调查结果，在全美50个最大的都市区，有色人种家庭比白人家庭面临更多饮水安全风险。美国环境保护署2016—2019年的数据显示，违反《安全饮用水法案》的公共供水系统为有色人种提供服务的可能性要比白人高出40%。臭名昭著的弗林特市水污染事件是美国最恶劣的公共卫生危机之一，更是美国种族歧视乱象的标志之一。当地居民以黑人为主，近一半人属于贫困群体。为节省公共财政开支，弗林特市政府不顾居民投诉和反对，在2014年将水源改为当地的弗林特河并坚称水质"绝对放心"，但最终却被发现铅含量严重超标，致使该市近10万居民在长达5年的时间内暴露于铅污染的水中。自新冠肺炎疫情暴发以来，有1/4的美国黑人被迫转向饮用瓶装水，但仅有10%的白人改变了传统的饮水习惯，62%的白人表示完全没有改变之前的饮水方式，这一数据差异也反映了美国黑人对所在区域公共供水系统的不信任。

住房领域的"种族隔离墙"也是美国人权压迫的典型表现。早在20世纪30年代，有色人种的居住区域就被标记上"危险的""破坏性的""不受欢迎的""不和谐的""低等级的"等负面标签，而在随后的城市化进程中，只有为白人修建小区的房屋建筑商才可能获得政府补贴，由联邦政府资助修建的房屋也被明确禁止出售给有色人种。现今，美国的住房政策中依然存在严重的种族歧视问题，一个突出表现是有色人种在流浪者中的占比非常高。例如，黑人约占美国人口总数的14%，但在美国所有流浪者中占比却高达40%，有孩子的黑人"流浪家庭"占比则高达50%。可以说，美国住房领域的"种族隔离墙"是美国政府公共政策有意设计的结果。

住房隔离更是美国人权压迫的隐性体现，原因在于住房方面的种族差异导致并加剧了其他方面的种族不平等。例如，住房与空间隔离促使美国的政策制定者不断减少对有色人种居住社区的投资，因此这些社区的教育、就业、医疗、环境、文化发展机会将会大幅下降，而建造有毒垃圾场和发展有毒工业的概率则会大幅上升。实际上，美国环境正义运动史上的经典文献《美国有毒废弃物与种族》早已通过数据表明，种族是美国有毒废弃物设施分布的决定性因素。由居住格局所引发的环境风险萦绕着有色人种的一生：童年时，他们在家中面临有毒化学物质或辐射暴露的高风险威胁；成长过程中，社区被有毒废弃物和非法填埋场带来的环境污染所包围；成年后，他们又被困在健康风险和失业率"双高"的行业。所有这些对个体生命健康的威胁，最终都会因缺乏医疗条件和收入保障而再度扩大。

与司法相关的公共服务可能是令美国有色人种最为"窒息"的领域。众所周知，在同等情况下，美国黑人比白人更有可能遭到逮捕；一旦被逮捕，他们更有可能被定罪；一旦被定罪，他们更有可能面临长期监禁。根据美国司法局2016年的统计数据，黑人被监禁的可能性是白人的近6倍，拉丁裔被监禁的可能性是白人的3.1倍；根据测算，在2001年出生的每3个黑人男孩中就有一个人会面临监禁，每6个拉丁裔男孩中会有一个人面临监禁。

值得注意的是，对有色人种的指控主要分布在美国最严重和最轻微的罪名当中。这说明与犯同样罪行的白人相比，检察官更有可能用更重的罪名指控有色人种；也说明同样针对轻微罪行，检察官更有可能根据所谓的"惯犯特征"指控有色人种而不是白人被告。近些年，伴随美国社会治安不断恶化，黑人司机比白人司机更多地遭到警察拦截，而在停车之后，黑人司机被搜查的可能性是白人司机的3倍，被逮捕的可能性又是白人的2倍之多。还有美国学者研究了"汽车杀人案"问题，明确指出杀害黑人的司机所获得的刑期比正常情况下缩短了60%左右。

在美国，审前拘留已被证明会增加定罪的概率，被拘留候审的人员也更有可能接受对自己不利的认罪协议，继而在被判入狱之后获得更长的刑期。然而，美国70%的审前释放需要缴纳保证金，这对于低收入的被告人来说几乎是一个无法逾越的鸿沟，而他们中的大部分又是有色人种。另外，一些研究表明，美国假释委员会在决策过程中会受到申请人种族类别的影响，而惩教人员的种族偏见也会影响假释结果。《纽约时报》的记者分析了6万多件州立监狱的惩戒案例，结果发现白人与有色人种的监狱纪律记录差距巨大，其中最明显的特征是，给予警卫自由裁量权的违规行为（如不服从命令等条目）更多地出现在有色人种的记录中，而这又是决定能否获得假释的主要因素。

美国政府的公共服务处处体现了"白人特权"。更为讽刺的是，有学者想要通过实地试验的方法检验美国公共服务供给不存在制度性的种族歧视，结果却令人大跌眼镜。有美国学者分别使用典型的白人姓名和黑人姓名，向近2万家涉及教育、治安、文化、就业等领域的政府公共服务部门发送电子邮件，询问相关公共服务信息（比如入学时间、办公室开放时间等），欲对回复内容进行比较分析。最终结果显示，与落款为典型白人姓名的电子邮件相比，黑人姓名落款的电子邮件通常都得不到回复，这足以说明美国政府在提供公共服务时对黑人群体具有严重的种族歧视。

美国政府提供的公共服务"黑白分明"，不仅体现了"人权灯塔"灯下黑的丑陋现实，还反映出美国社会撕裂、政治极化、族群对立等严重问题。当前，劣迹斑斑的美国人权状况正在持续恶化。无处不在的"白人特权"让少数族裔处境越发艰难的同时，也在助长白人至上主义者的嚣张气焰，如今已然成为美国社会的一个"毒瘤"。"白人特权"的产生具有深刻的历史、文化和社会因素，但也离不开美国政客的操弄和媒体的煽动，接踵而至的暴力事件和枪击案件恰好揭露了部分美国政客、媒体、极端思潮团体的丑陋嘴脸。然而，美国"黑白分明"的意识形态又被法律以形式平等所掩盖，这注定了美国在解决种族歧视与人权问题上将会面临多重挑战和困境。

戴着合法面具的美国结构性种族主义

黎 娟[*]

(《光明日报》 2022年6月15日)

今年5月,美国纽约州布法罗市发生的一起大规模枪击案震惊了世界。一白人男子在当地一家超市枪杀多人,13名受害者中有11人为非洲裔。据报道,嫌疑人在作案前,曾在网上发布一份长达180页的"犯案宣言",显示他深受"大替代理论"影响,是坚定的白人至上主义者。

"大替代理论"是一种极右翼的阴谋论,起源于白人至上主义者的反犹主义思想和活动,认为西方"精英"通过鼓励移民和跨种族婚姻来推进以有色人种取代白人的计划。随着不少美国右翼政客和媒体屡次在公开场合宣传这一论调,这一极右翼种族主义边缘概念已出现主流化的倾向。

美国的种族主义问题绝非新议题。种族主义在美国是一个全面、系统、持续的存在。美国的社会结构通过住房、教育、就业、福利、信贷、媒体、医疗保健和刑事司法等相互加强的制度来培育种族主义,种族主义又反过来维持美国社会中不同种族在教育、就业、医疗、环境、住房等福利上的等级差异。这种以种族歧视构建社会系统的方式本应受到广泛谴责,但美国当前却形成了结构性种族主义主流化、合法化的趋势,社会结构种族化现象正在合法面具的保护下持续盛行。

在美国社会的许多领域,法律和政策表面上看起来是种族中立的,但本质上是种族主义的。法律在很大程度上是为了使现有的社会结构,尤其是等

---

[*] 作者黎娟系中南大学人权研究中心研究员。

级关系合法化。当法律和政策被用来构筑歧视性社会，它们就成了制造、加剧社会不平等的工具。

第一，医疗种族主义根深蒂固。美国医疗保健体系上的种族主义表现在，医疗系统是基于支付能力而非患者需求提供服务的，因此将无力支付的少数族群排斥在医疗保险的大门之外。统计数据显示，2010年至2018年间，即便在通过《平价医疗法案》的情况下，美国黑人没有保险的可能性仍然是白人的1.5倍。美国黑人在医疗保健上的不平等导致的健康风险远远超出个人行为或遗传问题。与其他发达国家相比，美国孕产妇死亡率很高，黑人女性死于生育相关原因的可能性比白人女性高243%。美国黑人的预期寿命也比白人少6年。新冠肺炎疫情更是加剧了医疗种族主义对少数族裔的不利影响。根据美国疾控中心公布的数据，截至5月27日，美国共有新冠肺炎确诊病例7488万例，其中少数族裔占比近三分之二。在死亡人数上，少数族裔是白人的5倍多。新冠肺炎确诊率和死亡率上的差异与少数族裔因社会经济地位等原因无法获得高质量医疗保障，以及较多从事与病毒接触的职业有关。

第二，环境种族主义影响深远。实施了数十年的歧视性交通管理政策直接导致了少数族裔社区缺乏充足的公共交通设施，并且往往与高速公路毗邻而居。在全球气候变暖和环境恶化的当代，环境种族主义致使美国少数族裔更多地承担了环境污染带来的恶果。统计数据表明，美国少数族裔居住的社区在接触烟尘污染、危险废物设施上的概率都远高于白人社区。

第三，住房种族歧视备受关注。在住房领域，美国社会中种族间的财富差距主要归因于税收和住房政策方面的差异。以美国联邦税法为例，该法宣称没有种族条款，却在抵押贷款利息扣除中加大对高收入的近郊区业主的补贴，而没有为租房者提供相应的赋税优惠。法律上的种族隔离政策使白人成为业主、黑人成为租客的可能性较大，该举措实际上加剧了种族间的不平等。

第四，"言论自由"下的种族主义饱受质疑。新冠肺炎疫情发生以来，少数族裔在美国社会历经了种族歧视和种族仇恨的"至暗时刻"。一些美国政客使用特定地域或者人群来命名病毒，散播仇外、歧视性言论，直接导致针对少数族裔的仇恨犯罪愈演愈烈，悲剧不断发生。美国的"言论自由"成为种族主义的借口，官方驱动的歧视言论合法化推进，少数族裔则屡屡沦为社会危机的替罪羊。群体话语力量的差异和政府观念主导倾向的双重影响使得以偏见排外与种族歧视为特征的白人至上主义与结构性种族主义交织叠加，加剧了美国社会的疫情、经济和种族危机。

第五，执法和政治领域的种族主义亟待解决。在执法领域，美国的白人社区依靠执法来维持治安、保护社区居民，而少数族裔社区则不得不忍受警察暴力下的种族不平等。据统计，美国警察暴力是25—29岁少数族裔的主要死因之一，每1000名非洲裔美国男性中就有1人被警察杀害。在警察发起的交通和街道拦截中，黑人女性被捕的次数是白人女性的3倍，并且警察更有可能对黑人女性使用武力。2013年至2019年间，99%的警察杀人事件并未导致警察被指控犯罪。在选举领域，政策和法律成为压制黑人选民权利的工具。各类措施导致美国相当多的适龄公民，尤其是少数族裔选民未能登记成为选民或难以行使选举权已经是不争的事实。

人人在尊严和权利上一律平等是各国宪法所追求的重要价值，而美国结构性种族主义却已在合法外衣的保护下侵蚀整个国家的肌体，渗透进社会的每一个细胞。

美国的"中国行动计划"恶行加剧系统性种族歧视

肖君拥　王　晨[*]

(《光明日报》　2022年6月18日)

美国司法部于今年2月23日宣布暂停饱受诟病的"中国行动计划"。然而需要注意的是，迄今只是"暂停"，美国丝毫没有罢手渲染中国"威胁"，而是转为寻求更隐蔽的遏华组合拳。

所谓"中国行动计划"由特朗普政府于2018年11月宣布启动，旨在调查外国机构对美国经济、技术、商业秘密的窃取。三年多来，两届美国政府的司法部和联邦调查局针对"受中国政府支持的科研人员"展开调查，审查其在学术活动中是否给美国带来安全与技术威胁。据《麻省理工科技评论》统计显示，截至2021年底，美国司法部"中国行动计划"专题网站上列示了77起案件，150多人被起诉，其中逾九成为华人华裔。

美国联邦调查局局长克里斯托弗·雷在国会作证时曾表示，"中国行动计划"执行期间，对多达2000起涉及中国的案件展开了调查，平均每10小时就启动一个涉华反间谍案件。大量华人华裔科学家、大学教授、企业高管等技术人才被当作偷盗美国技术的犯罪嫌疑人调查，其工作、生活和名誉均受到了严重影响。美国政客想当然地迫害华裔科技人员，无端刁难臆想中的竞争对手，违背了种族平等的基本人权理念，是针对整个亚裔群体的系统性种族歧视，其反人权的暴行记账本上又增添羞耻一页。

---

[*] 作者肖君拥、王晨，分别系北京市习近平新时代中国特色社会主义思想研究中心研究员、北京理工大学法学院教授、北京理工大学科技与人权研究中心执行主任，北京理工大学科技与人权研究中心研究员。

针对华裔的系统性种族歧视

在遏制中国的恶潮中，美国针对华裔的系统性种族歧视变本加厉。

大量的华人华裔科学家在被卷入"中国行动计划"调查期间被迫停止科研工作、面临经济和名誉的损失、陷入可能遭受刑事处罚的不安。2021年5月14日，俄亥俄州立大学医学院郑颂国教授被指控在基金申请中做虚假陈述，隐瞒其与受中国政府支持的科研机构的合作情况，用项目基金支持中国科研发展，最终被判处37个月监禁，赔偿美国国家卫生院340万美元，并赔偿俄亥俄州立大学41.3万美元。2019年，美国埃默里大学原教授李晓江因没有充分透露来自中国的基金资助，被关停实验室接受调查。2020年5月，李晓江因未向美国申报在中国获得的纳税收入，被判重罪，缓刑一年，并被勒令赔偿35089美元。2019年9月，美国堪萨斯大学陶丰教授在家中被捕，被指控向大学、美国能源部和国家科学基金会隐瞒了与中国大学的雇佣关系。2022年4月，堪萨斯州法院裁定其犯有电信欺诈罪和虚假陈述罪，可能面临数十年监禁和高额罚款。2021年2月，田纳西大学诺克斯维尔分校的胡安明副教授被捕，被指控在接受美国国家航空航天局的研究资助时，隐瞒与中国的关系。后在审判时陪审团意见不一，法院最终判决所有指控不成立。2021年1月14日，麻省理工学院华裔教授陈刚在家中被捕，被控未向美国能源部透露与中国大学的合作，在银行账户和税务信息上有欺诈行为。所幸这些指控最终被判不成立，陈刚被判无罪。

不仅华裔科技人才成为重点打击对象，与中国有科研合作的非华裔教授也被列为调查对象。例如，2018年，西弗吉尼亚大学物理系终身教授J.P.刘易斯博士受雇于中国一所科研机构，后向大学请假到中国从事教学科研活动。刘易斯被判处欺诈罪，处以三个月监禁并罚款。2021年，哈佛大学化学系主任查尔斯·利伯因向美国隐瞒了其与中国大学的合作、境外银行账户以及应纳税收入等信息，被判重罪。2019年12月，范安德研究中心因其未向政府申报来自中国的资金被诉违反《虚假申报法》，范安德研究中心后同意缴纳550万美元罚款和解。

已公开的司法文书显示，美国意图污名华裔科研人员为技术间谍，但往往缺乏充分的证据，因而只能从科研诚信角度挑刺，将本应属于科研管理和人事财务制度等的问题刑事化。华裔科技人员被起诉的理由主要集中在取得美国科研经费资助的同时，没有充分透露其在中国科研机构担任职务情况以及科研合作范围、资金使用方法、纳税收入申报等情况。然而，科研人员是否有义务汇报以及汇报的内容和范围，都需要严格依照法律判断。美国执法部门却在政治干扰下草率定论，在申报的内容和范围尚未明确时，简单推定、不当扩大科研人员的申报义务。

技术发展是离不开跨国交流的。科研工作者通过自己的专业技术，在不同国家开展科研活动并获取劳动报酬，并不能一概定为存在利益冲突，将其视为违法犯罪。例如，在李晓江教授案件中，他认为自己在中美两国从事的科研项目完全不同，经费使用没有交叉，因此不应定性为利益冲突。"利益冲突"的法律定义不能被肆意滥用。遗憾的是，美国的司法制度在被用作打压华裔科研人员的工具时，公正的司法调查失去了保障。例如，在陶丰教授的案件中，律师曾经指出控方非法入侵私人邮箱取得的合同证据效力有瑕疵，但法院最终仍然采信了其受雇于中国大学的证据。

据在美国的华裔科学家介绍，实施"中国行动计划"之前，判定科研活动涉嫌违法需要严格的证据，而实施"中国行动计划"之后，华裔科学家需要在有罪推定的前提下自证清白，科研环境变得异常恶劣，科学家的人身安全也受到了明显的威胁。

披着法律外衣的种族歧视恶行由来已久

美国社会人口组成复杂多样、种族矛盾难以调和，各类种族歧视恶行在各个历史发展阶段都普遍存在。华裔是美国历史上长期受压迫和排斥的少数群体。200多年前，最早抵达美国的中国移民多为穷苦劳工，在农业、渔业、采矿、修筑铁路、餐饮和洗衣等行业中谋生。随着经济形势的变化，敌视华裔移民的情绪逐渐蔓延。1882年美国制定的《排华法案》，既是美国第一部针对特定种族的移民法，也是一部典型的歧视性法律。这些华裔移民劳工成为种族歧视的直接受害者，被当时的立法限制自由选择职业的权利、平等诉讼的权利、家庭团聚的权利。回顾过去，那些曾经被法律所支持、被社会所接受的做法，恰恰是在以法律的名义确认种族歧视行为，加剧了社会不平等。

中美建交之后，更多受过良好教育、掌握世界领先技术的华裔科技人才到美国访学或移民。华裔移民为美国和世界的科技发展都做出了不可磨灭的贡献，但他们始终容易在美国社会中被排斥和边缘化。有诸多研究报告已经揭示，华裔移民及其家庭往往难以获得与其贡献相称的经济回报和社会地位。有社会刻板印象认为，亚裔不能担任领导和管理职务，这直接或间接地影响了亚裔人群的就业权和发展权。华裔移民家庭常有家庭成员在中国城从事低技术劳动，因而在新冠肺炎疫情的封闭管理下，更容易陷入贫困。针对华裔的种族仇恨犯罪，使得华裔移民更容易成为暴力打击的对象。尽管在当今，国际人权法和世界各国国内法都已明文禁止基于种族、性别、国籍、宗教信仰等理由的直接歧视，但是长期存在的系统性种族歧视在美国仍然不可避免。

在美国，从早期的华裔劳工到今日的科技人才，数代华裔移民都展示出勤劳勇敢、遵纪守法的形象，为经济社会发展做出重要贡献。然而，美国却不能为华裔移民提供平等的回报，甚至将华裔移民置于长期的压迫和剥削之中。历史上，美国屡次将法律作为多数人的暴力工具，以法律的名义排斥和挤压其他少数族裔的生存空间。当今仍在影响着许多华裔科学家的"中国行动计划"，正是美国历史上新一轮针对少数族裔移民的系统性歧视。

针对华裔的歧视政策必须停止

作为长期遭受不公平待遇的少数族裔移民，世界公认最恰当的人权保护机制是，通过肯定性行动，给予少数群体一定的优惠性差别待遇，从而尽量补偿社会历史原因给这一群体造成的伤害，以逐步实现社会平等。常见的肯定性行动包括禁止种族歧视行为的实施和言论的传播，为长期受压迫的族裔在社会参与上提供适当的优惠和鼓励。因此，在对待少数族裔的社会参与问题上，美国理应遵循、执行国际社会普遍认可的人权保护标准，对特定群体提供更多的保护。

然而，在当今世界各国都力图为公民提供更充分的人权保障条件之时，美国却频繁地干扰华裔或与中国开展合作的科学家的工作。众多华人华裔科研人员处于窘迫不安的工作环境中，时刻面临着被调查和拘捕、被迫停止工作、家人失去生活来源、监禁和巨额罚款、精神受到打击、名誉受到损害等一系列具体人权困境。即便是被判决无罪的科研人员，也仅有少数被恢复职位得以重回科研岗位。许多科学家及其家人作为种族歧视的受害者，无法就其损害获得赔偿。美国政府打着"中国行动计划"的旗号，急于将科研管理问题上挂为刑事问题，将莫须有的"间谍"罪名扣在华裔学者或者与中国有科技合作的科研人员身上。美国不仅不能给华裔科研人员等提供良好的工作环境，反而使用公权打压，使华人华裔科研人员的生活和工作陷入困境，构成了对国际人权法的严重违反。美国应当停止一切种族歧视政策与行动，从实质上反思其在少数族裔权利保护上的缺陷，并做出公正补偿。

尽管目前美国司法部已经叫停了"中国行动计划"，但根据负责国家安全事务的助理司法部长马修·奥尔森披露，该行动的相关调查并未停止，未来与中国相关的调查也不会减少。由此可见，暂停该计划不代表美国正视了自身的种族歧视问题，而仅仅是迫于舆论压力名义上停止，实际上针对华裔科学家的调查和打击可能在未来变得更为隐蔽。据披露，美国仍在继续将科技领域的反间谍调查扩大到在美国从事科研活动的，来自中国、俄罗斯、伊朗等国的科研人员。美国的新计划将继续披着法律的外衣，针对来自特定国家的科研人员进行调查，这无疑将加剧对特定国家、特定族裔、特定人群的系统性歧视。

数字技术加剧美国的种族歧视

唐颖侠[*]

(《光明日报》 2022年6月20日)

互联网、大数据以及人工智能等数字技术在为人类增加福祉的同时，也可能带来人权的负面影响，尤其可能对在种族、性别、年龄等方面处于弱势地位的特定群体造成不成比例的人权损害。美国拥有全球最先进的数字技术，却不仅没能为其解决种族问题带来契机，反而进一步复制、强化甚至加剧了其系统性和结构性的种族歧视。

以种族为坐标的数字鸿沟和技术障碍

美国虽然在全球数字经济中占据主导地位，但少数族裔从新兴数字技术中获益的机会却低得令人难以置信。根据美国联邦通信委员会的数据，2016年，约41%居住在部落的土著美国人无法获得视频会议等活动的互联网服务。皮尤研究中心2019年的一项调查显示，在美国，非洲裔和西班牙裔拥有电脑或拥有高速互联网的比例仍然较低。大约有82%的白人表示拥有台式电脑或笔记本电脑，但拥有电脑的非洲裔和西班牙裔只有58%和57%。在宽带使用方面也存在巨大的族裔差异，白人家里有宽带连接的比例比非洲裔和西班牙裔高出13%到18%。

被广泛应用的面部识别技术本身也隐含了种族歧视的因素，许多能够成功识别白人面孔的算法却无法正确识别有色人种。2019年，美国国家标准

---

[*] 作者唐颖侠系南开大学人权研究中心副主任。

与技术研究院发布了一份报告,显示了全球99名开发人员提交的189种人脸识别算法在识别来自不同人口统计数据中的面孔时的表现。测试显示,与白人相比,无法准确识别非洲裔或亚裔人脸照片的可能性高出10至100倍。在搜索数据库以查找给定的面孔时,非洲裔女性显示错误的比例明显高于其他人口。

社交媒体传播仇恨言论和种族主义

新兴数字技术为快速和大规模传播种族主义、仇恨言论与煽动歧视暴力的言论提供了渠道,而社交媒体平台在其中发挥着关键作用。自2014年以来,美国的仇恨团体数量增加了30%,仅2018年就增加了7%。根据美国南方贫困法律中心2019年的统计,在美国查明有1020个仇恨团体。据美国反诽谤联盟的监测报告,美国2018年的白人至上主义宣传事件数量为1187起,比2017年的421起增加了182%。仇恨团体在世界各地以"种族纯洁"和种族优越感为名对少数族裔实施恐怖袭击和杀戮,包括2018年在美国匹兹堡发生的反犹太主义袭击。2018年,新纳粹和其他白人至上极端主义团体在加拿大和美国造成至少40人死亡。这些种族仇恨团体经常利用社交媒体平台寻找志同道合的个人,相互支持,并传播他们的极端思想。此外,仇恨团体也越来越多地渗透到了"游戏"世界。电子游戏和与游戏有关的论坛、聊天室和直播流媒体网站已成为最主流的新纳粹招募场所。

算法系统重复并强化种族偏见

首先,算法系统可能在工作权方面加剧种族歧视。联合国特别报告员在2020年的报告中指出,在美国一些用于招聘的算法因其具有歧视性而受到批评。此类算法系统根据现有"成功"员工的数据库来确定候选人,而数据库包括性别、族裔或宗教信息。因此,算法系统做出的决策即反映出就业中现有的不平等现象，重复并强化了基于种族、性别等的偏见。

其次，新兴数字技术也对少数族裔的健康权产生了歧视性的影响。一篇发表在《科学》杂志上的研究发现，美国医疗保健系统使用商业算法来指导超过2亿人的医疗服务健康决策，对非洲裔患者实施了系统性的歧视。由于输入数据中没有"种族"选项，开发者认为该算法是"不分种族"的，但对于与白人患病程度相当的非洲裔患者，该算法始终给予其较低的风险分数，未能识别出将近一半与白人患者同样有可能产生复杂医疗需求的非洲裔患者，导致他们无法参与改善健康的干预项目。

最后，定向广告中的种族歧视侵犯少数族裔的住房权。控制着美国22%数字广告市场份额的社交媒体网站脸书，过去允许广告商在其广告定位工具的"人口统计"类别下排除具有某些"族裔亲缘关系"的用户来"缩小受众范围"。这种定向广告可以用来阻止非裔、亚裔或西班牙裔观看特定的住房广告。这种"只限白人"的广告，不禁让人联想到在种族隔离合法化的吉姆·克劳时代，那时报纸为广告商提供只向白人读者投放广告的选项。

预测性警务技术导致严重的种族歧视

2016年8月31日，由17个组织组成的联盟发表了关于美国执法部门使用预测性警务工具的声明，指出该技术缺乏透明度，带有种族偏见以及其他导致不公正的深刻缺陷。预测性警务是指通过评估有关人员的数据，例如他们的年龄、性别、婚姻状况、药物滥用史和犯罪记录，预测其参与犯罪活动的可能性。

洛杉矶警察局率先使用预测性警务技术公司开发的算法工具，纽约和芝加哥警察局随后创建了一个"热名单"，其中包含根据人口统计数据犯有枪支犯罪的"战略主体"逮捕历史和社交媒体细节。预测性警务工具的工作方式缺乏透明度，警察局普遍不愿意透露算法的工作原理。这使得这些算法成为"黑匣子"，无法被任何外部人士审计或评估。到2019年，该系统已为超过40万人分配了"高风险"评分,并被视为预防暴力犯罪的主要手段。预测性警务工具会产生严重的歧视性犯罪预测错误。据美国司法部2020年的数据,非洲裔被警察在没有正当理由的情况下拦住的可能性是白人的5倍,被捕的可能性是其两倍。美国的预测性警务工具使用种族作为预测因子,通过将警察派往他们以前监管过的地方来复制和加剧警务中的偏见,增加了对非白人社区的过度监管。既有数据集反映了现有的种族偏见,因此尽管这些技术被假定具有"客观性",甚至被认为有可能减轻其所取代的人类行为体的偏见,但其运作反而加剧了种族歧视。警察部门在以少数族裔居民为主的贫困社区往往会更多使用预测性技术。预测性警务创造了"巨大的结构性偏见",通过包含种族歧视的算法,个别警官的偏见已被数据驱动的结构性偏见所取代。

数字技术增加刑事司法系统中的种族歧视

新兴数字技术延续和复制了刑事司法中的种族歧视性结构。从预测性警务到预测累犯,执法机构和法院都在依赖算法工具,使长期存在的种族歧视更加固化,整体上削弱了少数族裔的人权,并强化了他们在社会中遭受的结构性压迫。美国有几个州在刑事司法程序的每一步都使用人工智能风险评估工具。开发人员希望这些系统能够提供客观的、基于数据的司法结果,但是这些算法通常依赖的是存在缺陷、种族偏见甚至非法政策时期产生的数据。由于这些算法影响判决,它们侵犯了少数族裔获得公平审判的权利以及免受任意逮捕和拘留的权利。这种风险评估权衡的因素通常包括先前的逮捕和定罪记录、父母的犯罪记录、邮政编码和所谓的"社区混乱"。这些因素反映的是在有色人种社区的过度监管和执法行为以及种族制度导致的更广泛的社会经济劣势模式,而不是目标人群的行为。换言之,数据更能预示被告所在社区的种族劣势和警力分布,而不是其个人的行为。非洲裔被告被确定为未来暴力犯罪风险较高者的概率比白人高出77%,预测未来可能犯下任何类型犯罪的可能性高出45%。

预测累犯的工具也是同样。在美国的系统中，嫌疑人被捕后通常会得到一个分数，目的是预测他们未来犯罪的可能性。最常用的系统COMPAS提供的风险评估评分被用在刑事司法程序的每个阶段。一项调查显示，该系统存在明显的种族偏见，它错误地将非洲裔被告标记为未来的罪犯，这一比例几乎是白人被告的两倍。与此同时，白人被告则常被误认为风险较低。由于这些评分标准固有的偏见，犯罪嫌疑人即使无辜也会认罪的现象并不罕见。

纽约城市大学教授杰西·丹尼斯一针见血地指出，数字技术的语言是美式英语，网络技术中充满了美国式的规范，赋予美国科技行业不成比例的经济和政治权力，并在各种类型的全球跨国公司中产生巨大影响力，通常反映了美国的帝国主义和白人至上主义的意识形态。普林斯顿大学教授鲁哈·本杰明在《技术背后的种族：新吉姆守则的废奴主义工具》中指出，算法黑箱将所谓的种族中立技术与法律和政策相联系，成为白人至上主义的有力工具。美国应正视自身种族歧视的系统性和结构性缺陷，积极应对数字技术带来的治理挑战，采取迅速有效行动，防止和减少在新兴数字技术使用和设计中产生种族歧视风险，加强算法问责。

种族灭绝是美国人权劣迹的渊薮

程春华[*]

(《光明日报》 2022年6月26日)

近日,美国所谓"维吾尔强迫劳动预防法"生效。该恶法捏造"强迫劳动、种族灭绝、侵犯人权"等罪名,禁购新疆所有产品。美国对新疆的所有指控皆为张冠李戴、栽赃陷害、映射己罪,实际上美国才是种族灭绝的策源地、侵犯人权的罪魁祸首。

人口灭绝:杀人掠地敛财,便于白人殖民

美国通过屠杀、驱赶、散毒、绝育等手段对原住民实行种族灭绝,导致印第安人口从1492年的500万锐减至20世纪初的25万。美国学者罗克珊·邓巴-奥尔蒂斯指出,美国针对印第安人的罪行完全符合《防止及惩治灭绝种族罪公约》关于灭绝种族的规定。

美国对原住民的"杀人掠地敛财运动"比英式"圈地远动"更残酷。美国独立以来,当局袭击印第安人超过1500次。美国殖民者通过骗取、贱买、强夺等方式,对原住民土地反客为主、鸠占鹊巢。美国当局为掠夺印第安人的土地资源,袭击屠灭印第安部落,导致血流成河、白骨遍野、生灵涂炭。1814年,马蹄湾800多名克里克族人惨遭屠杀,幸存者被迫签订《杰克逊堡条约》,向当局割让2300多万英亩土地。1864年11月,美国牧师约翰·奇

---

[*] 作者程春华系北京市习近平新时代中国特色社会主义思想研究中心特约研究员、中央民族大学民族学与社会学学院副教授。

文顿因原住民反对签约让地，率军对夏安和阿拉帕霍族人展开"沙溪大屠杀"。1890年，在"伤膝河惨案"中印第安人死伤超350人，半数为妇女儿童。

为提高杀人掠地效率，美国政府悬赏白人充当"印第安人屠宰机"。1814年，美国颁法规定，对上缴的每张印第安人头皮奖励50—100美元。1862年，美国颁布《宅地法》，动员白人屠戮原住民、掠夺其土地。美国西进运动是原住民被白人屠戮的血泪史，加州淘金潮实为对原住民的"加刑夺命潮"。2019年加利福尼亚州州长纽森向加州原住民道歉，承认19世纪中叶对印第安人展开了"种族灭绝"。

美国鼓吹种族主义优生学，强迫原住民绝育，将"屠灭生人"与"断绝后嗣"相结合。1930至1976年，美国印第安人事务局通过"印第安人健康服务"项目，对约7万名印第安妇女实施强制绝育。20世纪70年代初，超42%育龄印第安妇女被绝育。

美国通过毁其生计、种族流放、散播病毒等手段灭绝印第安人口。白人殖民者大规模猎杀北美野牛，导致印第安人食物和生活来源断绝，大批饿毙。荒僻贫瘠的原住民保留地实为"种族拘留地"。1830年，美国通过《印第安人迁移法案》，迫迁流放约10万印第安人至密西西比河以西。1863年，美军实施"焦土政策"，以烧屋焚稼、杀畜毁产胁迫押送纳瓦霍人步行数百公里至保留地，掉队的老幼病残孕被枪杀。此外，白人殖民者向印第安部落发放染有天花病毒的毯子，向原住民儿童注射烈性传染病病毒，制造疫情，灭绝几百个部落。

美国不但从肉体上灭绝本国少数族群，还怂恿挑拨或赤膊上阵灭绝他国族群。美国种族灭绝的理念与行动为希特勒屠杀犹太人提供了"灵感"。美国洛斯罗普·斯托达德鼓吹白人至上的作品被纳粹德国当作教科书，希特勒称麦迪逊·格兰特《伟大种族的逝去》一书为"圣经"，将1924年美国《移民限制法》视为"种族净化计划的榜样"。21世纪以来，美国在伊拉克、叙利亚、利比亚、阿富汗等国挑起战乱，造成数百万无辜民众伤亡、数千万人流离失所。美国还利用生物细菌病毒等手段伤害他国他族生命。

有史以来，种族灭绝行为殃祸人类至为惨烈，而美国的种族灭绝行径可以说是不绝于史。

精神灭绝：同化族群文化，服务白人统治

美国当局通过系统性种族主义规则、霸凌式文化压制，对印第安人进行"精神灭绝"。

美国持续鼓吹白人至上主义，污名化与妖魔化印第安人。1776年的《独立宣言》诬蔑原住民"残酷无情、没有开化"。19世纪美国历史学家班克罗夫特诬称"美国原住民在推理和道德品质方面比白人低劣"。昔日美国领导人的"种族灭绝言论"更耸人听闻，诸如"用印第安人的皮可做出优质长筒靴"，"必须灭绝印第安人或把他们赶到我们不去的地方"，"只有死掉的印第安人才是好的印第安人"等。

美国原住民长期受敌视、歧视和忽视，精神文化受损，代际传承受阻。19世纪70至80年代，美国政府采取"强制同化"政策，消灭印第安部落的社会组织结构和文化，破除其群体依托、族群身份认同。美国政府取消原住民自治权，通过土地私有化瓦解原住民社会，取缔"太阳舞"等部落团结精神纽带。

美国种族文化灭绝自孩童下手。美国内政部日前发布的"联邦印第安人寄宿学校真相倡议"项目报告显示，美国政府曾通过寄宿学校强制迁移和重新安置印第安人儿童，以实现文化同化和剥夺印第安人土地的双重目标。美国学者普雷斯顿·麦克布赖德估计，寄宿学校死亡总人数或达4万，"几乎每所寄宿学校都有墓地"。美国禁止原住民儿童讲民族语言、着民族服装、进行民族活动，抹去其语言、文化、信仰和身份认同。全美印第安人寄宿学校治疗联盟负责人德博拉·帕克表示，"美国应充分认识到曾对原住民儿童犯下的种族灭绝罪行"。首位原住民出身的美国内政部长德布·哈兰承认，寄宿学校政策造成家庭分离、文化灭绝、代际创伤。

灭人之国，绝人之材，必先去其史。美国蓄意在教育与媒体中抹去对原住民的历史记忆与信息。据美国原住民教育组织报告，87%的州级历史教材不涉及1900年后的原住民历史。美国学校里有关印第安人的课程内容失真。美国印第安人作家丽贝卡·纳格尔认为，原住民信息在主流媒体和流行文化中被系统性剔除。

权利灭绝：剥夺他族人权，维护白人霸权

美国系统性剥夺原住民等少数族群的各种权利，使其深陷生存危机与权利贫困。印第安人到了1924年才有合法公民权，1965年才被赋予选举权。2018年美国人口普查局数据显示，印第安人的贫困率为25.4%，非洲裔为20.8%，拉美裔为17.6%，远高于白人的8.1%。印第安裔因轻罪而入狱的概率是其他族裔的两倍。

美国环境种族主义政策破坏原住民居住权。1987年美国联合基督教会种族正义委员会主席本杰明·查韦斯的报告《美国有毒废弃物及种族》披露，美国刻意在有色人种社区附近处理有毒垃圾，填埋工业废料。1969至2009年，美国政府在印第安人肖肖尼部落区共进行928次核试验，产生约62万吨放射性沉降物。印第安人保留地癌症等疾病发病率远高于其他地区，纳瓦霍族部落约1/4妇女与部分婴儿体内测出高浓度放射物。

美国原住民的健康权、受教育权被损害。据美国印第安人健康服务局报告，印第安人预期寿命比全美平均寿命低5.5岁，婴儿死亡率在全国最高，青少年自杀率为全美平均水平的1.9倍。70%的印第安人生活在城市，却无法获得教育和医疗援助与保障。据美国疾控中心统计，截至2022年6月2日，原住民新冠肺炎死亡率是白人的2.1倍。据美国人口普查局统计，2013至2017年，印第安人、拉美裔和非洲裔美国人的本科以上学历占比分别为14.3%、15.2%和20.6%，远低于白人的34.5%。

与美国恶行形成鲜明对照的是，中国践行民族平等、团结、进步、和谐，

依法维护少数民族权利。在中国共产党的治疆方略和治疆政策下，新疆经济社会发展和民生改善取得了前所未有的成就，包括维吾尔族在内的各族群众的获得感、幸福感、安全感不断增强。新疆各族群众特别是少数民族群众享有自愿就业、自主择业和自由劳动的权利。新疆维吾尔族人口持续增长，由1953年的360.76万人增长至2020年的1162.43万人，年均增长率远高于同期全国少数民族人口年均增长率。试问：世界上有这样的"种族灭绝"吗？

美国通过所谓"维吾尔强迫劳动预防法"等恶法，妄图对新疆进行经济隔离、政治封锁，剥夺新疆各民族群众的生存权发展权，迫使新疆各民族群众"失业、返贫"。说到底，美国不过是为维护霸权又一次以人权为幌子大行遏制打压中国之实。正如美国前国务卿鲍威尔办公室主任威尔克森所言，所谓新疆维吾尔族问题，只不过是美国企图从内部长期搞乱中国、遏制中国的战略阴谋。

美国前总统林肯说："你可以一时欺骗所有人，也可以永远欺骗某些人，但不可能永远欺骗所有人。"用林肯这句话评价美国所谓"维吾尔强迫劳动预防法"，一针见血。

不平等的美国社会现实

美国长期存在的性别歧视问题严重阻碍妇女人权的实现

中国人权研究会

(新华社 2019年11月26日)

消除一切形式的性别歧视,实现男女平等是人类文明进步的重要标志。1975年联合国第一次世界妇女大会通过的《墨西哥宣言》指出:"男女平等是指男女的人的尊严和价值的平等以及男女权利、机会和责任的平等。"以"人权卫士"自居的美国,不但至今仍未批准《消除对妇女一切形式歧视公约》这一联合国核心人权公约,其国内存在的性别歧视问题也日益恶化,严重阻碍了妇女人权的实现。

一、美国性别歧视问题的主要表现

性别歧视是美国社会存在的一个严重问题。美国妇女受到长期的、系统的、广泛的、制度性的歧视,各种公开的、隐蔽的性别歧视现象触目惊心。

(一)经济领域的性别不平等

美国是世界上经济最发达的国家,但妇女在经济领域的权利未能得到有效保障。妇女在就业、薪酬和职业发展等方面都面临着严重的歧视。

其一,对妇女的就业歧视和职业歧视相当严重。据统计,妇女占美国总劳动力的比重超过46%,是推动美国经济增长的重要力量。然而,妇女的劳动权利并未得到相应的保障。一是美国职业的性别化区分明显。在美国,妇女就业范围有限,主要集中在文书工作和零售业等领域,在高声望领域妇女所占的比重大大低于男性。与美国科技从业者数量增加相反,美国女性科技从业者人数却在明显地下降,仅仅占全部科学技术领域工作人数的1/4左右。在美国排名前25的科技公司中,女员工仅占全部员工的19.6%。二是美国妇女失业率明显高于男性。美国劳工统计局发布的就业报告显示,2016年10月至2017年10月,美国零售业岗位共减少54300个,但男性和女性的遭遇却截然不同:女性失去了超过16万个职位,而男性却增加了10.6万个职位。三是美国职场对怀孕妇女和哺乳期妇女存在歧视。孕妇和新生儿母亲面临着现实的就业歧视问题,许多雇主并不尊重《怀孕歧视法案》,时常发生逼迫怀孕女员工离开自己工作岗位的事件。四是在职业发展中,妇女无法获得与男性同等的发展机会,很难打破职业竞争中的"天花板"。《旧金山纪事报》网站2018年12月21日报道:在美国科学技术领域工作的女性中,有50%的受访者表示在工作中经历过性别歧视;约70%的女性受访者表示,在政界和商界担任高层领导职位的女性太少。

其二,男女同工不同酬问题突出。美国人口普查局发布的数据显示,多年以来,男女两性之间的收入差距一直维持在21%左右,其间2007年差距为23%,2016年差距为19.5%,缩小差距的幅度并不大。2017年美国女性的年工资收入仅为男性的80.5%,与2016年相比没有统计学差异。2018年美国女性的年工资收入仅为男性的81.3%。在性别歧视更明显的州,女性工资更低。不同种族妇女的收入差异也很大。非洲裔女性的工资仅相当于男性的62%,拉美裔女性的工资仅相当于男性的54%,部分州有色人种女性工资水平尚不足有色人种男性工资收入的50%。女性在各个类型工作岗位的平均工资都低于男性,即使是在像护士等工资较低而且以女性为主的职业中,女性的工资依然低于男性。

其三,妇女贫困问题严重。联合国专家组2015年12月11日发布的报告指出,2005年至2015年的十年间,美国贫困妇女比例从12.1%上升至14.5%,该数字持续高于男性,其中主要是少数族裔群体、单亲家庭妇女和老年妇女。斯坦福大学贫困与不平等问题研究中心 2017 年发布的报告显示，美国南部农村的整体贫困率为 20%，其中非洲裔美国人的贫困率是 33%，非洲裔妇女的贫困率高达 37%。美国退休安全研究所的研究显示，退休后女性比男性更容易陷入贫困，美国 65 岁以上女性陷入贫困的概率比男性高出 80%，75 至 79 岁女性陷入贫困的概率更是男性的 3 倍。

（二）妇女遭受职场性骚扰和性侵害

美国妇女在工作场所遭受性骚扰和性侵害的问题极为普遍。美国平等就业机会委员会 2017 年发布的报告显示，60% 的女性在工作中遭受过性骚扰。由于许多受害者因各种原因不敢提出指控，妇女遭受性骚扰和性侵害的实际数量可能会更高。《今日美国报》网站 2018 年 9 月 26 日报道，性骚扰、性侵犯在美国娱乐界已经成为系统性问题。根据对全行业的调查，94% 的受访女性表示在职业生涯中经历过某种形式的性骚扰或性侵犯。2017 年 10 月，针对美国影视制作人哈维·温斯坦性侵多名女明星的丑闻，美国各界在社交媒体上发起名为"ME TOO（我也是受害者）"的社会运动，鼓励受害者用这种方式抗议美国广泛存在的性骚扰和性侵害，得到了百万余人响应。英国广播公司网站 2017 年 11 月 22 日报道，前美国奥林匹克体操运动队医生拉里·纳萨尔被指控性侵接受其治疗的女运动员，受害者达 130 多名，其中包括多名奥运金牌得主。《今日美国报》网站 2017 年 11 月 20 日撰文指出，美国各州议会深陷性骚扰丑闻。《得梅因纪事报》2018 年 10 月 14 日报道，艾奥瓦州有 20 多名议员或议会工作人员卷入性骚扰案件中，而案件受害者由于担心失业或报复不得不在 10 余年中保持沉默。

（三）校园性骚扰和性侵害问题严重

美国高等院校联合会 2015 年 9 月发布的调查结果显示，23% 的大学本科女生遭受过性骚扰或性侵害，20% 的大学生认为性侵犯和不当性行为成为大学校园中极为严重的问题。美国社会科学研究网站 2017 年的调查显示，在美国主要的研究型大学，每10名受访女研究生中就有1人曾经遭遇教职员工的性骚扰。《迈阿密先驱报》网站2016年9月21日报道，一名16岁的高中女孩在佐治亚高中的教室被性侵之后，反而因申诉被校方多次停课，学校负责人在调查过程中甚至强迫她和侵害人在同一个房间进行询问并演示受害过程，致使其遭受二次心理伤害。

（四）妇女遭受暴力侵害的情况严重

对妇女的暴力是一个广泛存在于美国各个阶层的问题，严重威胁着妇女的生命安全、健康和人格尊严。

其一，妇女是家庭暴力的主要受害者。在美国，平均每3名妇女中就有1人受到过家庭暴力的伤害。据美国家庭暴力研究所统计，美国家庭暴力受害者85%为女性，每年有530万妇女受到虐待，有千余名妇女被她们的配偶、同居者或男朋友杀害。美国疾病控制与预防中心2018年4月发布的调查报告显示，27.3%的美国女性在生活中至少经历过一次来自亲密伴侣的身体暴力、性暴力或跟踪。而据美国终止家庭暴力全国网络发布的报告，受资金限制，依然有部分家暴受害者得不到及时有效的帮助。

其二，少数族裔女性遭受性骚扰和性侵害时有发生。《今日美国报》网站2018年5月4日报道，美国疾病控制与预防中心的研究表明，少数族裔社区家庭暴力事件更为多发，45%的非洲裔美国女性遭受过亲密伴侣的身体或性虐待。美国国家司法研究所的研究显示，超过4/5的印第安人和阿拉斯加原住民女性在一生中经历过暴力，其中超过一半的女性经历过性暴力，而施害者大都为其他族裔的男性。《赫芬顿邮报》网站2018年11月14日报道，国家犯罪信息中心仅2016年就收到5712例有关原住民妇女失踪的案件报告。

其三，军队是妇女性骚扰和性侵害的重灾区。美国女性军人在服役期间也经常遭受性骚扰和性侵害，有媒体质疑美国军队中存在"强奸文化"。调查显示，在美国军队中，超过32%的女性表示曾遭受过性侵犯，有80%的女性表示曾遭到过性骚扰。近年来，美国军队中性骚扰和性侵害的案件数量还在持续攀升,并未得到有效遏制。美国国防部2017年5月发布的年度性侵害报告显示,2016年军队中发生的性侵犯案件多达14900件。2017年受"ME TOO"社会运动的影响,大量军队女性主动站出来揭露自己曾遭受的性骚扰和性侵行为。

其四,监狱内妇女遭受暴力问题严重。美国监狱内妇女遭受暴力的问题早已引起联合国的关注。联合国2016年发布的报告指出,"我们同意妇女暴力问题特别报告员在她关于2011年8月访问美国的报告中提出的担忧,尤其是被羁押妇女遭受的过度监禁、单独监禁、性暴力,给孕妇戴镣铐以及对需抚养未成年子女的妇女缺乏替代监禁的刑罚……"英国《卫报》网站2017年6月29日报道,美国各地的监狱和羁押场所管理混乱。贩卖人口者经常将被关押的女性偷运出来,通过毒品控制、野蛮殴打等方式强迫她们进行性交易,使她们陷入犯罪和被剥削的无尽循环中。根据美国司法部网站2018年7月11日和11月8日披露的信息,美国联邦前囚犯押送官员埃里克·斯科特·金德利在任职期间曾多次持械性虐待性侵女囚,导致被害人身心受到严重伤害。

其五,宗教场所频发性侵害案件。自2002年《波士顿环球报》揭露宗教场所性侵害丑闻之后,近年来依然发生过多起此类性侵害案件,女性和儿童都是严重受害者。据美国有线电视新闻网2018年8月报道,超过1000名妇女儿童在过去数十年间遭到300多名牧师性侵害。

(五)少数族裔妇女健康权利缺乏保障

根据美国疾病控制和预防中心的数据,无论收入水平如何,非洲裔妇女和儿童的死亡率都高于白人,非洲裔的人均预期寿命比白人低约3.5岁,非洲裔婴儿死亡率是白人的2.3倍。少数族裔妇女在分娩过程中或分娩后不久的死亡率高于白人妇女。非洲裔妇女只占美国女性人口总数的约14%,但艾滋病毒感染者中非洲裔妇女却占近2/3,每年新感染艾滋病毒的妇女中有66%是非洲裔,非洲裔妇女艾滋病患者死亡率是白人妇女的近16倍。

二、美国产生性别歧视问题的根源

美国存在的严重的性别歧视问题,有其深刻的、多方面的原因。美国由来已久的性别歧视传统、父权制文化,特别是社会制度的弊端是导致性别歧视问题难以有效解决的根本性障碍。

(一)性别歧视的历史传统由来已久

美国的性别歧视有极其深刻的社会历史根源。作为美国立国的政治纲领,《独立宣言》中所指的"人"却是不包括妇女和黑人的。美国长期以来自我标榜的"美式人权史"实质上只是属于白人男性的历史,"美式人权"实际上仅是白人男性享有的特权。1848年7月,美国妇女举行第一届女权大会,仿效《独立宣言》发表了《美国妇女权利宣言》,尖锐地指出妇女在法律、政治、经济、社会等各方面受到歧视和不公正对待,要求与男性享有平等的权利。但是,美国妇女争取自己平等权利的道路异常曲折。

自建国初期开始,美国妇女就一直呼吁宪法承认其选举权,但是在这个自视"最民主、最自由"的国家,直到建国100多年后的1920年,美国宪法第19条修正案正式生效,妇女才获得了选举权。美国妇女为争取与男子的平等权利和地位进行斗争的历史,也从一个侧面证明了美国沉重的性别歧视历史传统。

(二)父权制文化妨碍两性平等关系的形成

由于种种历史原因,美国社会中父权制文化根深蒂固。父权制文化将现实存在的性别歧视看作是自然形成的、理所当然的和不可改变的,是由妇女的生理状况决定的。这种观念已经渗透到了美国文化之中。社会公众和一些政治家的言论中充斥着对妇女的陈规定型的偏见。20世纪50年代至60年代,"让妇女返回家庭"成为一股强大的社会思潮。美国社会普遍认为,妇女的角色就是生儿育女,成为贤妻良母。1963年美国著名女权主义作家贝蒂·弗里丹出版《女性的奥秘》一书，向这一陈腐的妇女观提出了挑战。如今，在许多美国人的内心深处，美国仍然是一个"女人为家庭主妇"的社会。这种文化氛围，使得美国妇女在政治、经济、文化、伦理等各个领域都处于与男性不平等的地位。即使在家庭这样的私人领域中，女性也处于与男性不平等的地位。公众更多地将男性与领导人的角色联系在一起，而将女性与抚养孩子、照顾家庭联系在一起。

在父权制文化长期浸染下的一些大众媒体，建构了以男性话语为核心的性别关系，传播陈规定型而且贬损的妇女形象，以谋求狭隘的商业和消费主义利益，也进一步固化了妇女的弱势地位和公众对女性的刻板印象。最明显的例证是在政治选举中，媒体对参与政治的男性和女性的报道不同，明显对女性抱有一定程度的偏见。

（三）社会制度的弊病严重阻碍着性别平等的实现

多年来的妇女运动虽然使得美国的性别不平等状况有所改观，但并没有也不可能从根本上改变美国女性受到不平等对待的状况。联合国专家组2015年访问美国后发布的报告指出，妇女在竞选筹款方面面临的巨大困难是导致妇女在选举政治职位任职率偏低的重要原因。在过去几十年中，金钱在美国政治选举中的作用大幅增加。男性主导的政治人际网络的排他性，是导致美国妇女筹集竞选资金困难重重的原因之一。

美国社会以私有制为基础的经济制度，为极少数金融寡头和垄断集团所左右。美国政治制度中扮演主角的共和党、民主党，实际上被极少数利益集团所掌控。美国国会和政府的很多政客实际上沦为资本和极少数利益集团的代言人。在这种社会制度的背景下，资本、权力、极少数人的利益成为立法、行政、司法以及社会管理的最终价值指向，从而决定了美国难以把实现性别平等放到应有的位置而重视，没有从实现社会公正和妇女人权的高度来看待消除性别歧视问题。因此，美国政府很难采取积极措施解决性别歧视这一重大的现实社会问题。

2010年和2015年美国接受联合国人权理事会普遍定期审议时,美国政府均承诺批准《消除对妇女一切形式歧视公约》。然而时至今日,美国国会仍未批准这一联合国核心人权公约。联合国报告指出,对于批准该公约的抗拒反映了美国政界对于保障妇女平等人权的反对力量。此外,美国也没有响应联合国的倡议,制定国家人权行动计划,更没有推行联合国倡导的促进妇女参政的配额制度。

按照联合国近年来对弹性工作时间、部分就业等更为灵活的"家庭友好"就业举措进行的评价,美国在20个工业化国家中名列最后。在工业化国家中,美国是唯一没有从立法上保障带薪育儿的国家。此外,美国只有16%的劳动妇女享有全薪产假,美国迟迟没有解决男女同工不同酬这个老大难问题。这些问题的存在,也暴露了美国社会制度的种种弊端。

三、美国性别歧视问题的严重后果

妇女人权是普遍人权的不可分割的重要组成部分,妇女的权利及其实现状况是衡量一个国家人权状况的重要标志。美国存在着严重的性别歧视问题,严重妨碍妇女人权的实现,加剧了美国社会不平等状况,也阻碍了国际人权事业的发展。

(一)严重妨碍美国妇女人权的实现

女性是人类的母亲,妇女问题不仅仅关系着女性自身,也关系着人类社会的可持续发展。尊重和保障妇女人权,实现性别平等是关键,同时也是国家和社会可持续发展的重要基础。联合国"2030年可持续发展议程"提出的17项可持续发展目标中的第五个目标,就是实现性别平等,增强所有妇女和女童的权能。虽然在赢得选举权后的近100年间,美国妇女在争取各方面平等权益的道路上取得了一些进步,但是美国现存的种种性别歧视问题,严重阻碍了妇女权利的实现和发展。联合国专家组严厉指出,美国妇女并没有获得其作为公民的正当地位,在妇女公共和政治领域任职率、经济和社会权利及健康和安全保护的国际标准方面,美国处于落后地位。美国存在的严重的性别歧视状况直接影响到许多美国家庭的稳定发展和未来一代人的健康成长。

(二)加剧美国社会的不平等

性别平等是社会平等的重要内容,也是实现社会公正的关键问题之一。性别歧视在一定程度上剥夺了占人口一半的妇女参与社会、经济、政治的机会和权利,社会平等、社会公正也就不可能真正实现。美国妇女在经济领域、人身安全、健康等方面的权利得不到应有的保障,导致其对自身社会地位不平等和社会不公的不满情绪不断高涨。根据盖洛普咨询公司网站2018年1月10日发布的调查数据,46%的女性受访者对自己的社会地位表示不满或非常不满,这一比例在2008年的调查中为30%。《纽约时报》网站2018年1月20日报道,数百万人参加"2018女性游行",对现任政府政策表示强烈抗议。美国存在的严重的性别歧视状况,加剧了美国社会本来就很严重的不平等状况,进一步撕裂了美国社会。

(三)阻碍国际人权事业的发展

1993年联合国《维也纳宣言和行动纲领》指出:"妇女和女童的人权是普遍性人权当中不可剥夺和不可分割的一个整体部分,妇女在国家、区域和国际各级充分和平等参与政治、公民、经济和文化生活,消除基于性别的一切形式的歧视是国际社会的首要目标。"实现充分享有人权是人类社会的共同奋斗目标。为了这一共同目标,尽快消除性别歧视,切实保障妇女权利,实现全面的、系统的、事实上的男女平等,是国际人权事业的重要组成部分。美国作为世界第一大经济体,作为联合国安理会常任理事国,作为在当今世界格局和全球治理体系中具有举足轻重地位的国家,本应在消除性别歧视、保障妇女权利方面展现负责任态度、发挥积极建设性作用,事实却是美国存在的性别歧视状况一直在延续甚至恶化。不仅如此，美国甚至于 2018 年 6 月 19 日悍然宣布退出联合国人权理事会。

多年来，美国在人权问题上奉行"双重标准"，一直把人权作为指责和干预他国的政治霸权工具，而对自身存在的包括性别歧视在内的严重人权问题却视而不见，甚至对承担国际人权公约的责任持消极抗拒态度。美国的所作所为，不仅与人类共同的人权价值背道而驰，而且越来越成为国际人权领域的"搅局者"和"麻烦制造者"，严重损害了国际人权事业的健康发展。

严重歧视与残酷对待移民
充分暴露"美式人权"的伪善

中国人权研究会

(新华社 2020年7月9日)

美国是一个主要由外来移民及其后代组成的国家。然而,从历史到今天,美国针对移民的宗教偏见、文化歧视、种族排斥亦如影随形,且呈愈演愈烈之势。为美国做出巨大贡献的移民被视作威胁其政治制度、给国家财政和福利造成负担的外来者,成为被排斥与迫害的牺牲品。自2017年7月以来,美国移民当局违反国际人权法及国际人道主义,在南部边境地区强行将5400多名儿童与身为难民或非法移民的父母分开关押,造成骨肉分离,多名儿童在拘押期间死亡。2019年,总共有85万移民在美国南部边境地区遭到逮捕,他们大多遭受粗暴对待,人权遭到肆意践踏。2020年新冠肺炎疫情暴发以来,美国政府应对疫情不力使之沦为世界上疫情最严重的国家,美国关押移民的拘留场所成为新冠病毒传播的"重灾区",美国政府还在疫情蔓延之际强行遣返大批非法移民,加重了中美洲国家的疫情风险。美国政府侵犯移民权利特别是移民儿童权利的政策在美国国内和国际社会遭到强烈批评和谴责。

一、美国极端排外的移民政策导致移民遭受严重歧视和残酷对待

美国政府将非法移民视为抢夺其民众工作岗位、破坏其生活方式的祸源。为阻止移民流动和入境，美国政府采取了史无前例、极端的严厉措施和执法行动，包括过度使用武力、大规模实施逮捕、强制与家人分离、任意驱逐等，导致侵犯过境移民、难民人权和实施虐待的事件频繁发生。

美国政府暴力对待移民，在边境地区大规模地实施剥夺移民人身自由的逮捕与拘留。据统计，2019年前9个月，美国移民和海关执法局在西南部边境逮捕的入境移民数量高达687000多人，超过了此前5年每一年的人数，其中包括64000名无父母或者其他亲属陪伴的移民儿童。仅2019年5月，美国就逮捕移民133000人，为2006年以来的单月最高值。《华盛顿邮报》网站2019年2月22日报道称，被美国移民和海关执法局逮捕与拘留的大多数移民并没有犯罪记录。

移民"零容忍"政策导致儿童与父母骨肉分离。美国政府2018年4月开始实施"零容忍"政策，边境执法人员逮捕难民和非法入境者并强制将其未成年子女另行安置，导致至少2000名儿童被迫与家人分离。2018年6月2日，联合国人权与国际团结问题独立专家依照联合国人权理事会第35/3号决议提交报告指出，美国政府将儿童与其寻求庇护的父母强行分开，严重危及移民的生命权、尊严和自由权等多项人权。2019年9月，联合国人权事务高级专员米歇尔·巴切莱特在人权理事会第42届会议开幕式上指出，美国等一些国家目前正在实施的政策使移民人权遭受侵犯的风险大增，移民儿童继续被美国关押在拘留中心，违反了儿童利益最大化原则。联合国移民人权问题特别报告员莫拉莱斯呼吁美国停止基于移民身份对无人陪伴以及与家人同行的儿童实施拘禁。他表示，基于移民身份对儿童实施监禁违反国际法，有损儿童的福祉，将对儿童产生长期严重的不利影响，不符合儿童利益最大

化原则。

移民及儿童遭受非人道待遇,生命权、健康权等基本人权受到严重侵犯。《纽约时报》网站2019年6月21日和26日报道,美国国土安全部监察员报告显示,埃尔帕索边境收容所处于过度拥挤的危险状况,多达900名移民被关押在一个设计容纳125人的拘禁场所中。一些人被关押在只有站立条件的房间长达数天或几个星期。由律师、医生、记者等组成的检查团在考察得克萨斯州克林特边境收容所的拘留场所时发现,移民儿童身处监狱般的环境中,300多个儿童被关押在一个牢房中,几乎没有成年人监管。《时代》周刊网站2019年7月10日报道,美国移民和海关执法局及其他联邦机构管理的移民拘留中心人满为患,卫生条件很差。自2018年以来,共有包括7名儿童在内的24名移民在美国边境收容所拘留期间死亡。联合国人权高专办网站2019年7月8日报道,联合国人权事务高级专员米歇尔·巴切莱特对拘留中心脏乱拥挤、缺医少食的恶劣条件深感震惊,指出那里的移民儿童可能受到国际法所禁止的残忍、不人道或有辱人格的对待。美国关押移民的拘留场所在新冠肺炎疫情中成为新冠病毒传播的"重灾区"。哥伦比亚广播公司2020年5月15日报道,美国移民拘留中心出现聚集性感染新冠肺炎的情况,至少有986名移民病毒检测呈阳性。联合国移民人权问题特别报告员莫拉莱斯等多位联合国人权专家2020年4月27日发表联合声明,要求美国政府将移民从人满为患且卫生条件恶劣的拘留中心转移;5月29日,联合国人权理事会15名特别机制专家发表联合声明,敦促美国采取更多措施,防止疫情在拘留中心暴发。

寻求庇护的儿童遭受虐待和性侵,移民尊严受到践踏。英国《独立报》网站2018年5月23日报道,美国边境执法人员虐待寻求庇护儿童的案件数量惊人增长。有116起虐待寻求庇护儿童的事件被披露,涉事人员被指控对5至17岁的儿童进行身体、性或心理上的虐待。《纽约时报》网站2018年11月12日报道,美国检方提供的信息显示,得克萨斯州南部过去4年至少有10人被边境执法人员绑架、强奸或谋杀。美国有线电视新闻网2018年6

月22日报道,一家儿童收容所的医疗记录显示,在押儿童被强迫注射了抗精神病药和镇静剂。一份法庭记录显示,一名11岁女孩声称,她每天被要求服用10片药片,服药后会感到头痛、食欲不振和恶心。在弗吉尼亚州雪兰多亚山谷青少年收容中心,儿童被工作人员嘲弄、用笔刺伤、抢走衣服和床垫,甚至被迫戴上手铐。联合国网站2020年5月21日报道,自3月以来,美国政府不顾疫情风险,将至少1000名无人陪伴的移民儿童遣送回中南美洲,联合国儿童基金会批评此举将导致儿童处于更大的危险之中。

二、美国移民政策排外主义大行其道的原因

(一)美国联邦最高法院为移民政策排外主义背书

美国的缔造者们认为,为了巩固建国成果、开发土地扩张地盘,政府需要依赖外来移民带来的人口增长和充沛的劳动力,因此鼓励外来移民是国家利益的需要。与此同时,他们也对移民可能对美国政治生活产生何种影响疑虑重重。对移民外来民族特性的不容忍和疑虑,以及对外来民族特性进行同化的理想和自信,贯穿于美国移民制度的发展历史,是决定美国政府排斥与同化外来移民的两种对立政策的基准。

进入19世纪,随着越来越多的移民来到美国,美国国内拉开了结束自由移民转而限制与排斥移民的时代序幕。19世纪末期,为了给当时歧视移民的臭名昭著的"排华法案"提供辩解,美国联邦最高法院首次将"不能被同化的移民"与威胁美国安全的"侵略"行为联系起来,为管控移民的联邦立法和行政权创设了"全体权力原则"。1889年的"排华案"中,美国联邦最高法院提出,美国存在不同种族的外国人,如他们不能被同化,将对美国的和平与安全构成威胁,美国政府有权将这些外国人排除在外,而且这种拒绝外国人入境的联邦立法与行政权具有超越司法权的"全体权力"性质。1892年,美国联邦最高法院在"西村案"判决中进一步明确了"全体权力"

的概念。自此,有了全体权力原则"保驾护航",美国移民政策大行排外主义,明目张胆地不断歧视、排斥特定种族,却不受宪法司法审查制度的制约。

2018 年,美国联邦最高法院再一次使用这一原则,为美国现任政府针对特定国家的"旅行禁令"背书。2017 年 1 月 27 日,美国政府发布一项行政命令,禁止伊朗、伊拉克、利比亚、索马里、苏丹、叙利亚和也门等 7 个国家的公民进入美国。由于禁令所涉国家均以穆斯林人口为主,因此该行政令也被普遍解读为"穆斯林禁令"。这一禁令在美国国内和世界各地都引发了广泛抗议。尽管美国政府两次更改旅行禁令内容,但主要针对伊斯兰国家的基调不变。夏威夷州以该禁令违反美国宪法和移民法律为由向联邦法院提起诉讼。2018 年 6 月,美国联邦最高法院以 5 票支持、4 票反对的结果裁定支持最终版本旅行禁令。该判决在美国国内引起了很大争议。埃及《第七日报》评论称,美国政府的旅行禁令得到联邦最高法院的同意而全面生效,很多中东国家对此表示失望和愤怒。

美国联邦最高法院通过一系列判例将联邦政府在移民领域的"全体权力"打造为国家自卫的工具,用来对抗外国移民的"侵略",并且将权力范畴从拒绝移民入境权扩大到对已入境移民的驱逐权。有了联邦最高法院判决,联邦政府权力在移民领域成为专门为"政治部门"保留、脱离宪法监督的"法外之地",这是美国移民政策排外主义存在、延续以至在特定时期狂飙的制度根源。

(二)美国反移民意识形态主流化将排外主义推向极端

当前,反移民意识形态已经纳入美国政治生态的主流。美国反诽谤联盟网站 2019 年 8 月 8 日发文指出,美国的白人至上主义者认为他们受到外来移民的围攻,人口结构的变化和移民的增加正在摧毁"盎格鲁－撒克逊中心主义"新教文化,白人将很快成为传统白人国家的少数民族,需要立即采取行动来阻止这些种族和文化变革。

反移民政策在美国政治角力中被用作离间与拉拢选民的工具,进一步将排外主义推向极端。美国政府高层大打"移民牌",利用在大众面前妖魔化移民及展现对移民的强硬态度，鼓励偏执、仇外和种族主义，以期获得政治上的回报。2018年11月28日，联合国人权理事会任意拘留问题工作组主席兼报告员、当代形式种族歧视问题特别报告员、酷刑问题特别报告员、贩运人口问题特别报告员等10名联合国人权专家发表联合声明，批评美国政府高层违反国际人权标准、发表种族主义和排外主义言论并采取相关行动，对移民和难民进行污名化，将其视为罪犯和"传染病"，从而助长不容忍、种族仇恨和排外情绪，营造对非白人充满敌意的社会环境等。

对移民的污名化助长了仇外情绪，进一步加剧了美国民众对外来移民的负面焦虑情绪。2018年7月的盖洛普民意调查中，近四分之一的受访者表示，移民是美国的头号问题。《今日美国报》网站2019年8月8日报道指出，不断对移民妖魔化的口诛笔伐创造了一种氛围，让白人至上主义者借机把对移民的仇恨言论转化为暴力行动。

（三）美国单边移民政策导致边境地区非法移民形势不断恶化

2018年，来自中美洲地区的数千名民众离开自己的国家成群结队地到达墨西哥南部，并希望北上最终进入美国，引发了美国西南部边境移民潮。中美洲移民现象由来已久。为了逃离在当地面临的贫穷、失业、饥饿、暴力犯罪以及天灾等生存与人身安全威胁，历史上入境美国的移民潮多次形成，其根源是长期存在的地区发展不平衡。英国《卫报》网站2018年12月19日报道指出，20世纪80年代中美洲地区局势动荡既是美国冷战的衍生品，也是造成当今中美洲国家政治和经济困局至关重要的因素，中美洲移民北上正是为了逃脱由美国制造的"地狱"。

为了阻止中美洲移民北上流动和入境，2017年至2019年两年时间内，美国政府在边境地区采取了一系列强硬政策，实施以惩罚性措施为导向的严厉执法行动。美国总统宣布全国边境进入紧急状态，从国防和其他项目转移了数十亿美元用于修建边境隔离墙。美国政府还大幅提高了中美洲难民申请庇护的条件，不再接受帮派或家庭暴力受害者的庇护申请。为了阻止中美洲移民入境，数千名美国现役军人和国民警卫队成员被派往南部边境地区，并且多次在美国与墨西哥边境使用暴力执法手段残酷对待寻求庇护的移民。然而，美国政府试图快速解决问题的惩罚性措施效果与预期完全相反，非但没有阻止移民流动，反而使边境地区面临更严峻的形势。美国2017年在其西南边境逮捕非法移民的数量为30多万人，2019年竟达到85万人。逮捕非法移民数量急剧上升表明美国边境安全形势在短期内显著恶化，严厉的排外移民政策与严峻的移民形势之间形成了恶性闭环效应。

美国政府想方设法地将移民问题推向邻国。美国政府实施"留在墨西哥"政策，要求寻求庇护者停留在墨西哥数月或更长时间，等待美国庇护或遣送的决定。同时，美国以加征关税相威胁，迫使墨西哥政府同意接收美国境内的非法移民。美国"拦截者"网站2019年7月14日报道，"留在墨西哥"政策不是在保护移民，而是将移民置于更大的危险当中。移民被迫在强奸、绑架、谋杀等犯罪最猖獗的边境城市停留数月，生命安全遭受严重威胁。2020年新冠肺炎疫情暴发以来，美国政府以邻为壑，在疫情持续蔓延之际仍强行遣返大批非法移民，加重了中美洲国家的疫情风险。美国这种将风险甩给其他国家的做法缺乏责任担当，凸显了其自私自利的单边主义立场。

美国政府严厉的惩罚性措施以及处理移民问题的单边主义不但无助于解决非法移民的根源问题，相反加深了墨西哥和美洲其他移民来源国的发展不平衡问题，对美国边境地区移民局势构成进一步冲击，并将非法移民问题拖进长期化的泥潭。

三、美国移民政策排外主义引发严重后果

在移民领域，美国实质上奉行的是"盎格鲁-撒克逊中心"的白人至上主义，透过极端排外主义政策压制其他种族，侵犯移民的基本权利和人格尊严，暴露出所谓"美式人权"的虚伪性。美国各界围绕移民政策的严重分歧，加剧了社会内部分裂。

极端移民政策和排外主义导致社会矛盾激化，仇恨犯罪愈演愈烈。《纽约时报》网站2019年8月5日报道，8月3日上午至4日凌晨，美国得克萨斯州埃尔帕索市和俄亥俄州代顿市接连发生大规模枪击事件，共造成31人死亡，数十人受伤。官方称，埃尔帕索枪击事件发生前，枪手在一份指责拉美移民"入侵"得克萨斯州的宣言中散布仇恨和种族主义言论。舆论认为，枪手的杀人动机与对移民的普遍敌意有关。英国《卫报》网站2019年8月27日报道称，白人至上主义者应当对2008年至2017年美国恐怖袭击中71%的人员死亡负有责任。

美国各界围绕移民政策的分歧严重，加剧了社会内部分裂。美国共和党政府和民主党围绕国会预算案拨款建造边境隔离墙问题长期僵持不下，约四分之一的联邦政府机构自2018年12月22日开始了长达35天的"停摆"，约80万联邦政府雇员被迫无薪工作或被强制休假，民众生活受到极大影响。美国多个州对联邦政府的移民政策进行强烈批评。2019年8月26日，美国19个州和华盛顿特区联合提起诉讼，反对联邦政府推出允许无限期关押非法移民家庭的新规定。

美国移民政策中充斥种族歧视，严重损害了美国的国家认同与民族融合进程。沃克斯新闻网2019年8月12日报道指出，美国政府对不能被同化的移民所持有的排外主义立场已达到前所未有的极端化程度，向民众传递的负面信息是："如果你是棕色人种、黑人抑或是移民，你在这里不再受欢迎。"这将从根本上对美国作为移民国家的传统面貌构成挑战，对国家、社会福祉产生严重后果。

自英属北美殖民地及美国独立以来的四个多世纪中，外来移民为美国提供了充沛的劳动力资源，促进经济繁荣与发展，带动科技交流和创新，并且塑造了美国民族多元化与文化结构的多样性。然而，当前美国政府一面高喊人权口号，一面却挥舞极端排外主义大棒排斥与歧视移民，这一行径不仅极具讽刺意味，也无疑罔顾美国的传统及现实。移民遭受严重歧视与残酷对待的现实彻底暴露了美国所谓"人权卫士"的伪善面目。

贫富分化导致美国人权问题日益严重

中国人权研究会

（新华社 2020年7月14日）

美国虽然号称世界第一强国，但却非人人富足。揭开美国整体富强的面纱，看到的是贫富严重分化的冷酷现实。联合国极端贫困与人权问题特别报告员菲利普·奥尔斯顿在2018年5月发表的访美报告中指出，美国已经沦为贫富分化最严重的西方国家，约4000万美国人生活在贫困中，1850万美国人生活在极端贫困中，超过500万人的生活状态同第三世界绝对贫困人群相当。2020年新冠肺炎疫情暴发以来，美国政府应对疫情不力导致严重的人权灾难，美国社会的经济不平等进一步暴露和加剧，底层民众陷入更为艰难的生存困境。

一、美国贫富持续分化的基本趋势

收入分配两极分化。皮尤研究中心2018年7月12日公布的调查结果显示，自20世纪70年代以来，美国贫富差距呈显著扩大趋势。美国商务部数据显示，2019年5月，美国基尼系数达0.482，远超0.4的国际"警戒线"。世界社会主义网站2016年12月公布的研究数据显示，2014年，占美国人口50%的低收入人口的人均年收入为16200美元，几乎与1980年持平；而同期占人口1%的高收入者人均年收入却增长了3倍，高收入阶层平均一年的收入相当于普通工人一辈子收入的总和。《商业内幕》网站2016年8月15日披露，扣除价格因素，从1978年到2015年，美国最大的350家公司的首席执行官的薪酬增长了约940%，普通工人的薪酬则只增长了10%。《波士顿评论》网站2017年9月1日报道，在此前的40年间，美国80%中低收入人口的收入仅增长了约25%，而20%高收入人口的收入却几乎翻了一番。《商业内幕》网站2017年1月报道，德意志银行首席国际经济学家托斯坦·斯洛克以收入水平来计算美国家庭财富的报告显示，美国最富有0.1%家庭的财富相当于最底层90%家庭所拥有财富的总和。

中产阶级规模持续萎缩。美联社2016年5月13日报道，美国90%城市中的中产阶级境况趋于恶化，不少美国家庭掉出中产阶级行列。盖洛普公司2016年9月20日发布的研究报告显示，将自己定位为中产阶级或中上阶层的美国人从2000年至2008年的平均61%降到了2016年的51%，这意味着2500万人的经济生活质量急剧下滑。皮尤研究中心2016年5月11日发布的报告显示，在近25%的大都市中，中产阶级不再占据多数。

贫困率居高不下。美国人口普查局2018年的统计数据显示，美国贫困人口达3810万，贫困率为11.8%。美国政策研究所2018年的报告称，美国官方公布的贫困率存在低估现象。据其估算，美国总人口的43.5%（约1.4亿人）生活拮据或收入低微。斯坦福大学贫困与不平等研究中心2017年发布的报告显示，美国南部农村的整体贫困率为20%，那里的非洲裔美国人的贫困率是33%，非洲裔妇女的贫困率高达37%。在美国西部农村，原住民的贫困率高达32%。

二、贫富分化对人权的享有和实现产生了严重的负面影响

近半美国家庭无法维持基本生活。《今日美国报》网站2018年11月19日报道，超过500万全年从事全职工作的美国人的年收入低于1.5万美元的贫困线，其中有许多人还要供养家庭和子女。美联储2018年发布的报告显示，43%的美国家庭入不敷出，只能借债支付住房、食品、儿童护理、医

疗、交通和通信费用。40%的美国人拿不出400美元的可支配收入来支付医疗急救或汽车修理等意外开支。成千上万的年轻人因付不起学费而上不了大学,数百万人不得不背负沉重的学生债务。由于长期贫富分化和结构性歧视,美国工薪阶层抵御风险的能力大大减弱,在新冠肺炎疫情带来的经济冲击下陷入生存危机。根据美国劳工部2020年5月28日公布的数据,美国3月15日至5月23日累计首次申请失业救济人数达4080万。沃克斯新闻网2020年4月10日报道指出,那些本已是最脆弱的群体首当其冲地受到疫情带来的经济影响。"最容易遭受裁员的人正是那些薪水最低的人,例如餐饮业和零售业的低薪工人。"虽然美国政府也推出了旨在援助中小企业的"薪资保护计划",但一些资金较充裕的大企业却利用规则漏洞趁机获得巨额贷款,而一些亟须贷款"续命"的小企业、小商铺却无法得到救助,不得不关闭或裁员。

低收入群体面临饥饿威胁。在经济已经高度发达的美国,很多公民却依然面临饥饿威胁。根据美国农业部2015年发布的数据,大约20%的儿童生活在食品保障不足的家庭。英国《卫报》网站2015年11月26日报道,2008年至2014年间,美国每年至少有4810万人口被划为"食物无保障者",其中包括19.2%有孩子的家庭,这意味着他们的均衡饮食难以保障。《今日美国报》网站2014年8月17日报道,过高的贫困率导致约14%的美国人依赖食物赈济。在依赖食物赈济的人口中,65%的家庭至少有一个不满18岁的孩子或超过60岁的老人,79%的人购买廉价的不卫生的食物以养活其家庭。饥饿和营养不良使美国每年多花1600亿美元来治疗慢性病。据美国疾病预防与控制中心2015年的估计,每年有4800万人会患上食源性疾病,其中12.8万人需要住院治疗,3000人因此丧命。福布斯新闻网2020年5月7日报道,调查显示,大量美国儿童在新冠肺炎疫情中面临饥饿问题。截至2020年4月底,五分之一以上的美国家庭面临食品危机;在拥有12岁以下儿童的美国家庭中,面临食品危机的比例高达五分之二。

无家可归者生存状况恶劣。英国《卫报》网站2017年2月24日报道,美国每年都有数百万人因交不起房租而被赶出住房。路透社网站2015年11月20日报道，由于大部分地区保障性住房供应不足及经济复苏乏力，美国有超过56.5万人无家可归，其中四分之一的人是儿童。洛杉矶、西雅图、波特兰和夏威夷州近年来都曾因无家可归者增多而宣布进入紧急状态。英国《卫报》网站2017年12月6日报道，纽约的无家可归者比2016年增长了4.1%。无家可归者的生存状况极为恶劣。许多无家可归者急需医疗救助并患有精神疾病。露宿街头的无家可归者普遍面临着暴力泛滥、缺乏如厕和洗澡场所等问题。新冠肺炎疫情期间，流落街头的无家可归者遭到严厉驱逐，被迫住进临时收容所隔离。路透社网站2020年4月23日报道，美国各地的无家可归者收容所因人员拥挤而难以保持社交距离，使得病毒极易传播。《纽约时报》网站4月13日报道称，无家可归者收容所成为纽约市疫情的"定时炸弹"，超过1.7万人住在为单身成年人准备的集中收容所中，睡在床上几乎可以手碰手。《自然》杂志网站5月7日报道，研究人员开始对美国无家可归者进行病毒检测时发现，那里的情况已经失控。《洛杉矶时报》网站5月14日报道，研究显示美国的无家可归者数量受疫情影响可能一年内激增高达45%，导致公共卫生危机进一步加剧。

贫困压力导致民众健康状况下降。联合国极端贫困与人权问题特别报告员菲利普·奥尔斯顿在其访美报告中指出，美国与同等发展水平国家之间的"健康差距"继续拉大，其国民预期寿命更短，更容易得病身亡。法新社2015年10月14日报道，生活在纽约市布鲁克林区布朗斯维尔街区的居民中，76%是非洲裔，近40%的人生活在贫困线以下，新感染艾滋病毒的比率是全市的2倍多，人均预期寿命比曼哈顿金融区的居民少11岁。《医学报刊》网站2017年6月13日报道，美国有1570万人酗酒，770万人滥用违禁药物。美国哥伦比亚广播公司网站2017年6月6日报道，过量用药成为当今50岁以下美国人死亡的首要原因。美国疾病预防与控制中心2017年12月发布的报告显示，2016年美国有超过63600人因药物过量而死亡。

因贫失去医疗保险者无力支付医疗费用。盖洛普公司2018年11月1日至 11 日进行的年度健康与医疗调查显示，46% 的受访者担心没有足够的钱来支付医疗费用。美国城市研究所 2018 年的一份研究报告显示，得克萨斯州 65 岁以下没有医疗保险的居民人数多达 470 万，比例高达 19%。美国家庭联盟的消费者权益保护组织 2012 年 6 月 20 日发布报告称，2010 年，美国有 26100 名年龄在 25 到 64 岁之间的劳动人口由于缺乏医疗保险而丧命，比 2000 年增加 31%。这意味着美国平均每天有 72 人、每小时有 3 人因为缺乏医疗保险而失去生命。英国《卫报》网站 2017 年 11 月 13 日报道，由于面临失去医疗保险的风险，越来越多的美国人无法退出工作岗位，被迫陷入经济学家所说的"职业锁定"状态。《大西洋月刊》网站 2020 年 4 月报道，美国低收入人群患病后，"通常会延迟去看医生，不是因为他们不想康复，而是因为根本没有钱"。面对新冠肺炎疫情，美国有数千万人没有医疗保险，而新冠肺炎重症监护费用却高达数万美元。"生存还是毁灭"，并不只是文学作品中的生命哲学，也是美国底层民众面临的现实抉择。

贫富分化导致人均预期寿命下降、自杀率上升。据美国国家健康统计中心 2016 年 12 月 8 日发布的数据，美国人的预期寿命出现总体下降，男性从 2014 年的 76.5 岁下降到 76.3 岁，女性则从 81.3 岁下降到 81.2 岁，总体人均预期寿命从 78.9 岁下降到 78.8 岁。与此同时，美国自杀率持续升高。据美国疾病预防与控制中心 2014 年发布的数据，2013 年美国共有 41149 人自杀，比 1999 年增长约 41%。在美国，每 13 分钟就有一人自杀。自杀成为导致死亡的第十大原因，是凶杀案的两倍以上。美国疾病预防与控制中心发布的《2015 年致命伤害统计报告》显示，美国有 980 万成年人声称有自杀的想法，其中 270 万人有自杀计划，140 万人采取了非致命的自杀尝试。

低收入人群失去平等的受教育机会。美国高等教育资源总是不成比例地向富人倾斜，导致公众对高等教育的不满不断上升。《华盛顿邮报》网站 2018 年 10 月 10 日报道，美国不同家庭出生的孩子智商分布基本一致，但出生于富裕家庭的孩子成功概率更高。高收入家庭的孩子即使天分较差，也比低收入家庭的聪明孩子更容易获得大学文凭。《纽约时报》的报道指出，在包括耶鲁大学、普林斯顿大学、宾夕法尼亚大学等名校在内的 38 所美国大学中，来自收入水平处于前 1% 美国家庭的学生数量多于来自收入水平处于后 60% 美国家庭的学生的总和。盖洛普公司 2018 年 10 月发布的一项调查结果显示，只有不到一半的美国民众对高等教育体系持有信心。联合国极端贫困与人权问题特别报告员菲利普·奥尔斯顿在 2018 年 5 月发表的访美报告中指出，美国的社会代际流动性在富裕国家中处于最低水平，"美国梦正在迅速蜕变成美国幻想"。

贫困儿童和单身母亲生活困苦。英国广播公司 2017 年 12 月 11 日报道，2016 年数据显示，美国约有 1330 万贫困儿童，占 18 岁以下人口的 18%。美国城市研究所网站 2017 年 5 月 18 日报道，将近 900 万儿童在持续贫困的家庭中成长，占美国儿童总人口的 11.8%。长期贫困的儿童成年后经济状况获得改善的可能性显著低于不贫困和较不贫困的同龄人。美国许多单身母亲及其家庭生活艰难。单身母亲指南网站 2016 年 9 月 17 日报道，在超过 960 万的单身母亲中，有 23.2% 是全年失业的。在被解雇或正在找工作的单身母亲中，只有 22.4% 能够领到失业救济金。大约有 783 万由单身妈妈抚养的儿童生活在贫困线以下。

三、美国的贫富分化问题难以解决

导致美国贫富分化的原因并非偶然性或周期性的，美国的所谓民主制度忽视公民的经济、社会和文化权利，导致美国社会贫富分化问题日趋严重，数千万人口的贫困问题长期得不到解决。

（一）导致贫富分化的结构性原因

第一，资本市场的无序竞争和恶意收购导致中等收入工作岗位减少。盖洛普公司网站 2016 年 9 月 20 日报道，企业高价收购竞争对手导致中等收入工作岗位大幅度减少。此前的 20 年间，美国证券交易所上市公司的数量已经从约 7300 家锐减为 3700 家左右。美国近年来小企业的破产数量大于新成立的数量。英国《卫报》网站 2017 年 12 月 8 日报道，2017 年美国年轻人的失业率高达 15.9%。全职就业岗位不足，约有 480 万想做全职工作的人只能从事非全职工作。

第二，住房价格的结构性上升导致低收入人群住房更加困难。美国全国房地产经纪人协会 2018 年对购房者进行的一项调查显示，住房价格上涨和利率上升，而负担能力下降，导致是否购房成为民众日益艰难的抉择。哈佛大学住房研究联合中心发布的《2018 年美国住房状况》报告显示，在 20 个城市地区，超过 30% 的中产阶层家庭将他们至少 30% 的收入用于住房。《华盛顿邮报》网站 2018 年 8 月 6 日报道，城市贫穷居民近年来经历了房租的大幅上涨。自 2011 年以来，全国的最低房租增长了 18%。特别值得关注的是，2017 年夏季以来，在旧金山、亚特兰大、纳什维尔、芝加哥、费城、丹佛、匹兹堡、华盛顿、波特兰、俄勒冈州等地区，最高收入者的房租在下降，而最贫穷者的房租却在上涨。

第三，高价低效的医疗服务导致低收入人群健康状况堪忧。美国民众健康状况下降与美国医疗系统的高价低效密切相关。根据英联邦基金会 2014 年对医疗服务体系的调查，在 11 个同水平国家中，美国的医疗服务体系效率最低，最不公平，医疗产出最差。美国的死亡率和婴儿死亡率均为最高，60 岁人群的健康状况最差。但与在上述其他国家生活的人相比，美国人却要负担两倍以上的医疗费用。英国《卫报》网站 2017 年 11 月 13 日报道，美国的医疗费用和医疗保险越来越贵，尤其是慢性疾病的治疗费用，从哮喘到癌症的药物价格不断创出历史新高。

第四，高等教育收费飞涨剥夺了低收入群体接受高等教育的机会。盖洛普公司网站 2017 年 8 月 3 日报道，自 1980 年以来，没有任何可测指标证明美国高等教育质量提高，但收费却飞速增长。福布斯新闻网 2017 年 2 月 21 日报道，学生贷款债务成为仅次于抵押贷款债务的消费债务类别，高于信用卡和汽车贷款。有超过 4400 万名学生贷款上学，贷款额高达 1.3 万亿美元。

2016级学生人均贷款37172美元。在一些地区，财政计划削减正在导致入学率下降。《芝加哥论坛报》网站2016年9月30日报道，很多州立大学新生入学人数大幅下降，例如，芝加哥州立大学的新生入学人数比2010年减少了一半，伊利诺伊大学新生人数比上一年下降约25%。华盛顿的一个无党派智库"预算和政策优先中心"2016年的研究报告显示，伊利诺伊州的公立高校对每个学生的资助水平比2008年降低了54%，而亚利桑那州的降幅更高达56%。根据世界银行2018年公布的《全球代际经济流动性概览》，以20世纪80年代出生的人作为研究对象，在通过教育实现阶层流动方面，美国是全球表现最差的50个经济体中仅有的4个高收入经济体之一，同时也是高收入经济体中在收入的代际流动性方面表现较差的经济体。

（二）美国政府缺乏扭转贫富分化的政治意愿

美国政府缺乏政治意愿改变导致贫富分化的结构性根源，反而采取一系列加重贫富分化的政策措施。

第一，美国政府为刺激经济增长制定的政策措施仅着眼于使富人受益，而没有考虑如何使低收入人群减轻负担。联合国极端贫困与人权问题特别报告员菲利普·奥尔斯顿在2018年5月发表的访美报告中指出，美国现政府推行系列刺激经济增长措施，但发展成果仅惠及富人，普通民众并未获益。美国政府以牺牲社会福利为代价，对大公司和富有阶层实施前所未有的大规模减税计划，该策略似乎是为扩大不平等而量身定制。根据美国税收和经济政策研究所的分析，2019年美国通过减税产生的收益中预计有27%流入了美国最富有的1%人群的口袋。富人成为税改政策最大的受益群体。政府财政投入不足导致困难群体缺乏相应的社会保障。皮尤研究中心2015年8月18日发布的研究报告显示，美国用于社会保障的经费严重不足，2014年的收支逆差约为740亿美元。美国受托人社会保障和医疗保险信托基金2015年的报告显示，美国社会保障系统已有25.8万亿美元的亏损，这几乎是美国年度GDP总量的1.5倍。

第二，推翻医改法案，拒绝医保全覆盖。美国是少数没有实行全民医疗保险的发达国家之一，有相当数量的居民没有医疗保险，因而无法在患病时得到应有的医疗照护。尽管美国国会在2010年就通过了奥巴马政府提出的医疗改革法案，承诺要建立全民医保体系，但据美国人口普查局公布的数据，2015年还有3300万美国人没有被医疗保险覆盖。2017年5月4日，美国众议院以217票对213票通过《美国医保法》草案，推翻了"奥巴马医改"的诸多重要内容。

第三，关闭乡村医院，"医疗荒漠"不断扩大。半岛电视台美国频道网站2017年12月17日报道，自2010年以来，美国已有80多家乡村医院关闭，另有数百家濒临倒闭，"医疗荒漠"地带正在变得越来越普遍。据"北卡罗来纳乡村健康研究项目"的研究数据，每个被关闭的医院所服务的居民大约有1万人，他们是社会上最弱势的群体，对如何健康生活最缺乏了解。而关闭乡村医院，毁掉了原来建立的乡村医院网络，使当地居民不得不驱车到数十英里以外的医院去就诊。皮尤研究中心2017年12月14日发布的调查报告显示，自2015年以来，民众对政府保障医疗服务的正面评价下降了20%。

第四，互联网管理政策扩大"数字鸿沟"，低收入群体的劣势地位更加突出。半岛电视台美国频道网站2017年12月15日报道，美国2015年制定的《开放互联网规则》规定了网络中立规则，即所有互联网服务提供商必须同等对待所有数据，不能对某些数据流进行阻塞或"节流"。然而，这一规则于2017年12月14日被美国政府废除。报道认为，此举将使富人可以花钱享受到更快捷的网络服务，从而加深富人与低收入群体之间的"数字鸿沟"，使低收入群体在迈向数字化未来的竞争中处于劣势。例如，底特律的贫困水平接近40%，同时也有大约40%人口的家庭没有因特网。底特律"平衡互联网倡导"组织的纳西娅·瓦尔德兹认为，更昂贵的互联网将会对贫困人口更加不利，"这将是毁灭性的，会进一步加剧已经存在的不平等现象"。

美国政府之所以缺乏扭转贫富分化趋势的政治意愿，从更深层次分析，是与美国的政治制度和美国政府所代表的资本利益密切相关的。愈演愈烈的金钱政治使得美国政府已经成为富豪的代言人。英国《卫报》网站2018年8月7日报道，公众普遍认为美国选举是腐败的，国会议员被企业、富人和特殊利益集团俘获。正如联合国极端贫困与人权问题特别报告员菲利普·奥尔斯顿在2018年5月发布的报告中所指出的，美国是世界上最富有、最强大和最具科技创新能力的国家之一，但无论是财富、权力还是技术都没有被用来解决约4000万人持续贫困的问题。"极端贫困的持续存在是当权者做出的政治选择。"

美国的贫富分化是一个稳定的长期趋势，人们无法期望这一状况能够在短期内出现任何实质性扭转，由此对美国人民享有和实现人权造成的严重负面影响也将日趋恶化。

美国残疾人实现平权依然任重道远

陈谦君[*]

(中国人权研究会"仁之言"公众号 2021年10月19日)

1990年,时任美国总统乔治·布什签署了《美国残疾人法案》(Americans with Disabilities Act)。2020年,美国欢庆《美国残疾人法案》签署30周年。尽管美国在保障残疾人权利方面取得了一定的成绩,但是美国残疾人的权利实现仍面临着相当大的挑战,美国残疾人实现平权依然任重道远。

不堪回首的优生运动

历史上,激进的优生学不仅导致了纳粹德国对数十万人的强制绝育,也在美国掀起过优生运动。据统计,美国在20世纪对超过6万人实施了强制绝育,其中包括了大量的残疾人。也就是说,为避免残疾人生育出有残疾的后代,美国强制对大量残疾人实施了绝育手术。

优生运动期间,美国最高法院通过了一项臭名昭著的判决,该判决也直接助力优生运动达至顶峰。1927年,美国最高法院大法官奥利弗·温德尔·霍姆斯(Justice Oliver Wendell Holmes)在巴克诉贝尔案(Buck v. Bell)的判决中写道:"三代痴呆足够了(Three generations of imbeciles are enough)。"判决结果支持弗吉尼亚州的一项法律,该法律授权弗吉尼亚州在未经某些"精神缺陷者(mental defectives)"同意的情况下对其进行绝

---

[*] 作者陈谦君系武汉大学人权研究院特邀研究员。

育手术。这一判决对美国全国产生了巨大影响，美国的优生运动在20世纪30年代达到高潮。直到1974年，在巴克诉贝尔案中维持的弗吉尼亚州法律才被废除。

美国残疾人在优生运动期间受害颇深。虽然美国部分地区近期着手对优生运动受害者进行赔偿，但对于很多受害者来说已为时过晚。《洛杉矶时报》2021年7月7日报道称，美国加利福尼亚州准备批准一笔赔偿款，用于赔偿优生运动的受害者。加利福尼亚州的强制绝育计划始于1909年，对2万多人实施了绝育手术。其中一名受害者名叫玛丽·弗兰科（Mary Franco），1934年，年仅13岁的她因为被判定为智力障碍而被迫接受绝育手术。然而，玛丽未能等到州政府的赔偿款就已经去世。事实上，即便有些受害者能领到赔偿款，当年的优生运动对其身心造成的伤害也已无法弥补。

就业状况不进反退

保障残疾人的就业权是《美国残疾人法案》的重要内容之一，然而法案签署至今，美国残疾人的就业状况并没有得到改善，甚至有所恶化。

就业率、失业率和贫困率是衡量残疾人就业状况和权利保障的重要指标。康涅狄格州参议员泰德·肯尼迪（Ted Kennedy）2017年12月26日在美国有线电视新闻网发文表示，美国残疾人的劳动参与率为17.9%，而一般人口的劳动参与率为65.3%，美国残疾人的失业率是总人口的2倍，在就业方面美国未能兑现《美国残疾人法案》的承诺。据统计，2019年，美国残疾人的贫困率为25.9%，相比之下，非残疾人的贫困率为11.4%。通过对比美国残疾人和一般人口的就业率、失业率、贫困率数据，可以看出美国残疾人的就业状况十分恶劣。

另外，美国很多雇主仍然对雇佣残疾人存在抵触心理，而且企业的无障碍环境建设情况还存在不足。2020年5月27日，美国人力资源管理协会的艾伦·史密斯（Allen Smith）发文指出，《美国残疾人法案》实施30年后，仍有很多雇主认为雇佣残疾人需要付出高昂的代价，而且在业务变化期间，残疾员工通常是最后被雇用和最先被解雇的。2020年8月3日《时代》杂志的一篇文章称，现在很多企业仍然不是无障碍的，与残疾相关的投诉是向执行公平住房和就业法的联邦机构提交的最大类别。

社会保障的漫长等待和疫情下的医疗歧视

在美国，每年有成千上万的残疾人在排队等待其生存所需的一些社会保障福利。《得梅因纪事报》（Des Moines Register）2016年12月25日报道称，美国残疾人申请社会保障福利平均等待时间长达19个月，这与紧张的预算和复杂的程序有关。报道中如此描述去当地社会保障办公室申请福利的场景："你走近柜台，看到一个牌子，上面写着'请取号'，然后你取了号。接待员喊道：'6号在吗？'你看看手中的纸条，才意识到你是1136849号。"另外，申请美国社会保障部残疾福利被拒绝的个人可以对该决定提出上诉，但是申请人可能需要等待数年才能收到关于残疾福利的最终决定。根据美国政府问责局公布的数据，2008年到2019年，有将近11万人在申请残疾福利被拒后等待上诉最终决定期间死亡。可以看出，虽然美国残疾人有获得社会保障的权利，但是对于申请福利和上诉最终决定的漫长等待实际上使得这项权利无法充分实现。

新冠疫情则暴露了美国在救治残疾人时存在的歧视。据美国全国广播公司2020年3月28日报道，残疾人权利组织投诉称新冠疫情期间亚拉巴马州和华盛顿州的医疗计划存在对残疾人的歧视，其中，亚拉巴马州的呼吸机配给计划提到严重智力障碍者可能不适合呼吸机支持，华盛顿州卫生部的指南则建议将"在精力、体能、认知和一般健康方面储备损失"的医院患者转移到门诊或予以消极治疗。据美国国家公共电台报道，2020年6月，残疾人迈克尔·希克森（Michael Hickson）感染新冠病毒，医院认为迈克尔因残疾而生活质量低下，因此拒绝救助，迈克尔最终不幸去世。新冠疫情期间，美国在救治残疾人时，没有完全做到将残疾人与非残疾人平等对待，而是以残疾人"生活质量低下"为由给予较差的救治或者直接拒绝救治。这一方面构成了对残疾人的歧视，另一方面也反映了前述优生学思想在美国仍然存在，对残疾人的生命健康造成了消极影响。

高比例的监禁和监禁期间的歧视

美国残疾人较之非残疾人，遭受暴力犯罪和被监禁的概率更高。美国司法统计局的数据显示，2011—2015 年，美国残疾人遭受暴力侵害的比率是非残疾人的 2 倍多，平均每年每 1000 名残疾人中就有 32 人遭受暴力侵害，这些残疾受害者中，有 16% 认为自己是因为残疾而遭受攻击。美国司法统计局的数据还显示，2016 年，38% 的美国囚犯至少有一种残疾，是美国一般人群中成年人的残疾比例（15%）的 2.5 倍，并且美国囚犯中最常见的残疾类型是认知残疾。这些数据都反映出美国残疾人的自由和人身安全得不到充分保障。

在监禁期间，美国残疾人不仅面临着缺乏无障碍环境和合理便利的问题，还容易遭受监狱管理人员的歧视和虐待。根据"放大残疾囚犯的声音"监狱项目（Amplifying Voices of Inmates with Disabilities Prison Project）的报告，美国残疾人在监狱中面临的问题包括：辅助器具被拿走，智力障碍者因为无法理解监狱规则而被惩罚，轮椅使用者无法使用监狱的厕所，聋人因为缺乏手语翻译而无法参与监狱里的各项活动，认知障碍者长时间地遭受隔离，等等。根据俄勒冈州残疾权利组织（Disability Rights Oregon）的报告，恶劣的监禁条件可能使残疾人面临致命风险，2020 年俄勒冈州克拉特索普县的监狱人员强行将一名精神障碍者脸朝下压在地上，这种"俯卧约束"最终导致其因无法呼吸而死亡。这些真实案例都体现出被监禁的残疾人人权得不到保障，甚至还面临着生命权受到侵害的风险。

另外，美国有色人种残疾人面临着基于残疾和种族的双重压迫。美国国家残疾与新闻中心的苏珊·洛坦皮奥（Susan LoTempio）2020年6月23日发文表示，非裔美国人的残疾率在所有人群中最高，其残疾率超过了20%，并且40%的美国残疾黑人生活在贫困中。2020年《时代》杂志的文章称，研究表明，被警察杀害的美国黑人中，有三分之一到二分之一有精神疾病或残疾，尽管没有国家数据库来跟踪这些统计数据。无论是非裔美国人过高的残疾率，还是被警察杀害的美国黑人中过高的残疾人比例，都反映出美国有色人种残疾人极端恶劣的生存状况。

拒批《残疾人权利公约》

上述事例从微观层面折射出美国残疾人在生育、人格尊严、就业、社会保障、健康、自由和人身安全等诸多方面的权利实现面临着相当大的挑战。而在宏观层面上，则可以通过美国对待《残疾人权利公约》的态度看出美国对自身残疾人保护事业的总体态度。

《残疾人权利公约》于2006年由联合国大会通过，是联合国历史上第一个全面保障残疾人权利的有法律约束力的公约。批准联合国《残疾人权利公约》对于世界各国保障本国残疾人权利具有重要意义。公约的批准不仅代表着缔约国能够认可公约中所承载的关于残疾人权利保护的内涵和精神，承诺履行保障残疾人权利的义务，还意味着缔约国愿意接受国际社会的监督，根据联合国残疾人权利委员会的建议逐步完善本国残疾人权利保障的情况。

2009年，美国在奥巴马总统任期内签署了《残疾人权利公约》，但国会参议院至今没有批准该公约。目前已有包括中国在内的超过180个国家批准了《残疾人权利公约》。美国是全世界极少数拒绝批准《残疾人权利公约》的国家之一。

一直以来，美国在批准国际公约的态度上都较为消极。2020年，在联合国人权理事会国别人权审议工作组第36次会议上，与会国对美国人权状况提出批评，呼吁美国尽快批准《残疾人权利公约》《经济、社会和文化权利国际公约》《消除对妇女一切形式歧视公约》《儿童权利公约》等一系列国际人权公约。美国不批准国际公约的原因很多，例如担心批准国际公约会损害国家主权，而对于不批准《残疾人权利公约》的原因，还要加上一条：美国认为自己的《美国残疾人法案》足够优越，所以不需要《残疾人权利公约》。

虽然美国国内也有一些支持批准《残疾人权利公约》的声音，不过支持派给出的一个重要理由是为了将《美国残疾人法案》的立法理念与立法模式输出到其他国家。例如，美国国际残疾人理事会（United States International Council on Disabilities）就表示，如果美国批准了《残疾人权利公约》，将赋予美国合法性以将《美国残疾人法案》的模式——该模式是《残疾人权利公约》的基础——出口到其他国家。众议员吉姆·朗格文（Jim Langevin）也表示，批准公约意义重大，因为可以确保世界各地残疾人享有美国残疾人所享有的同等保护。这些观点都反映出美国在残疾人保护事业上的傲慢态度。

美国不批准《残疾人权利公约》，意味着美国在保障本国残疾人权利方面不必接受国际社会的监督。美国没有批准《残疾人权利公约》，所以美国无须像其他公约缔约国那样，定期向联合国残疾人权利委员会提交国家履约报告，汇报本国按照公约保障残疾人权利的情况，接受联合国残疾人权利委员会的审议。联合国残疾人权利委员会通常会按照公约的要求对缔约国提出建议，督促缔约国改善本国残疾人权利保障的情况。而美国拒批《残疾人权利公约》的行为也同时将联合国残疾人权利委员会的建议"拒之门外"。

如前所述，微观层面上，美国对残疾人生育、人格尊严、就业、社会保障、健康、自由和人身安全等具体权利的保障存在不足；宏观层面上，美国拒绝批准《残疾人权利公约》，在自身残疾人保护事业上态度傲慢，不愿意接受国际社会的监督。总的来说，《美国残疾人法案》已生效30余年，美国仍未完全兑现其在法案中的承诺，美国残疾人争取平等权利的抗争仍需继续，美国批准《残疾人权利公约》仍遥遥无期。

"正当法律程序"的切割与美国对移民权利的戕害

梁茂信*

(《光明日报》 2022年6月13日)

一个多世纪以来，美国政府以维护国家安全或社会秩序为名将数百万移民驱逐出境，其中既有归化公民，也有合法移民。特别是近些年来，美国政府变本加厉地驱逐移民，将该国宪法确立的"正当法律程序"原则抛到了九霄云外，移民权利遭受戕害的案例不胜枚举。

移民之国排斥移民。美国号称是一个欢迎移民的国家。据统计，1908年至1980年，美国仅将5.6万名移民驱逐出境，归化移民人数远远多于遭驱逐人数。然而自1980年起，遭驱逐的移民人数逐年递增，从1.8万人上升到2000年的18.8万人。2001年的"9·11"事件发生后，美国政府当年驱逐移民逾31万人。1996到2015年间，虽然每年被驱逐的移民人数有所波动，但总数超过540万人。对此，关注移民人权的美国移民委员会批评说，在"9·11"事件之后，有关移民的法律沦为政府驱逐移民的工具。特朗普政府上台后，排斥外来移民，收紧南部边境管控，仅2018年一年被驱逐的移民就多达33.7万人。美国现政府在改进移民待遇方面乏善可陈，移民面临的人道主义危机丝毫没有得到缓解。据《华盛顿邮报》报道，2021财年，美国边境执法部门在南部边境拘留了170多万名非法移民，创历史最高纪录。

移民被驱逐出境的全部过程均由法警完成。移民应该享受的申请保释、

---

* 作者梁茂信系东北师范大学美国研究所所长。

聘请法律顾问和辩护律师、出席法院听证会、接受有陪审团参加的法庭审判、法庭内外的辩护权和陈情权以及司法上诉等权利悉数被剥夺。在自诩为"自由""平等"和"崇尚"人权的美国出现这种窘境,重要原因之一是"正当法律程序"原则被肆意践踏。美国宪法第五条修正案规定:"未经正当法律程序,不得剥夺任何人的生命、自由和财产";第十四条修正案规定:"任何州未经正当法律程序均不得剥夺任何人的生命、自由或财产,亦不得拒绝给予在其管辖下的任何人以同等的法律保护"。显然,"正当法律程序"是美国公民维护自己权利的保护伞,但在涉及移民的案件时,该项原则为何形同虚设呢?

早在19世纪初,美国联邦最高法院在审理一桩移民违法案件时认为,将移民驱逐出境是一种管理机制,是"民事"行为而非惩罚"犯罪"。这项原则在1893年被该法院再次确认:"驱逐移民出境不是一种对犯罪的惩罚……而是强制性地将未能达到迁入国家政府要求的外籍人员遣返回国的执法行为",所以,被驱逐的移民不能享有"正当法律程序"条款之下的各项权利。令人遗憾的是,2012年,美国联邦最高法院在"帕迪利亚诉肯塔基州"一案中重申了上述原则。

另一方面,自20世纪80年代以来,美国国会在移民法中增加了移民的"犯罪化"条款。1988年,美国国会在一项强制性关押移民的立法中,从狭义上界定了"恶性重罪"的含义,禁止移民在被关押期间申请保释。在1994—1996年间,美国国会通过《反恐怖主义与有效死刑法》等立法,对"恶性重罪"从宽界定,导致移民被拘捕的可能性大为增加。"9·11"事件后,美国国会又以维护国家安全为名,颁布了《美国爱国者法》等三项法令,进一步完善了"移民犯罪化"的政策体系,模糊了涉及移民的民事与刑事犯罪界限,因而执法官员在任何时候都有权拘捕任何移民。

从执法的角度看,美国政府对移民实行了双重标准。在涉及美国公民的案件中,除凶杀犯等极少数严重犯罪外,普通罪犯会受到"诉讼时效"条款的保护。然而,由于美国政府未将"诉讼时效"条款应用于外来移民,它可以随心所欲地启动驱逐程序，将那些遵纪守法、但可能在数十年前有过轻微违法行为的移民驱逐出境。于是就出现了这样一种滑稽的现象——移民在美国居住的时间越长，被逮捕的可能性就越大。有人统计，在美国居住5年以下的拉美裔移民的被捕率为0.6%，而居住16年以上的被捕率却超过1.7%，在美国居住16年以上的黑人移民的被捕率是居住不到5年的同类人群的2倍多。

此外，美国警察在拘捕嫌疑人时，都会提出"米兰达警告"，但移民被排除在外。"米兰达警告"出自1963年"米兰达诉亚利桑那州"一案中联邦最高法院的判决，它要求警察拘捕嫌疑人之前告知对方说："你有权保持沉默，你对任何一个警察所说的一切都可能作为法庭对你不利的证据"。对被捕者而言，"米兰达警告"暗含着防止警察过度执法的含义，同时赋予了被捕者聘用律师、出庭作证和申辩的权利；如果被告因经济困难而无力雇佣律师，法庭可以为被告人安排一位辩护律师。但是，由于警察在执法时略去了"米兰达警告"，移民不知道自己究竟拥有哪些权利，而是稀里糊涂地遭到拘押，最终难逃被遣返的命运。

在双重标准的法律框架下，移民失去法律保护，执法警察肆无忌惮，移民被捕人数与日俱增。2005—2012财年，接受美国联邦警察审讯的移民接近21万人。2010年美国国土安全部在全美250处设施中关押了36.3万名移民。到2013年，移民被关押和被起诉数量"达到了有史以来的最高水平"。移民被关押的缘由各异，既有寻求庇护者、非法入境者、签证逾期不归者，也有一些是人口贩子等触犯法律者，更多的则是无辜受害者。在2008—2012年间，被美国移民和海关执法局关押的100万名移民中，77%的人"在被关押时或后来都没有犯罪记录"。

对于移民人权受到戕害的种种现象，各方批评之声不绝于耳。早在2012年12月18日国际移民日当天，联合国官网就发文呼吁美国"终结对非法移民的犯罪化"政策，"采取以人权为基础的其他方法"。然而，奥巴马政府对此充耳不闻。特朗普执政期间，更是变本加厉，各类虐待移民的事件层出不穷。《华盛顿邮报》批评特朗普政府的做法"是不道德的"。特朗普政府对移民的"攻击性的犯罪行为"也受到一些有良知的学者的谴责。美国移民委员会指出:"从工作场所到安全的社区,越来越多的移民被执法机制陷入困境之中","移民驱逐制度……并不能反映我们美国的正当程序和基本公正的价值观"。2021年,联合国移民网络中心呼吁美国终止大规模关押移民儿童的政策,"使用尊重人权的隔离措施",并采取切实措施防止新冠肺炎疫情在拘押中心蔓延。

更加令移民担忧的是,每当美国社会出现重大危机性事件时,受到伤害的不单纯是移民的人权,而且还会波及其社区。"9·11"事件后,随着美国政府加强对穆斯林社区的监控和执法力度,美国社会上的一些不法之徒也屡屡侵害穆斯林社区。在2001—2006年间,穆斯林投诉的宗教歧视案件接近230起,相关的仇恨犯罪案件在2001—2009年间达到1552起,2010年同类案件数量又上升了50%。在2007—2013年间,美国多地发生了60多起捣毁清真寺的事件,35座准备建设的清真寺遭到当地白人的抵制。同样,在新冠肺炎疫情暴发后,美国政府为转移社会矛盾,频频抹黑中国,煽动仇华情绪,针对华人和亚裔的犯罪案件随之激增。据2022年2月初美国全国广播公司报道,2020年美国仇恨亚裔的犯罪率比2019年增长了124%,其中洛杉矶增长了173%,而旧金山和纽约的增长率更是分别高达567%和343%。2021年,全美仇恨亚裔的犯罪同比增长了339%,绝对数量"达到了史无前例的高度",旧金山、洛杉矶和纽约继续高居各大城市之首。

在美国历史上,类似侵害穆斯林和亚裔人权的事件并非个案,而是美国政府应对特定社会危机的一种习惯和方式。它以牺牲少数民族个体或群体权益为代价,实现美国政府的政治与社会目标。第一次世界大战期间美国对德裔实施的强制性同化、20世纪30年代大萧条时期将墨西哥裔驱逐出境、第二次世界大战期间将日裔关入集中营、二战后以"坦白计划"迫害华裔,以及近年来美国在其西南部掀起的排斥中南美洲非法移民的浪潮,无一不是把少数族裔当成美国政府解决社会危机的替罪羊。正如美国法律基金会在21

世纪初的一份报告中所言，每一次侵害少数族裔的社会运动，都会剥夺移民应该享有的"最为基本的和最根本的正当法律程序保护的权利"。这种做法与美国《独立宣言》和宪法条款中的"自由""民主"和"公正"原则背道而驰。

从历史上看，美国社会常常以"野蛮"的"他者"来衬托自诩为基督教文明代表的盎格鲁-撒克逊白人的优越性。正如国际关系学者约翰·米尔斯海默所说，白人的自由是残酷而排他性的。这种排他性不仅将印第安人遗弃在固定的保留地，而且还通过奴隶制以及之后的种族隔离制度将黑人、亚裔移民等置于社会底层。政治上制度上的"自由"与资本主义内在竞争机制中适者生存的丛林法则互为推力，进一步固化并扩大了美国社会固有的等级差异。所以，当印第安人和黑人等少数族裔屡屡成为美国社会应对危机的替罪羊的时候，作为"野蛮"的他者的移民也不例外。因而在美国政府执法时，将"正当法律程序"剔除在外就不足为奇了。

全球人权的美国罪责

美国人权政治化行径毁损人权善治根基

中国人权研究会

(新华社　2021年12月27日)

第二次世界大战结束以来的全球人权实践反复证明，摆脱政治化思维、平等理性地商讨和推进人权，是国际社会妥善处理人权问题、开展人权交流合作的重要基础；而采取人权政治化措施，则势必对全球人权善治造成致命伤害。这已成为国际人权领域的基本共识。

"人权政治化"，是指国际关系行为体出于某种政治动机以政治实用主义的态度来处理人权问题，将人权作为实现某种政治利益的倾向与过程。人权政治化的表现形式主要包括：（1）以选择性而不是普遍性的方式对待人权问题；（2）以双重标准而不是客观标准评价人权状况；（3）以对抗而不是对话的方式处理在人权问题上的差异；（4）以单方面强制而不是多边合作的方式处理人权方面的分歧；等等。

联合国人权机构明确主张人权的非政治化，要求在人权问题上采取普遍、客观的态度，坚持多边主义，促进建设性对话、国际团结与合作，消除人权政治化。联合国大会第60/251号决议要求"在审议人权问题时要确保普遍性、客观性和非选择性，并要消除双重标准和政治化"。人权理事会第5/1号决议规定人权普遍定期审议机制应"客观、透明、不作选择、具有建设性、非对抗、非政治化地进行"，应"适用客观性、非选择性、消除双重标准和政治化倾向的原则"，受理的来文应当"没有明显的政治动机""不采取含有政治动机并有违《联合国宪章》规定的立场"。人权理事会第47/9号决议强调，"人权对话应具有建设性，并基于普遍性、不可分割性、客观性、非选择性、非政治化、相互尊重和平等相待等原则"。

然而，美国为了维护自身的政治利益和全球霸权地位，在国际人权领域大搞人权政治化，采取选择性、双重标准、单方面强制等手段，严重侵蚀了全球人权治理赖以支撑和运行的重要基础，对全球人权事业发展构成重大威胁，产生了极其恶劣的破坏性后果。

一、美国人权政治化的历史进程

从总体上看，美国的人权政治化可以分为三个阶段：在20世纪70年代之前，对国际人权标准持勉强、冷漠甚至拒斥态度；在20世纪70年代至冷战结束前，推进"人权外交"，利用人权作为打击苏联的政治工具；在冷战结束后，肆无忌惮地将自己的人权价值观作为"软实力"强加于他国，打压与自己政治制度不同的国家，以维护自身的全球霸权。

（一）漠视及拒斥国际人权时期

在《世界人权宣言》制定过程中，美国政府一方面在口头上表示支持，另一方面却竭力强调这只是一个不具约束力、只具鼓舞性的文件。美国坚持把《世界人权宣言》中的人权条款写得尽可能含糊其词，竭力抵制一些国家和组织提出的把人权条款细致化、把各国所应承担的义务具体化的倡议。在《世界人权宣言》通过后，出席联合国人权大会的美国代表立即宣称，《世界人权宣言》只有一条，即第22条对美国适用；而在第22条中，又只有一句话有价值，即《世界人权宣言》能否实现，取决于"各国组织与资源情况"。

1953年后，美国对国际上公认的人权由不太情愿地参与和勉强支持转向公开的漠视。艾森豪威尔政府上台后立即宣布与《世界人权宣言》保持距离，声称在其内外政策方面，将不受人权义务的制约。1960年联合国通过的《非殖民化宣言》及其他一些对反殖民势力予以道义和政治合法性支持的措施，美国政府要么投反对票，要么投弃权票。许多其他人权条约也遭到了同样的冷遇。对20世纪60年代联合国反对南非种族隔离制度的努力，美国的回应则模棱两可，因为这与美国在南非的长期战略利益存在明显的矛盾。冷战初期，美国出于国家安全的考虑，将有民主化倾向的危地马拉阿本斯政府视为苏联共产主义势力在该国的扩张，并通过两次秘密行动，采取外交压力和心理战相结合的手段，最终推翻了危地马拉的民选政府。这成为后来美国在拉丁美洲干涉他国内政的常用模式。

（二）"人权外交"并入政治战略时期

从20世纪70年代中期开始，美国国会将人权作为多边外交政策的重要内容，把人权同安全援助、经济援助及其在国际金融机构中的投票取向联系起来。1977年，卡特当选为美国总统后，正式提出"人权外交"口号，人权被说成是美国外交政策的"基石"和"灵魂"。美国历史学家和外交关系学者詹姆斯·派克在其所著的《完美的幻觉：美国政府是如何选中人权外交的》一书中认为，华盛顿急于寻找一种新的意识形态武器用于冷战，而人权则是一个难得的武器。在派克看来，越是刻意强调什么，越是说明要刻意掩饰什么。美国在越南犯下骇人听闻的暴虐行径，如摧毁庄稼和森林、强制民众搬迁、轰炸平民、实施"凤凰计划"等，美国支持的智利、危地马拉、菲律宾、安哥拉等地实施的军事暴政，以及美国中央情报局在欧亚国家的秘密渗透活动越是遭到揭发和批评，美国政治家越是要声嘶力竭地宣传其人权理念，以粉饰其形象。

20世纪80年代，里根政府的人权政策是以美国"例外论"和冷战政策为基础的。例外论者声称：美国在启蒙时期就领悟了人权的真谛，并早在美国革命初期就得到了贯彻。因此，美国对公民权利和政治权利所承担的义务应成为其他国家学习的楷模。既然如此，美国无需什么人权的国际标准。里根政府批评卡特政府在人权问题上的"幼稚"，要求把人权完全拉回到冷战的轨道上来。在联合国，里根政府公开攻击共产党国家侵犯人权，毫无隐讳地袒护像智利、阿根廷和危地马拉这样的盟国。里根政府明确要把人权作为同苏联及其盟国竞争的工具,并在联合国要求优先讨论共产党政权侵犯人权的问题,尤其是古巴的人权问题,但对许多其他国家的人权问题置之不理。对联合国《禁止酷刑和其他残忍、不人道或有辱人格的待遇或处罚公约》,美国则始终持消极态度。

(三)强加本国人权观给其他国家时期

冷战结束以后,美国对自己的政治制度产生出莫名的优越感,对其他与西方政治制度不同的国家则表现出一种制度性傲慢与偏见,认为只有美国的政治制度才是唯一合理并具有普世价值的。美国总统布什再次把"人权置于美国外交政策的中心位置"。1996年8月29日,克林顿总统在芝加哥的民主党全国代表大会上发表讲话时说:"我希望建造一座通往21世纪的桥梁,从而确保我们仍是全球具有最强大防务能力的国家,确保我们的外交政策继续在国际社会中推广美国的价值观。"正是基于这样的制度性傲慢,美国肆无忌惮在世界各地推行"全球民主运动",任何一种非西方的政治制度都会受到严厉的舆论攻击和打压,相关国家也因此被贴上"不民主""专制"乃至"无赖国家"的政治标签。

随着"9·11"事件爆发,以及美国出兵阿富汗、入侵伊拉克等事件的接连发生,美国已成为侵犯别国人权的主要国家。在反恐的名义下,美国司法部对国际人权法持拒绝态度,酷刑、暗杀等严重侵犯人权行为也是层出不穷,并因此遭到国际社会的普遍批评。美国国家安全局以国家安全为由采取针对外国情报目标的专项行动,监听并搜集外国政要以及美国公民的个人信息,侵犯公民隐私事件数不胜数,一次次引起轩然大波。

二、美国人权政治化举措的深层原因与表现形态

美国对人权态度的历史演变显示,无论是早期对人权的漠视甚至拒斥,还是后期热衷于将人权作为大棒到处挥舞,本质上都是将人权视为政治斗争

的工具，并依据人权与其政治战略的契合关系来决定对人权的态度。

（一）美国将人权政治化的深层原因

美国将人权政治化的深层原因是国际人权标准与美国自身的人权状况及全球战略之间存在着根本性冲突。其一，美国自身存在严重的人权问题，包括种族歧视、枪支泛滥、暴力执法、两极分化等等。其二，美国在国际社会的盟友按照美国自己宣布的标准也是严重侵犯人权的国家。其三，美国为了维护自身的全球霸权，不断发动侵略战争，非法干涉他国内政，侵犯他国主权，这些都与人权原则背道而驰。因此，美国实际上无法将自己所宣扬的人权真正付诸实施，更谈不上与国际人权标准保持一致。当国际社会在各国的共同推动下将人权作为全球治理的共同道德标准时，美国为了增强自己的"软实力"不得不顺应国际社会发展的潮流，将人权旗帜为己所用，装扮和掩饰自身侵犯人权的行径。但是国际人权标准与美国全球战略之间的根本矛盾是无法消除的，由此导致美国必然选择以高度政治化的方式来使用人权原则。

（二）美国将人权政治化的三种形态

面对其全球战略与国际人权标准之间的冲突，美国或是放弃人权原则，赤裸裸地维护霸权，或是根据自己的政治利益有选择性地适用人权原则，或是直接将人权作为借口，给威胁自己政治利益的国家扣上"侵犯人权"的帽子，为侵犯他国主权披上道德外衣。

1. 图谋政治利益抛弃基本人权理念

美国在20世纪50年代提出的"杜勒斯主义"树立了这样的理念：同苏联竞争，就是对人权作贡献。杜勒斯主义主张把联合国作为谴责共产主义对手的最好讲坛，艾森豪威尔政府用"道德反共主义"代替对国际上公认人权的关注，肯尼迪和约翰逊政府则把反共置于优先地位，人权问题只放在第三位。曾任美国中央情报局局长和国防部部长的罗伯特·盖茨曾经写道，"卡特政府以任何美国总统前所未有的决心和力度向苏联发起了意识形态战争",具体办法就是"攻击苏联政府的合法性"和全力支持苏联国内的持不同政见者。

2. 区分政治敌友双标适用人权准则

美国在推行人权外交和处理人权事务时,并不是按照统一的国际人权标准,从公正、客观的角度关注人权保障,而是采取双重标准甚至多重标准。

第一,对自己国家的人权问题奉行一套标准,对别的国家的人权问题奉行另外一套标准。尽管美国国内长期存在大量失业、贫困、无家可归、枪支泛滥、暴力犯罪、种族歧视、移民人权等系统性人权问题,然而美国在其每年的国别人权报告中却对这些视而不见,避而不谈,一味趾高气扬地指责别国的所谓人权问题。

第二,对自己的盟国或友好国家奉行一套标准,对与自己意识形态不同、政治和社会制度不同或利益相冲突的国家则奉行另一套标准。里根政府在提交国会的《人权备忘录》中规定了"积极的"和"消极的"人权标准,对苏联东欧社会主义国家适用"积极的"人权标准,对它们侵犯人权的行为给予最严厉的惩罚;而对美国的盟国,即使存在侵犯人权现象,最多也只采取"消极的"人权标准。美国在每年发表的国别人权报告中,对发展中国家、社会主义及其他"不友好"国家的人权问题夸张渲染,但对其盟友的人权问题则轻描淡写或遮遮掩掩。

第三,对同一国家在不同时期采取不同人权标准。如果某个国家在某个历史时期的政策违背了美国政府的利益,"人权问题"就可以被利用来指责、要挟和制裁该国;当该国迎合了美国政府的利益时,"人权问题"则可能被置于次要的地位,而改用激励方法。

第四,在不同时期和不同问题上对人权采取不同的态度。在第二次世界大战刚结束的一段时期,美国始终对人权持冷淡态度。直到后来,特别是1956年匈牙利事件以后,联合国难民署的材料显示建立难民国际制度将是东西方斗争中的一个有力武器,美国才转而采取支持立场。

第五,对不同类权利采取不同态度。美国从自身经济和政治体制出发,对经济、社会和文化权利与公民权利和政治权利采取不同态度，对自由权与生存权、发展权采取不同态度，突出强调前者而淡化甚至否认后者。

无论这种选择性和双重标准有多少形式，其最终目的都是使人权服从服务于美国的世界霸权和遏制社会主义国家发展的需要，正如美国前总统卡特的国家安全顾问布热津斯基在《大失败》一书中所公开宣称的：人权"是促进共产党国家逐步向民主政治过渡的具有远见卓识的战略选择，可加速共产主义衰亡的进程"。

3. 挥舞人权大棒侵犯他国主权

美国将经济、政治乃至军事手段与人权外交手段相结合，以实现其人权外交目的。一方面，美国将人权与经济援助挂钩，要求接受美国援助的国家也必须同时接受美国的人权标准；另一方面，对于那些抵制美国人权外交的国家，则结合武力行动以实现人权外交目的。

美国历届政府都将维持美国的霸权地位，防止亚太地区出现有损美国霸权的大国作为其战略核心。中国由于现实原因成为美国遏制的首要目标，而"人权"则是美国用来牵制中国的一张牌。美国纽约大学历史和国际关系学者詹姆斯·派克指出，在美国政府内部主张对华遏制的一派时至今日坚持认为，人权是针对中国的最后一个意识形态武器，是让中国共产党无法生存下去的一个项目。"既然不能在经济上指望中国'崩溃'，那就通过'人权'这一政治武器从内部促使中国崩溃。"2000年，美国国会成立了"美国国会－行政部门中国委员会"，集中体现参众两院、政府国家安全机构、商业集团和人权组织的共同利益。这个委员会监控中国各个方面的人权状况。

詹姆斯·派克通过分析大量的历史材料得出结论：美国官方所倡导的所谓人权与真正的人权理念几乎没有丝毫的联系，美国官方高举人权旗帜，其唯一的目的是利用人权推广自己的全球战略。美国政府逐步把人权变成推行其外交政策的一种话语权，成为美国意识形态和公共外交的工具。

三、美国人权政治化行径严重危害全球人权善治

美国将人权政治化,对全球人权治理带来灾难性影响,阻碍了国际人权事业的正常发展,导致一些国家陷入混乱,玷污了人权的概念和神圣理想。

首先,美国的人权政治化行径阻碍国际人权事业的健康发展。美国以政治利益划界,阻塞了不同人权观点之间正常对话的可能性,将联合国人权机构变为政治对抗的战场。这不仅影响了全球人权事业的发展,而且也使美国自身的人权状况长期得不到应有的改善。哥伦比亚大学法学院教授塞缪尔·莫恩等学者认为,由于美国那些善于玩弄实力政治的政客们对人权问题根本不屑一顾,20 世纪 40 年代所谓的人权革命"夭折于诞生之时"。众多学者认为,20 世纪 40 年代末到 70 年代初期人权问题陷入"死胡同",是因为美国在冷战政治中未能积极参与对人权问题的国际行动。

其次,美国以人权为借口干涉别国内政,制造国家动荡,产生新的人权灾难。美国侵犯他国主权,导致被干涉和侵略的国家战火纷飞、生灵涂炭,造成了新的人权灾难。美国学者崔升焕和詹姆斯·帕特里克指出,美国向国际社会单方面输出自己的人权价值观有四种常见的政策工具:一是军事干涉,如在伊拉克或科索沃,美国以这些国家和地区的人权状态恶化为借口而发动战争;二是军事援助,以消除人权危机为由,美国政府将武器提供给特定派系的武装分子;三是经济制裁,最典型的是认定所谓的"流氓国家",号召其盟友一起切断与该国的经济往来;四是经济援助,这种工具被广泛运用在美国对拉美的外交政策之中,在提供经济援助的同时,要求这些国家依照美国的标准改善人权水平。两位学者在对近 30 年间 144 个国家的数据进行对比分析后得出的结论是:二战后,美国基于外交的人权输出几乎全是失败的,无论是军事干涉伊拉克,还是经济援助拉美国家,至今都未能使那里的基本人权得到保障。这表明,美国将人权战略工具化,非但不能真正地改善人权,反而会导致新的人权灾难。

最后,美国将人权作为实现其全球战略的工具,玷污全球人权崇高的理

想。美国大搞双重标准，漠视甚至纵容真正侵犯人权的行径，而且对保护人权的政策措施口诛笔伐甚至实施经济制裁、政治施压或军事威慑。这使得人类长期追求的人权理想被严重玷污，人权概念成为美国侵犯他国人权的借口和工具。中国前驻古巴大使徐贻聪指出："它们提倡的'人权'，实际上是一根政治大棒，基本上是用来干涉他国内政、颠覆他国合法政府的工具，是一种'政治化'的手段和策略，并非是对人权的本质尊重。在世界各地，凡是有动乱的地方，都能听到它们'保护人权'的口号，在一些国家处理危害国家主权和安全的叛国分子时，也都能看到西方世界的'人权大棒'。说到底，它们就是在将人权'政治化'，完全是别有用心。从本质上说，将人权问题政治化，是在实质上并不尊重人权的表现。"

美国的人权政治化行径侵蚀和毁损全球人权善治的基础，给全球人权事业带来了灾难性的后果，受到了国际社会正义力量的普遍谴责和广泛声讨。中国常驻联合国代表张军2021年10月7日在第76届联合国大会第三委员会一般性辩论中发言指出，美国等少数国家执意在联大三委挑起对抗，点名批评其他发展中国家人权状况，各种帽子满天飞，却对自己和盟友国家的人权劣迹视而不见。美国等少数国家罔顾事实、编造谎言，对中国进行无理指责，借人权干涉中国内政。对此，中国政府和人民坚决反对、严正拒绝。埃及、阿尔及利亚、乍得、土库曼斯坦、白俄罗斯、委内瑞拉等国在发言中强调，各国人民有权根据国情自主选择人权发展道路，坚决反对将人权问题政治化，反对搞双重标准，反对干涉内政。

美国将人权政治化所导致的恶果使人们日益深刻地认识到，人权非政治化是全球人权治理得以顺利进行的基础和前提，防止和遏制人权政治化是促进世界人权事业健康发展的重要保障。美国为了维护自身利益，逆历史潮流而动，变本加厉推行人权政治化，破坏全球人权事业的健康机体，将一个又一个国家推入社会动荡的旋涡。世界各国人民越来越认清其"人权卫士"面具之下的真面目，反对美国逆时代潮流而动的卑劣行径，这将使美国竭尽全力维护的国际霸权遭到全面反噬，在全球人权事业发展的凯歌声中鸣响起美国霸权衰落的丧钟。

美国在中东等地犯下严重侵犯人权罪行

中国人权研究会

（新华社　2022年8月9日）

美国在中东及其周边地区犯下包括战争罪、危害人类罪、任意拘押、滥用酷刑、虐囚和滥施单边制裁等一系列严重违背国际法的罪行，构成对人权的系统性侵犯，危害持久而深远。美国的罪行不仅导致中东等地战火连连，战乱频仍，深陷冲突泥潭和安全困境，而且导致当地人民的生命权、健康权、人格尊严和宗教信仰自由以及生存权、发展权等遭受严重损害。

一、发动战争，屠杀平民，损害生命权和生存权

美国历史学家保罗·阿特伍德在2010年出版的《战争与帝国：美国的生活方式》一书中指出："战争是美国人的生活方式。"美国自建国以来，没有参加过战争的时间不足20年，是一个名副其实的"战争帝国"。冷战结束后，中东及其周边地区所有重大冲突和战争中几乎总有美国的身影，沦为美国对外战争的重灾区。据美国《史密森学会杂志》统计，2001年以来，美国以"反恐"之名发动的战争和开展的军事行动足足覆盖了"这个星球上约40%的国家"。美国不仅纠集盟友发动海湾战争（1990—1991年）、阿富汗战争（2001—2021年）、伊拉克战争（2003—2011年）等，还深度参与利比亚战争和叙利亚战争，制造了世所罕见的人道主义灾难。穷兵黩武的美国对地区民众的生命权和生存权造成直接、严重和持久的伤害。

第一，违反国际法肆意发动战争。阿富汗战争和伊拉克战争是美国在中

东及其周边发动的两场最大规模的战争,对两国民众的生命安全和生存状态造成深重灾难。美国布朗大学"战争代价"项目研究指出,有超过17.4万人直接死于阿富汗战争,其中4.7万多是平民。联合国难民署称,持续近20年的阿富汗战争造成260万阿富汗人逃往国外,350万人流离失所。2003年,美国绕开联合国,违反禁止使用武力的国际法基本原则,以凭空捏造的理由发动伊拉克战争,构成对伊拉克的侵略。根据全球统计数据库的资料,2003年至2021年,约有20.9万伊拉克平民死于战争和暴力冲突之中,约有920万伊拉克民众沦为难民或被迫离开故土。美国在中东等地发动战争严重损害地区民众的生命权和生存权。

第二,践踏国际法滥杀无辜平民。美国为达到自己的军事目的,视他国平民生命为无物。一是美国多次无差别攻击中东等地平民。2005年8月12日,美军一辆装甲巡逻车在伊拉克拉马迪郊区城镇向清真寺出来的人们射击,造成包括8名儿童在内的15名伊拉克人丧生,另有17人受伤。同年11月21日,驻伊美军在巴格达北部朝一辆民用车开枪,造成一家5口死亡,其中包括3名儿童。联合国调查委员会指责美军在叙利亚地区"发动不加区别的袭击,导致平民伤亡,并且不顾后果,构成了战争罪"。联合国2019年9月发布的报告指出,以美国为首的联军在叙利亚等地实施的许多空袭"没有采取必要的预防措施来区分军事目标和平民"。二是美国广泛采取空袭行动进行所谓的"反恐",经常"误杀"平民,伤及无辜,任意剥夺生命权。《纽约时报》报道称,基于对五角大楼机密文件的调查,美国在叙利亚频繁发动的空袭,因"严重情报缺陷"和"错误瞄准",造成大量平民伤亡,而五角大楼通常对此选择掩盖或有罪不罚。2017年,美军对叙利亚城市拉卡发动所谓"最精准的空袭"。美国智库兰德公司发布报告指出,美军这一军事行动共造成38起平民伤亡事件,导致178名平民丧生,数十人受伤。一些人权组织估计,平民伤亡数量可能多达1600名。2019年3月18日,美军出动无人机在位于叙利亚-伊拉克边境的巴古兹镇寻找"极端组织"目标时,炸死至少64名平民妇女和儿童。2022年2月,美军在叙利亚伊德利卜省发动突袭，造成至少13人死亡，其中包括6名儿童和3名妇女。2021年8月29日，美军在阿富汗首都喀布尔实施的无人机袭击，造成当地10名平民死亡，其中包括7名儿童。三是美国军事承包商无端杀害平民。美国惯于利用军事承包商在中东地区实行霸权压制，他们在当地实施的违法犯罪行为往往逃脱问责。2007年，美国黑水公司雇员在巴格达尼苏尔广场实施屠杀，造成包括2名儿童在内的14名平民死亡，至少17人受伤。2020年，时任美国总统特朗普竟然赦免了在伊拉克犯下战争罪的黑水公司雇员。联合国人权理事会雇佣军问题工作组发表声明指出，美国政府这一行为对国际人道主义法和人权造成冲击，是对正义和受害者及其家人的侮辱，呼吁《日内瓦公约》所有缔约国共同谴责这一行径。美军在海外肆意频频屠杀平民的行为毫无疑问构成了危害人类罪。

第三，间接参与战争导致大量平民伤亡。美国在中东等地广泛扶植代理人，大量出售武器，造成大规模人道主义灾难。美国通过扶植多个代理人深度参与叙利亚战争和利比亚国内冲突，造成当地战乱和冲突延宕至今，局势日趋复杂，政治和解与社会稳定遥遥无期。利比亚全国过渡委员会前主席贾利勒称，持续的内乱导致众多利比亚人死亡，"而美国对军事行动和战争造成的这一后果并不关心"。根据联合国公布的数据，美国的军事介入已造成叙利亚至少35万人失去生命，1200多万人流离失所，1400万平民急需人道主义援助。叙利亚难民问题被联合国称为"我们这个时代最大的难民危机"。

面对阿富汗和伊拉克战争泥潭，肆意发动战争的美国政府却为了一己私利，一再选择不负责任地撤离，罔顾最基本的人道主义，导致有关国家长期的冲突与混乱局势更趋恶化。美国以武力手段摧毁了伊拉克原有的国家机器，导致伊拉克政府控制能力下降，为恐怖主义扩张提供了空间和条件。2011年，美国不负责任地从伊拉克撤军，致使"伊斯兰国"等极端组织趁势坐大，暴恐袭击频发，成为危及伊拉克和地区安全的最大挑战。2021年8月，美国同样不负责任地从阿富汗撤军，并在撤离的过程中再次无视阿富汗人民生命安全，造成多起触目惊心的人员伤亡事件。

二、强制改造，单边制裁，侵害发展权和健康权

美国在中东等地肆意打压不顺从自己的国家和组织，强制推行美式价值观，确保美国主导的全球政治经济秩序和安全秩序，其实质是维护美国的"军事－经济－观念三位一体"霸权，其后果是改变地区国家的自主发展道路，严重损害中东等地有关国家的主权和当地人民的发展权、健康权。

第一，颠覆政权、干涉内政，侵害他国主权和人权。一方面，冷战结束后，美国为了全面主宰中东等地，对该地区不服从美国旨意和利益的主权国家，以发动战争等方式直接推动政权更迭，进而强制移植"美式民主"，改造有关国家的制度和发展道路。最典型的就是美国 2001 年和 2003 年通过对阿富汗和伊拉克的武装入侵，推翻自己不喜欢的政权。另一方面，美国长期支持非政府组织和代理人向中东社会渗透，屡屡用"颜色革命"的手段改变中东国家的发展道路。作为美国政府干涉别国内政、煽动分裂对抗的"马前卒"和"白手套"，美国国家民主基金会服务于美国战略利益，对中东国家进行了长期的渗透和颠覆活动，留下斑斑劣迹。该组织依赖白宫和美国国会的持续资金支持，遵照美国政府命令，通过向亲美个人和团体提供资助，在埃及、也门、约旦、阿尔及利亚、叙利亚、利比亚等国煽动"颜色革命"，是"阿拉伯之春"的重要幕后黑手。

美国试图通过改造地区国家，建立脆弱的依附性政权，为其全球霸权服务。美国的强制"制度输出"，不仅带有深厚的霸权主义色彩，而且破坏了地区国家自主探索发展道路的努力，造成了一系列灾难性后果。美国对阿富汗、伊拉克、叙利亚、利比亚等国进行的"强制改造"，导致这些国家的政治秩序和社会稳定被打破，社会团结和国家凝聚力被摧毁。这种以武力推翻他国政权、干涉他国内政、强制输出所谓"民主"的行为，不仅违反禁止使用武力、不干涉内政等国际关系基本准则，而且严重侵犯了相关国家人民自主选择发展道路的权利和基本人权。

第二，滥施单边制裁，造成有关国家蒙受严重经济损失、民众生活质量

下降。美国堪称全球唯一的"制裁超级大国"。根据美国财政部《2021年制裁评估报告》，截至2021财年，美国已生效的制裁措施累计达到9400多项。自1979年以来，美国就长期对伊朗等国实施各类单边制裁；1996年又抛出所谓"达马托法案"，禁止外国公司对伊朗、利比亚能源产业进行投资，实行危害极大、影响深远的"长臂管辖"。此后，美国对伊朗的制裁层层加码、步步升级。美国特朗普政府时期更是对伊朗实施制裁和"极限施压"，企图以压促变，颠覆伊朗政权。伊朗鲁哈尼总统执政期间表示，美国特朗普政府的制裁至少对伊朗造成2000亿美元的经济损失，"美国对伊朗的制裁是非人道的，是犯罪和恐怖主义行为"。1980年至1992年，美国就对利比亚实施单边制裁；1992年至2003年，美国又胁迫、拉拢盟友扩大对利比亚的单边制裁。世界银行指出，利比亚因制裁遭受的经济损失高达180亿美元，而利比亚官方认为，制裁使其损失了330亿美元。第一次海湾战争后，美国对伊拉克实施野蛮的单边制裁，造成严重后果。1990年8月至2003年5月，制裁造成伊拉克石油收入损失1500亿美元。时至今日，伊拉克的人均年收入都没有达到1990年的水平（7050美元）。此外，制裁还造成伊拉克严重的人道主义灾难，伊拉克的婴儿死亡率翻倍，5岁以下儿童死亡率增长了6倍。同时，伊拉克的教育、医疗、社会保障体系被毁，识字率从1987年的89%下降到1997年的57%。

美国2021年从阿富汗撤军后，不仅对阿富汗施加经济制裁，还将阿富汗中央银行数十亿美元外汇储备冻结，导致阿富汗经济处于崩溃的边缘，人民生活雪上加霜。世界粮食计划署官员指出，美国对阿富汗的经济制裁加剧了当地粮食危机，"98%的阿富汗人吃不饱饭，近一半5岁以下儿童将陷入严重营养不良状态"。然而，2022年2月11日，美国总统拜登签署行政令，要求将阿富汗中央银行约70亿美元的在美资产均分，一半作为赔偿"9·11"事件受害者的资金来源，另一半则转移至纽约联邦储备银行的一个账户，用于帮助"阿富汗人民"，同时明确表示这些资产不会交还塔利班政权。美国政府这种公开劫掠阿富汗人民财产的霸权行径受到国际社会的普遍谴责。美国塔夫茨大学教授德雷兹纳在《外交事务》杂志发表文章批评称,美国历届政府滥用经济胁迫和经济暴力手段,将制裁作为解决外交问题的首选方案,非但起不到效果,还造成人道主义灾难。美国针对中东等地有关国家政府施加的单边制裁,最终伤害的是这些国家的普通民众,严重损害了被制裁国家和民众的发展权。

第三,制造人道主义危机,严重损害有关国家民众的生命健康权。美国发动的海湾战争和伊拉克战争及随后的暴力冲突,摧毁了伊拉克大量基础设施,国家公共服务能力极大下降,民众面临缺水少电、缺医少药等问题,首当其冲的受害者是穷人、儿童、寡妇、老人等最脆弱的群体。以卫生部门为例,海湾战争后,伊拉克医疗水平下降十分明显。1990年,伊拉克97%的城市人口和71%的农村人口能享受公共医疗服务。2003年伊拉克战争后,约2万名当地医生逃离,大量医疗设施在战火中被毁。由于美军轰炸对发电厂和水处理设施造成的破坏,患腹泻病的人数是战前的4倍。伊拉克第二大城市摩苏尔的13所医院中有9所被摧毁,180万人的城市可用病床仅有区区1000张。此外,美国发动伊拉克战争时,曾大量使用贫铀弹,给当地居民的健康造成巨大损害,严重侵犯了当地民众的健康权。

美国政府无视新冠肺炎疫情在全球蔓延,依然顽固坚持对伊朗、叙利亚等国实施单边制裁,导致被制裁国家难以及时获得抗击疫情需要的医疗物资。联合国人权事务高级专员米歇尔·巴切莱特2020年指出,制裁会阻碍抗疫医疗合作,给所有人增加风险;无论是出于维护全球公共安全,还是为了维护被制裁国家数百万人的权利和生活,都应放松或暂停特殊领域的制裁。由于制裁,伊朗无法进口基本药物和医疗器材,严重影响数百万伊朗人的健康状况。伊朗政府为筹措抗疫资金向国际货币基金组织申请50亿美元的抗疫特别贷款,但受到美国阻挠。美国通过冻结伊朗海外资金、威胁疫苗供货方等方式阻碍伊朗进口新冠疫苗。2020年,伊朗称曾3次试图按照世卫组织的新冠疫苗实施计划(COVAX)付款购买疫苗,但均因美国的制裁和限制而无法付款。美国布鲁金斯学会分析估计,在伊朗疫情最严重时期,美国持续施加的制裁影响进一步加剧，可能导致多达1.3万人因此死亡。

三、制造"文明冲突"，滥用监禁和酷刑，侵犯宗教信仰自由和人格尊严

美国不尊重文明的多样性，敌视伊斯兰文明，摧毁中东历史文化遗产，肆意囚禁穆斯林并滥施酷刑，严重侵犯中东等地人民的基本人权。

第一，在世界范围内散布"伊斯兰威胁论"。美国鼓吹西方文明和基督教文明优越论，从骨子里鄙视非西方文明，污名化伊斯兰文明，给伊斯兰文明贴上"落后""恐怖""暴力"等标签，并借"9·11"事件，在世界范围内渲染"伊斯兰威胁论"，故意误导甚至煽动人们敌视伊斯兰教，歧视穆斯林，挑起"文明冲突"，为其发动全球反恐战争进行舆论准备和辩护。美国一手制造的"伊斯兰恐惧症"一度在美国国内和其他西方国家泛滥，严重损害了伊斯兰国家的民族尊严和国际形象，侵犯了广大穆斯林的人身自由和宗教信仰自由。在美国的阻挠下，巴勒斯坦人民的合法民族权利和合理诉求长期得不到解决，和平、发展和人权都无从谈起。

第二，摧毁中东文明古国文化遗产。美国奉行西方中心主义，鼓吹"民主和平论"和"民主改造论"，无视中东文明的历史悠久和灿烂辉煌。美军发动伊拉克战争后，其军事行动直接造成政权更迭、社会动荡和长期战乱。更为严重的是，美军入侵和占领期间，伊拉克首都巴格达一度陷入无政府状态，被联合国教科文组织列为世界11大博物馆之一的伊拉克博物馆囊括该地区苏美尔、巴比伦、亚述等各个历史阶段古代艺术和文明精华的17万件珍藏文物横遭劫掠，人类文明惨遭浩劫。根据海牙《陆战法规和惯例公约》及日内瓦公约等国际法，占领方应维持被占领区的社会秩序。而美军占领巴格达后未及时采取措施，以所谓不是警察为借口，回避维持社会治安的国际法义务，导致了人类史上最大的文化破坏案，其危害之深，完全与现代文明世界背道而驰。伊拉克博物馆副馆长2003年曾直言不讳地控诉：美军应对

所发生的一切负责。此外，美国打压、侮辱、霸凌中东国家，破坏了中东国家和民众的文化自信，摧毁了中东人民的民族自豪感和自信心。

第三，虐囚和酷刑严重损害穆斯林的人格尊严权。美国发动全球反恐战争以来，针对穆斯林的虐囚丑闻不绝于耳。美国布朗大学"战争代价"项目研究指出，"9·11"事件后，美国以"反恐"为幌子在海外设立"黑监狱"，涉及至少54个国家和地区，拘禁包括穆斯林、女性和未成年人等在内的数十万人。早在2003年，美军在伊拉克阿布格莱布监狱就大肆虐待在押人员，其中很多人被无辜关押，甚至造成大量死亡，严重违反了国际人权法。美国还创建关塔那摩监狱专门用以关押来自中东等地的"恐怖分子"，总共拘押了约780人，其中很多人未曾被刑事起诉。目前该监狱仍有30多名人员在押，他们已经步入暮年，身体虚弱，长期被剥夺自由并无休止地承受精神和肉体的酷刑。在关塔那摩监狱，除了存在广泛的虐待和酷刑外，美方人员还通过亵渎《古兰经》和违背伊斯兰教信仰来折磨囚犯，包括把《古兰经》扔进厕所，假借搜查武器之名撕毁、焚烧《古兰经》，让女警卫在浴室里监视裸体囚犯等，引发被关押的囚犯集体抗议，甚至集体自杀。2021年9月，美国在阿富汗的巴格拉姆空军基地的监狱和虐囚行径被媒体曝光。国际刑事法院调查证据显示，美军在阿富汗漠视国际公理、践踏国际准则，长期对关押人员施加"折磨、虐待、侵犯个人尊严、强奸和性暴力"，包括将至少30名囚犯关进一个笼子，将遭受酷刑的囚犯藏在隐蔽区域任其自生自灭，将囚犯蒙上眼罩令其一丝不挂地游行示众，等等。美军对囚犯的侮辱和残酷虐待，严重侵犯了其基本人格权，也违反了美国依据国际人权法承担的禁止实施酷刑和其他残忍、不人道或有辱人格的待遇或处罚的义务。

事实表明，美国在中东等地严重侵犯当地人民的基本人权，给地区国家和人民造成了永久性伤害和无法弥补的损失。美国的霸权本质和强权政治的野蛮性、残酷性、危害性暴露无遗，也让世界人民更加认清了"美式民主"与"美式人权"的虚伪性和欺骗性。

专题片：《"美式干预"制造的人权灾难》
https://news.cctv.com/2022/08/10/
VIDEp5utJXBC4RzrBFW9IG5v220810.shtml

嗜战成瘾的美国实为"人权伪道士"

刘 明*

(《光明日报》 2022年4月16日)

战争，向来是人权的"坟场"。人类历史上的任何一场规模性战争，无疑都制造了严重的人道主义灾难。联合国难民署的数据显示，俄乌冲突爆发后，有超过400万乌克兰人流落他国成为难民，乌境内有超过600万人流离失所。针对俄乌冲突所引发的人道主义灾难，以美国为首的西方国家以所谓"人权卫道士"的身份将矛头直指俄罗斯。但另一方面，当深究这场冲突的根源时，不难发现，以美国为首的北约恰是俄乌冲突的直接推手。

以美国为首的北约以维护自身的"绝对安全"为由，一次又一次地背信弃义进行东扩，不断挑战俄罗斯的国家安全底线，这是俄乌冲突的最直接原因。北约作为冷战的产物，本应随着苏联解体和世界和平的大潮而退出历史舞台，但却逆历史潮流地保留了下来。自1999年至2020年前后，北约先后经历了五次东扩，向东推进了1000余公里，频繁触动俄罗斯的安全底线。20世纪90年代，北约曾经承诺"一英寸都不会向东扩张"，但最终却东扩至俄罗斯边界。现在，北约又教唆乌克兰加入该组织，试图直接威胁俄罗斯腹地。可见，俄乌冲突的根源不在俄乌两国本身，而是一再违背诺言的美国和北约。

在2016至2020财年，乌克兰是美国在欧洲最大的军事援助对象；2015至2019财年，美国至少对10629名乌克兰人进行过军事培训。美国对乌克

---

* 作者刘明系天津市中国特色社会主义理论体系研究中心南开大学基地研究员、南开大学人权研究中心研究员。

兰的所谓援助，绝非出于为乌克兰的利益考虑，而是将乌克兰视作大国博弈的棋子，以达到压制俄罗斯的目的。同时，美国在俄乌局势上刻意拱火，也旨在从乱局中攫利，这向来是美国制造战争的最根本动因。

俄乌冲突爆发后，当北约的欧洲盟国饱受能源危机时，美国却借机向欧洲各国兜售能源，从中获取巨额暴利。美国能源部数据显示，3月18日，美国原油日出口量增至380万桶，创2021年7月以来的新高。美国还趁机向欧洲兜售天然气。3月25日，白宫发表声明称，将与国际伙伴合作，在今年向欧洲伙伴提供150亿立方米液化天然气。美国的军工企业自然也是俄乌乱局的直接受益者。据美国国防部的一份报告，自2014年以来，美国已承诺向乌克兰提供超过27亿美元的安全援助。

在乌克兰的人道主义危机问题上，美国不仅不是什么"人权卫道士"，恰恰相反，实为地地道道的"人权伪道士"。正是由于美国的煽风点火和北约的不断东扩，才触发了这场人道主义灾难。纵观美国200多年的历史，这仅仅是其人权恶行的冰山一角。如果说战争是人权的"坟场"，美国的历史似乎也是不断堆砌"坟场"的历史。人权研究会2021年4月份发布的一份关于美国对外战争的报告显示，自1776年独立以来，在240多年的历史中，美国没有参与战争的时间不足20年。据不完全统计，从1945年第二次世界大战结束到2001年，世界上153个地区发生了248次武装冲突，其中美国发起的就有201场，约占81%。

这些战争制造了大量的人道主义灾难。例如，美国在20世纪50年代至70年代发动的越南战争，是二战后持续时间最长也是最为残酷的一场战争。据估计，200万名平民在战争中死亡。自1975年战争正式结束以来，战争遗留弹药已致死约42000人。此外，美军还在越南投放了约7571万升的落叶剂，导致40万越南人死亡，约200万越南人因为接触到落叶剂而罹患癌症或其他疾病。延续十几年的战争导致300多万难民逃亡在外。另外，在1999年的科索沃战争中，以美国为首的北约军队打着"避免人道主义灾难"的旗号，公然绕过联合国安理会，对南联盟进行了78天的持续轰炸。据统计，这场战争造成2000多名无辜平民丧生，6000多人受伤，近100万人流离失所，200多万人失去生活来源。

进入21世纪，随着冷战阴影的散去，和平与发展成为大势所趋。但美国却并未在发动或鼓噪战争的道路上停下脚步，甚至变本加厉，从阿富汗到伊拉克，从叙利亚到也门等国，以美国为首的西方国家打着所谓"人道主义干涉""打击恐怖主义""维护人权"等旗号发动一场又一场战争。美国以"国际警察"和"人权卫士"自居，实则是在国际社会奉行单边主义和霸权主义，为本国牟利。更为讽刺的是，美国发动的系列战争，不仅没有兑现其所谓的"高尚"目标，反而使其成为人权灾难的直接制造者。

例如，美国以"反恐"为名发动的战争，所制造的人道主义灾难远远超过恐怖主义本身。据统计，美国近20年发动的所谓"反恐"战争已经夺去超过92.9万人的生命。美国在阿富汗20年的军事行动，累计造成包括3万多平民在内的17.4万人死亡，受伤人数超过6万。持续的战争与动荡导致阿富汗近三分之一人口沦为难民，350万阿富汗人因冲突而流离失所，近2300万人面临极端饥饿，其中有320万名5岁以下儿童。2019年上半年，确定死于美军炸弹的阿富汗平民有363人，包括89名儿童。阿富汗战争平均每天造成约6000万美元经济损失、约250人伤亡。

2003年爆发的伊拉克战争，是美国奉行单边主义和霸权主义的缩影。美国在没有任何证据的情况下，以伊拉克藏有大规模杀伤性武器并暗中支持恐怖分子为由，公然绕开联合国入侵伊拉克。据估计，伊拉克战争导致约20万至25万平民死亡，其中美军直接致死的平民超过16000人。以美国为首的联军还在伊拉克大量使用贫铀弹、集束炸弹和白磷弹，对平民造成极大伤害。在2010年美国作战部队撤出伊拉克前后，至少有510万伊拉克难民被迫离开家园，伊拉克也由世界最富裕的国家之一变为世界上生存条件最严酷的国家之一，1000万伊拉克人生活在贫困线以下，占全国总人口的三分之一。30多万名年龄在10到18岁之间的伊拉克青少年从未上过学，失业率可能高达50%。

美国对叙利亚的战争，则是美国"人道主义干涉"失败的典型。自2017年，

美国人权的多维透视

美国以"阻止叙利亚政府使用化学武器"为由，对叙利亚展开多次空袭。据统计，2016年至2019年，叙利亚死于战乱的平民达33584人，其中，美国领导的联军轰炸直接致死3833人，有半数是妇女和儿童。美军对拉卡市发动的空袭一度被称为"史上最精确的空袭"，却导致1600名平民被炸死。长期的内战叠加美国等国的军事干涉，使得叙利亚的人道主义危机空前加剧。根据世界粮食计划署2020年4月的调查，大约三分之一的叙利亚人没有足够的食物，87%的人没有储蓄。叙利亚战乱开始以来，至少有650万人在国内流离失所，500万人作为难民逃往他国。美国对叙利亚内战进行的所谓"人道主义干涉"，不仅没有停戈止乱，反而加剧了叙利亚的战乱，并直接造成了严重的人道主义灾难。

此外，美国还借助其军事上的高科技优势，在全球多个国家发动近乎无差别打击的"无人机战争"，导致大量无辜平民伤亡。美国在也门发动的无人机战争持续近20年，仅在2018年的一次无人机袭击中，就至少造成30名平民死亡。美参议员克里斯·墨菲曾承认，"美国支持发动的战争使也门成为人间地狱"，"每个平民的死亡都有美国的印记"。2012年1月至2013年2月美军在阿富汗东北部发动的一次代号为"干草机"的无人机袭击行动中，219人被炸身亡，其中35人是预先要攻击的对象，而其他多数死者均为无辜平民。2012年9月的一则报道显示，美国的无人轰炸机在巴基斯坦境内杀死的每50人中，只有1人是恐怖分子，其余49人都是无辜平民。另据统计，2010年至2016年，至少有6000人死于美军无人机空袭，平均每消灭1个恐怖分子，需付出40条无辜生命的代价。美国在多国发动的"无人机战争"，与无差别袭击的恐怖主义似无二致。美国的"反恐身份"实为笑谈，所披的"人道主义"旗帜更是碎落一地。

美国200余年的战争史恰是铁的证据，凸显其嗜战成瘾的本性，将其钉在人道灾难制造者的"耻辱柱"上。不管美国以任何巧立的名目发动或鼓动战争，在美国炮火下丧生的成千上万的无辜"冤魂"时刻向世人提醒着其虚伪本质——美国向来不是"人权卫道士"，而实为"人权伪道士"。

美国对阿富汗人民人权的剥夺和侵犯

李文军[*]

(《光明日报》 2022 年 5 月 30 日)

"9·11"恐怖袭击事件发生后,美国在没有获得联合国安理会授权的情况下贸然发起单边军事行动,以"持久自由行动"为代号对"基地"组织和阿富汗塔利班政权进行军事打击。美国政府声称对阿富汗采取军事行动是在行使"自然权利"范畴的自卫权,已完成相关法律程序并得到国会支持。但事实上,国际法上的自卫权是指受到武力攻击时的反击行为。美国不顾相关方提出的解决方案,公然使用武力对阿富汗发动进攻,尽管以行使自卫权为托词,但实质上却是一种缺乏合法性基础的事后报复性惩罚,没有遵循和平解决国际争端的原则。这既是对自卫权的歪曲与滥用,也是对阿富汗国家主权的肆意践踏。

美国后续对阿富汗长期非法占领,不过是借打击恐怖主义之名,妄图扶植代理人推行其美式民主改造计划,建立唯其马首是瞻的所谓"民主新秩序",在攫取中亚地缘政治优势的同时,实现其遏制他国崛起的既定战略目标。这场战争造成大批阿富汗平民伤亡和重大财产损失,数百万阿富汗平民被迫逃离家园前往他国避难。阿富汗战争的唯一"赢家"是发动并维持战争的既得利益者,包括美国的政客和国防承包商。从本质上看,美国对阿富汗发动的战争是公然违反国际法的军事入侵行为,既不正义,也不合法。美国在非法入侵和占领阿富汗期间采取的一系列军事行动,严重侵害和剥夺了阿富汗人

---

[*] 作者李文军系西南政法大学人权研究院研究员、人权与司法研究中心主任。

民的生命权、健康权、发展权等基本人权。

第一，美国的非法入侵导致大批阿富汗平民伤亡。保障生命权的国家义务不能掩盖生命权的主体平等性，任何国家公民的生命权都应平等地受到保护。美国不能以打击恐怖主义为借口，肆意侵害他国人民的生命权。自2001年10月打着"反恐"旗号发动阿富汗战争以来，美国给阿富汗人民带来了深重灾难，造成大批无辜平民受伤和死亡。美国布朗大学沃森国际和公共事务研究所最新研究显示，美国在阿富汗20年的军事行动，有47245名阿富汗平民及6.6万至6.9万名与"9·11"事件无关的阿富汗军人和警察在美军的行动中丧生，受伤人数超过6万，而战争间接造成的伤亡人数可能远远高于已公布数据。

尽管美国政府认识到实施无差别轰炸会误伤平民，使其出兵阿富汗的"正当性"受到国际社会的广泛质疑，但随着军事行动陷入僵局，美国军方放宽了实施空中打击的审批规则，并认为及时、灵活的空袭可以有效打击反对势力和压缩塔利班的生存空间。2017年4月，美军首次在阿富汗投掷有"炸弹之母"之称的世界最大型非核炸弹。这种炸弹的装药并非普通炸药而是高能燃料，在扩散的过程中能够向缝隙、洞穴、低洼处等地方流动。同时，炸弹爆炸时会大量消耗空气中的氧气，在爆点周围形成短时间缺氧低压状态，爆点附近的人员即使有掩体防护，也会被迅速抽干肺内空气，在巨大痛苦中死亡。虽然美国媒体当时报道此次轰炸仅炸死36名武装分子，但事后查明造成了包括平民在内的82人伤亡。阿富汗前总统卡尔扎伊强烈谴责美军对阿富汗人民犯下的极大暴行，认为这不是反恐战争，而是没人性且残忍地把阿富汗当成新型危险武器的测试场。美国政府种种无视他国公民生命权的恶劣行径足以表明，造成阿富汗平民大量伤亡并非无心之失，而是有意为之。

第二，美国是侵害阿富汗人民健康权的罪魁祸首。努力提高健康权保障水平、营造健康生活环境是人类社会的共同追求，但健康权的实现程度往往受制于国家或地区的社会经济发展水平，以及是否拥有完整主权以维持稳定的社会环境。美国在占领阿富汗后，持续对"基地"组织和塔利班政权发起军事打击,严重破坏了阿富汗的基础设施和社会秩序,阻碍了当地医疗卫生和健康事业的发展。大量平民营养不良、身患疾病,无法得到及时医治。联合国粮食及农业组织和世界粮食计划署2021年11月的评估报告显示,阿富汗全国仅有5%的人每日能够获得足够的粮食。联合国儿童基金会阿富汗办事处官员萨曼莎·莫特表示,阿富汗目前约1400万儿童没有足够的食物,约320万5岁以下儿童严重营养不良,约110万儿童面临因严重急性营养不良而死亡的风险。世界卫生组织发言人玛格丽特·哈里斯表示,美国的单边制裁和对海外援助的切断,使阿富汗部分医疗机构因缺乏资金支持而被迫关闭。

长期以来,美国政府暗中支持在阿富汗的情报人员制造和贩卖毒品,并认为罂粟是可以用来牟利养战的完美战时作物。这些情报人员甚至编写有专门的罂粟种植教程,发放罂粟种子并教授当地民众种植,扶持线人建立数百个毒品工厂。这在很大程度上滋长了阿富汗国内毒品的泛滥,严重危害了民众的身体健康。而美国入侵阿富汗造成阿富汗社会管理秩序失控和普遍贫穷,也是阿富汗国内罂粟种植面积飙升和毒品犯罪猖獗的直接原因。联合国毒品和犯罪问题办公室2021年的报告显示,阿富汗是世界上最大的罂粟种植国和鸦片生产国,鸦片产量占世界供应量的80%以上,远远超出了美国入侵阿富汗前塔利班政权管控下的罂粟种植面积和鸦片生产量。阿富汗现有15至64岁吸毒人数超100万人,约占其总人口的8%,为世界平均水平的两倍。

第三,美国肆意剥夺阿富汗人民的发展权。个人的发展会促进社会整体的进步,而社会的发展也会为个人发展提供条件,最终形成个人发展与社会整体进步的良性互动。但美国对阿富汗的军事入侵使个人与社会之间发展的良性互动演变为互斥的恶性循环。社会的长期动荡和美国的单边制裁,使阿富汗的经济、教育、科技等发展严重受阻,这是阿富汗仍处于最不发达国家行列的重要原因。根据联合国官网公布的数据,持续的战争导致阿富汗近1/3人口沦为难民,近2300万人面临极端饥饿。美军撤离阿富汗后,美国又立即对新政权实施制裁,冻结了阿富汗中央银行数十亿美元的外汇储备,导致阿富汗金融体系濒临崩溃，很多人因经济萧条而失业。

在民众的教育方面，联合国教科文组织报告显示，家庭贫困和流离失所使阿富汗人民的受教育情况不容乐观。阿富汗成年人的识字率在世界上处于较低水平，15 岁以上人群识字率只有不到 40%，成年女性识字率更低，只有不到 30%。失学儿童人数高达 400 多万，女性占比为 60%。受教育的儿童中，也只有 37% 的女性和 66% 的男性能够阅读和写作。

在经济发展方面，长年战乱使阿富汗的经济遭受了前所未有的破坏，社会整体发展停滞乃至出现倒退。阿富汗目前约有 72% 的民众生活在贫困线以下，失业率更是高达 38%。作为阿富汗经济支柱产业的农业面临冲击，粮食产量不足造成大面积饥荒。"阿富汗人权"组织发布的调查报告显示，在加尼担任总统期间，阿富汗 80% 以上的农村地区遭到破坏，70% 的牲畜死亡，1/4 至 1/3 的灌溉系统被毁坏，约 1/3 的农场被遗弃。截至 2021 年 8 月，阿富汗国内各地区的粮食产量几乎下降了一半，有些地区下降了 2/3。联合国粮农组织和世界粮食计划署共同发布的报告预计，从 2021 年 11 月开始，阿富汗将有 2280 万人面临重度粮食不安全状况，这一数字超过了阿富汗人口总数的一半。

可以认为，美国对阿富汗近 20 年的军事占领和国家改造，并未给阿富汗人民带来和平与安宁，而是留下了一个黎庶涂炭、千疮百孔的贫穷国家。当以美国为首的占领者仓皇撤兵后，阿富汗人民又不得不面对政府垮台后出现的社会动荡。联合国难民署称，在美军撤离阿富汗的背景下，自 2021 年 1 月以来，不安全和暴力因素导致约有 27 万阿富汗人在境内流离失所，这使得阿富汗背井离乡的人口总数超过 350 万。世界粮食计划署的官员已发出警告，由于外部援助减少，阿富汗已出现基本物资短缺问题，而未来一段时间这种情况可能更加严峻。目前最急迫的问题是如何稳定社会秩序、促进经济发展及消除饥饿和贫困，保障人民享有最低限度生活水准的基本权利。

一向打着保护"人权"的幌子来干涉别国内政，在全世界充当"人权教师爷"的美国政府，不顾联合国安理会和国际社会强烈的反战呼声，公然违背联合国宪章的宗旨和原则，执意奉行单边主义野蛮行径，肆意侵犯阿富汗主权、滥杀无辜，酿成了当今世界最严重的人权悲剧和人道主义灾难。这样的"人权卫士"不是国际社会所期待的负责任大国，美国政府应当对阿富汗的落后社会现状负责，对侵犯和剥夺阿富汗人民基本人权的行为及造成的恶果负责。

美式民主输出实为推行文化霸权

齐延平 隋 心[*]

(《光明日报》 2022年6月3日)

19世纪法国著名思想家托克维尔之名著《论美国的民主》可谓"美式民主"的出生证。而美式民主取得神话般的地位并名闻世界不过是第二次世界大战之后的事情，是美国利用二战机会成功上位为世界头号经济、军事、科技强国的衍生品。将自己塑造为现代民主与人权教主一直是"美国梦"的一部分，而当下美国社会中因民主失序导致的政治乱象、遍布全境此起彼伏的枪声、已超百万的疫情亡灵，却构成了对美式民主与人权的极大讽刺。民主制度异化为政治极化加速器，基本人权被政客掏空殆尽，民众生活步履维艰，林肯的"民有、民治、民享"理想已然梦碎。但令人感到不可思议的是，正是在这种情形下，美国却明显加快了美式民主与人权的输出步伐。美国对自身民主与人权的迷之自信以及强行输出的动机，需要在美国的历史与文化中寻找。

美式民主输出背后是文化自卑心理和文化霸权动机。《人类简史》的作者赫拉利说过：想象力和虚构，是人类文明的起点。美国在建国后短短的200余年间，就以"五月花号公约"、《独立宣言》《权利法案》《废奴宣言》、"马丁·路德·金之梦"等历史素材为基础，将自己成功打造成了"天选"的民主之子、"天生"的人权卫士。当美国在战后走到世界舞台中央的时候，上述经典历史素材背后代表的美国人对北美的殖民掠夺黑暗史、对原住民的

---

[*] 作者齐延平、隋心，分别系北京市习近平新时代中国特色社会主义思想研究中心研究员、北京理工大学法学院教授，山东大学博士研究生。

屠戮灭绝暴行、对非白人族裔的隔离迫害记录，被有意封存并遗忘了。在经济、军事、科技强大实力的加持下，美国认为自己理所当然像上帝一样拥有了对民主与人权问题的标准制定权、规则解释权和优劣评判权。人类历史上国家之间的竞争看似是经济、军事与科技的竞争，但归根到底是文化的竞争。美国深深懂得，一个国家伟大与否最终需要以文化的持久性与影响力来证明。所以，美国一方面在国际上打压其他国家和地区的文化形态，另一方面意图凭借美式民主与人权文化输出实现对他国文化形态的吞噬和同化，建立自己的文化霸权。

自认是"天之骄子"的美国是先天缺乏反思和自省意识的国家，其变本加厉的扩张掠夺和文化强行输出，不过是对这种先天不足与缺陷的掩盖与矫饰。所以说，美式民主与人权的强力输出不仅有直接的政治、经济原因，更有深层的文化自卑心理以及伴生的文化霸权动机。急于担当民主与人权的世界警察、教师爷和终审法官，反映的是独居世界经济、科技、军事霸主地位，但又缺乏文化与历史厚度的美国内心极度的不自信，和在世界文化星空中留下痕迹的迫切需求。在世界范围内推行美式民主与人权，无疑是美国强化历史与文化自觉的核心战略，一个目的就是让全世界为其短暂的民主与人权历史进行文化认证。

美式民主输出越是急切，越是反映美国的文化焦虑。世界文明的发展有赖于不同文化之间的交流互动、互学互鉴，但前提是不同文化之间要持平等包容和尊重欣赏的态度。然而，美式民主和人权的输出却是建立在居高临下和排除异己的扭曲文化心态基础之上的。"冰冻三尺非一日之寒"，世界霸主地位与心态使得美国对自身日渐严重的民主与人权危机彻底丧失了反思能力；依附并紧跟其后亦步亦趋的那些国家的吹捧与抬轿，更使得美国彻底封闭了自身民主与人权与时俱进、超越自我继续提升的可能性。一个现代国家利用经济实力、军事强权和拉帮结伙手段强行输出其民主价值观和人权文化，本身就是对现代性原则的嘲弄和反叛。而且，我们还发现，美式民主与人权输出遵循"自身危机越重，输出力度越大"的规律。美国以民主和人权的名义在世界范围内滥施单边制裁，输出"颜色革命"，对阿富汗、伊拉克、叙利亚、利比亚等国家发动军事干涉，举办所谓"民主峰会"，最近又挑起俄乌冲突，就与其国内发生政治失控、经济严重危机、民生急剧恶化、抗疫彻底失败的时间线高度一致。

在美国处心积虑打造的以自己为核心的圈子文化中，在"美国优先"的盲目执念中，在"美式主义"的迷之自信中，美国成功实现了将传统西方文化中心主义改造为美国文化中心主义的战略意图。在美国文化中心主义版图上，既不存在东方文化，也不存在西方其他国家的文化。所以，以美式民主和人权推行的所谓"普世价值"，其实是美国价值；以美式民主和人权在世界范围内发动战争、举办所谓全球"民主峰会"，在美国人心中实质上不过是美国国内政治的外延。正因为如此，透过美国在世界各个角落挥舞美式民主与人权大棒的频率和力度，就可以反推美国国内民主与人权危机的严重程度。美国政客们在世界舞台上推销美式民主与人权越高调、越卖力，就越证明美国内部焦虑感飙升。

美式民主输出的是民主悲剧、人权灾难和文化冲突。人民主权本是源起于18世纪欧洲启蒙运动的一项原则，但自由主义政治哲学和法学成功地将其置换成了选举式民主，而又推美式民主为选举式民主之典范。但是，在美式民主中，民主不过是通过选举择定"民之主"，人民在选举过后即刻休眠，选民利益就交由所选之"主"任意操控。再加之金钱交易与政党竞争因素的介入，美式民主选举日益"真人秀"化和"泛娱乐"化，对美国民众是日益口惠而实不至。政治舞台上政客们丑态百出的缠斗，社会各领域里此起彼伏的民怨，不同阶层、族群间日益上升的对立与仇视，都预示着美式民主已经成为社会分裂、政治极化、治理失效、秩序纷乱、民生困顿之源。

美式民主输出在全球导致了太多的悲剧、灾难和冲突。太多不明所以、"争先恐后"跳入美式民主与人权陷阱之中的国家，纷纷沦为美式民主与人权的牺牲品和殉葬品。美国以推行民主的名义在全球范围内制造的民主悲剧、人道与人权灾难，构成了战后世界民主与人权运动史的大部。而更为严重的是，美国以民主与人权名义有意在不同国家、不同宗教、不同文化板块间制造的分裂在持续裂变，其对人类文化与文明的伤害将持久存在。

一个国家的制度自信和文化影响力应当体现为他人发自内心的尊重和向往。而以强权胁迫、利益诱逼、圈子围堵等方式，将自己的民主与人权模式强加于人，既根本无助于扩展自己的文化影响力，又严重制造文化仇恨和文化敌对。这样的对外输出力度越强，外部世界对其反噬力也越大。美国在世界范围内推行美式民主与人权，最后大多都变成了美国的噩梦就充分证明了这一点。美式民主与人权日益失去以往的光环，正面临着文化进步的自然选择。

美国霸权之下无人权

刘 明*

(《光明日报》 2022年6月4日)

伊朗小女孩雅思娜在出生6个月时患上癫痫症，病情最严重时甚至一天内发作近200次。2018年5月美国重启对伊朗制裁后，伊朗难以进口缓解雅思娜病情的特效药，她的病情因此急转直下。雅思娜的父亲汉萨德焦急又愤怒，他通过瑞士驻伊朗大使馆对美国政府提起诉讼，并致信联合国儿童基金会等国际机构，为所有断药的伊朗患者发声谴责美国的非人道制裁，以及美国针对伊朗的"医疗恐怖主义"。雅思娜的遭遇不是个例，美国智库布鲁金斯学会最近的一项分析预测，在伊朗疫情最严重时期，放松制裁可能挽救该国数千人的性命。

2022年5月18日，联合国人权理事会单边强制措施问题特别报告员埃琳娜·窦涵在伊朗首都德黑兰举行新闻发布会，详细阐述了美国对伊朗发起的单边制裁给伊朗社会造成的人道主义灾难，指出美国的单边制裁对伊朗的贫困人群、弱势群体、病患等影响巨大。窦涵强调，美国不能通过制裁手段实现其政治目的和利益。

美国对伊朗的单边制裁及其造成的人道主义灾难，仅仅是其"借人权之名行霸权之实"的缩影。纵观美国半个多世纪以来在国际人权事务上"五花八门"的霸权主义行径，美国不仅持续破坏着国际人权的法治根基，而且直接制造了惊天骇世的人权灾难，实为国际人权的"乱局者"。

---

* 作者刘明系天津市中国特色社会主义理论体系研究中心南开大学基地研究员、南开大学人权研究中心研究员。

美式人权霸权主义损招繁多的实现方式

自 20 世纪 70 年代起,美国以"人权卫士""国际警察"自居,对不符合美式人权、美式民主标准的国家指手画脚,甚至实施各种制裁或干涉。在国际社会中,美国将"人权""民主""自由"作为实现其政治目的和国家利益的工具,已是尽人皆知的事实,而其实现方式则是五花八门的霸权主义损招。

在国际人权事务中将人权政治化工具化,体现了美国霸权主义的功利性。将人权当作实现本国利益或政治目的的手段,是人权政治化的核心体现。美国无疑是将人权进行政治化操作的"戏精"。例如,美国罔顾事实,频繁借"人权"之名,在新疆、香港等问题上干涉中国内政,实际上是为了遏制中国和维护其霸权地位。美国纽约大学历史和国际关系学者詹姆斯·派克曾一针见血地指出,美国政府内部主张遏制中国的一派一直认为,人权是针对中国的最后一个意识形态武器。

在国际人权事务中无视客观事实,体现了美国霸权主义的专横性。美国长期践踏人权普遍性与多样性相统一的客观事实,向世界各国强行输出单一的美式价值观。例如,在民主政治权利方面,美国经常打着所谓"民主价值"的旗号,肆意干涉别国内政,甚至策动政权更迭。基于这样的价值傲慢和制度傲慢,美国在世界各地肆意推行"全球民主运动",任何一种非西方的政治制度都会遭受攻击和打压,相关国家也被贴上"不民主""专制"等政治标签。

在国际人权事务中实施单边主义,体现了美国霸权主义的强权性。美国频繁绕开联合国,对其他国家实施单方面制裁,严重侵犯被制裁国的人权。最为典型的是美国对古巴长达 60 多年的封锁。美国罔顾联合国大会的多项决议,基于通过的禁运政策和《托里切利法》等国内法,构筑起针对古巴的全面封锁体系,实施了现代历史上持续时间最长、程度最严厉的系统性贸易禁运、经济封锁和金融制裁,给古巴的民生造成巨大损害。此外,美国还对白俄罗斯、叙利亚、津巴布韦、朝鲜等多国进行单方制裁。

在国际人权事务上奉行双重标准，体现了美国霸权主义的虚伪性。美国在国际社会中长期奉行人权"例外论"，对其他国家的人权状况指手画脚，对本国的人权恶迹视而不见。今年4月，美国国务院发布所谓《2021年国别人权报告》，再次对世界近200个国家和地区的人权状况横加指责，对本国不断恶化的人权状况却只字不提。美国每年例行性地发布充斥着双重标准的国别人权报告，其虚伪性昭然若揭。《印度时报》评论道："罔顾国内存在的一系列问题，美国用双重标准看待他国人权状况，它的故作姿态令人生厌。"

美式人权霸权主义严重破坏国际人权的法治基石

全球人权治理须建立在法治之上，其基石是以联合国宪章、《世界人权宣言》等国际文书为代表的规范体系，以及以此为基础的联合国决议，这是确保全球人权治理实现规范有序、公平正义、民主平等的根本保障。但是，半个多世纪以来，美国在国际人权事务上的霸权主义行径，则在持续损坏全球人权治理的善治根基。

第一，美式人权霸权主义严重损害主权平等、民族自决、普遍和平等联合国的基本原则。主权平等是国际法的基石性原则，位居联合国宪章七大基本原则之首。联合国宪章第一条在规定联合国的宗旨时指出，"发展国际以尊重人民平等权利及自决原则为根据之友好关系，并采取其他适当办法，以增强普遍和平"。而美国可谓是干涉别国内政最多的国家。相关数据显示，仅在1992年至2017年的25年间，美国对外军事干涉就多达188次，其中多数干涉是借"人权""民主"等名义进行的，不仅侵犯了相关国家的国家主权和自决权，也持续威胁着世界和平。

第二，美式人权霸权主义严重破坏联合国人权事务中的非政治化等核心原则。在国际人权事务中，非政治化原则既是执行原则，也是法治原则。联合国明确主张人权的非政治化,要求在人权问题上采取普遍、客观的态度,坚持多边主义,促进对话协商,增强团结合作。联合国大会第60/251号决议要求"在审议人权问题时要确保普遍性、客观性和非选择性,并要消除双重标准和政治化";联合国人权理事会第47/9号决议强调,"人权对话应具有建设性,并基于普遍性、不可分割性、客观性、非选择性、非政治化、相互尊重和平等相待等原则"。然而,美国为了维护自身利益、达到自己的政治目的,在国际人权领域大搞人权政治化,严重侵蚀了全球人权治理赖以支撑的法治基础。

第三,美式人权霸权主义直接侵蚀着国际人权法治体系的公信力。美国在国际人权事务中奉行"例外论",坚持认为,美式人权和美式民主是绝对正确的标准,并不需要什么国际标准。进而,美国不是依据国际法体系来处理国际人权事务和评判国际人权问题,而是依据所谓的"美国标准"。美国还坚持双重标准,对本国和"亲美派"采用一套人权评价标准,对其他国家则采用另一套评价标准。美国长期坚持的"例外论"和双重标准,无异于在向联合国的国际人权法治体系"宣战",严重侵蚀了其权威性和公信力。

美式人权霸权主义制造系统性人道灾难

全球人权治理须以建设性的方式,通过主权国家之间的平等对话来实现。美国在国际人权事务中实施的各类干涉和制裁,不仅没有捍卫其所谓的人权、民主、自由等价值,反而直接制造了严重的人道灾难,美式人权霸权主义的破坏属性暴露无遗。

美国实施的各类武力干涉直接造成了大量平民伤亡。据统计,阿富汗战争造成超过4万平民死亡,约1100万人沦为难民;伊拉克战争造成超过20万平民死亡,约250万人沦为难民;叙利亚战争造成超过4万平民死亡,660万人逃离家园。美国发动的系列战争,成为地地道道的人权"坟场"。

美国实施的各类经济制裁间接导致了大量人道灾难。在今年4月初的一次联合国大会上，古巴常驻联合国代表佩德罗·路易斯·佩德罗索指出，美国对古巴实施长达60多年的封锁，已经造成数十万平民死亡，是针对整个国家的"种族灭绝行为"。美国对委内瑞拉的单边制裁造成了该国严重的人权危机，国内经济形势的恶化迫使大量委内瑞拉人离开家园。根据联合国统计，截至2018年底，委内瑞拉的移民与难民总数已达300万人。

美国强行输出美式民主酿造了多国动乱和世纪最大"难民潮"。美国不顾不同国家在经济、政治、文化等方面的巨大差异，向其他国家强行输出美式民主，甚至策动政权更迭，导致多国持久动乱。21世纪之初，美国在中东地区推行"大中东民主计划"，并在西亚、北非地区多国培养各类反政府力量，成为导致2010年爆发的"阿拉伯之春"的幕后推手。"阿拉伯之春"席卷多国，持续十余年，导致战争与动乱，直接催生了二战后世界最大规模的"难民潮"，致使人道危机空前加剧。

霸权之下无人权。美国在国际上频繁挥舞人权"大棒"，却无视本国种种人权劣迹，无异于现实版的"皇帝新衣"，只会愈发令世人反感生厌。

美国滥施单边制裁违反国际道义

李寿平　王惠茹[*]

(《人民日报》 2022年6月9日)

近年来，美国动辄以所谓"民主""人权""国家安全"为由，在全球范围内大搞单边制裁，严重破坏以联合国宪章宗旨和原则为基础的国际关系基本准则，损害相关国家发展及其人民的生存权和发展权。在全球疫情持续蔓延、经济复苏脆弱的背景下，美国滥施单边制裁令世界经济发展和相关国家经济民生改善雪上加霜。

单边制裁是美国自二战结束以来用以胁迫对手让步、维护自身霸权的对外政策工具之一。其实质是通过自身金融霸权地位和技术优势，对其他国家、实体和个人实施"长臂管辖"。单边制裁在国际法上明显缺乏依据：将美国国内立法和国内政策凌驾于国际法和他国法律之上，粗暴干涉他国国内管辖事项，违反了"国家主权平等"原则；将发生在美国境外的正常经贸活动纳入管辖范围，违反了"属地管辖"原则；对外国或外国法人、个人，甚至是与被制裁方有关联的第三国或第三国的法人、个人实施单边制裁，违反了"属人管辖"原则；泛化"国家安全"概念并以此为借口实施单边制裁，破坏了"保护性管辖"原则；通过《全球马格尼茨基人权问责法》等国内立法，肆意扩大普遍管辖权范围，是对"普遍性管辖"原则的滥用。此外，美国实施单边制裁采用的实体清单和商品清单制度，是典型的歧视性制度，是对国际经贸规则的肆意践踏。

---

[*] 作者李寿平、王惠茹，分别系北京理工大学法学院院长，北京理工大学科技与人权研究中心研究员。

美国人权的多维透视

美国滥施单边制裁严重损害发展中国家人民的基本人权。对于发展中国家而言，生存权和发展权是首要的基本人权。历史上，殖民主义给发展中国家造成的饥饿、贫困和落后问题的影响至今仍未消除，美国肆意施加单边制裁的行径又使相关国家的社会安全、经济发展和国计民生面临新威胁，甚至造成了严重的人道主义灾难。美国对古巴、朝鲜、伊朗、委内瑞拉等国长期施压，严重妨碍有关国家改善经济民生。疫情防控期间，美国的制裁导致相关国家抗疫医疗物资短缺，侵犯了有关国家人民的生命权和健康权。

当前，美国滥施单边制裁进一步加剧了全球能源、粮食、供应链产业链等方面的紧张情况。国际能源署高级官员近日警告称，乌克兰危机和西方国家对俄罗斯的制裁使全球同时面临石油、天然气和电力三重危机，全球粮食供应也面临极端紧张局面。联合国粮农组织数据显示，世界粮食价格大幅跃升至历史最高水平，粮食出口的长期减少可能会使今明两年全球营养不良人口数量增加 800 万至 1300 万。单边制裁还导致大宗商品价格等持续上涨，世界各国特别是发展中国家面临输入性通胀压力。

美国的单边制裁本质上是霸权主义和强权政治的体现，是干涉别国内政、强行推行美国价值观念和政策目标的胁迫行为，严重侵犯了受害国自主决定其政治制度以及自由追求其经济、社会和文化发展的权利。美国通过经济制裁、技术断供、金融封锁等方式，挤压被制裁国平等参与全球贸易的机会，削弱被制裁国在全球供应链中的地位，损害了相关国家的平等发展权。制裁还引发相关国家外商投资萎缩、国际收支失衡等问题。美国滥施单边制裁，最终影响相关国家人民在经济、社会、文化等领域的个人发展权。

得道多助，失道寡助。尊重各国自主选择社会制度和发展道路的权利，捍卫国际公平正义，反对对他国非法实施单边制裁，是国际社会的共同呼声。美国将制裁武器化、工具化、政治化，践踏国际规则，违反国际道义，动摇全球人权善治根基，阻碍世界和平与发展。

美式人权观危害全球治理

付随鑫*

(《光明日报》 2022年6月16日)

人权是人类的共同追求，也是一定社会历史的产物，不能脱离不同国家的文化传统与发展条件来空谈人权。美式人权观诞生于美国特殊的文化传统与发展历程之中。它既具有特殊的内涵，又存在先天的缺陷。它偏重狭隘的个人权利和政治权利，轻视集体权利和经济社会文化权利，还包含美国优先、西方中心论、白人至上主义的强烈偏见。

随着实力增强并成为超级大国，美国将其原本历史的、具体的人权观绝对化、抽象化，制造出一种所谓的"普世人权观"，并且利用强制手段向他国输出。这些行为充分体现了美式人权的虚伪、霸道、双重标准和不负责任。

人类社会正面临安全、发展、人权、移民、环境、传染病等各方面的严峻的全球性问题，需要有效的全球治理才能维持和平稳定的国际秩序。然而，美国对各国实施人权制裁、强加美式人权的行径，严重危害全球治理进程，导致全球治理经常陷入失灵。

危及全球治理机制

在当今世界，只有以联合国为核心的国际体系和以国际法为基础的国际秩序。主权原则是当代国际体系最根本的一项国际制度，也是国际体系有效

---

* 作者付随鑫系中国社会科学院习近平新时代中国特色社会主义思想研究中心特约研究员、美国研究所助理研究员。

运转的基石。《联合国宪章》明确规定，各国之间的关系应基于尊重主权平等原则，各国内政不应被他国随意干涉。主权国家是全球治理的最重要行为体，美式人权主张"人道主义干预"，将人权凌驾于主权之上，严重违反《联合国宪章》的基本原则，妨碍主权国家在全球治理中的主体作用，破坏各国对全球治理机制的信任。

1977年，卡特政府开始把在全球促进人权作为美国外交政策目标，人权成为对抗苏联的冷战工具。冷战结束后，美国提出"保护的责任"的概念，在世界各地以保护人权和扩展民主为借口，进行军事干涉和发动侵略战争。美国对联合国采取工具主义态度，一旦无法获得联合国的授权，就采取单边主义做法，组建所谓的"志愿者联盟"，用武力向他国输出美式人权与民主。这种绕开联合国机制、将人权凌驾于主权之上、用武力输出美式人权的行径，充分体现了美式人权的霸道，也削弱了各国对全球治理机制的共识、损害了全球治理的合法性。众多发展中国家普遍不认同美式人权观，也反对美国以保护人权为借口破坏主权平等原则的做法。

破坏全球人权治理

保护人权是全球治理的重要内容与目标。1993年联合国召开的世界人权大会通过了《维也纳宣言和行动纲领》，其中明确写道："一切人权都是不可分割的、相互依存的，国际社会须以公平、平等的态度全面地对待人权。"然而，美国参与全球人权治理从来都是以狭隘的国家利益为优先，频繁用武力输出美式人权，还大搞双重标准，只批评别国人权，不改善自身人权问题。这些霸权主义行为恶化了许多国家的人权状况，破坏了各国推进全球人权治理的努力。

在二战后制定《世界人权宣言》的过程中，美国就抵制将人权条款细致化和义务具体化的倡议，并声称其内外政策不受人权义务的约束。对20世纪60年代联合国推动反殖民主义的各种措施，美国往往投出反对票。美国曾不顾世界各国反对，长期支持南非的种族隔离制度。在冷战后期，美国竭力推行人权外交，一方面攻击苏联和其他社会主义国家侵犯人权，另一方面公开袒护智利、阿根廷、菲律宾、安哥拉、危地马拉等盟国的军事政权。

冷战结束后，克林顿政府大肆鼓吹"人权高于主权"，极力为军事干涉披上合法的外衣，先后出兵波斯尼亚、索马里、海地、科索沃等地区，酿成严重的人道灾难。"9·11"事件爆发后，美国入侵阿富汗和伊拉克，并推出所谓的"大中东民主计划"，将美式人权与民主强加给中东国家，造成该地区的持续动荡。纵观二战后美国用强制手段输出人权的历史，可以发现几乎全是失败的案例。无论是在中东、拉美还是在非洲、东欧、中亚地区，美国强行输出人权往往导致冲突与贫困，使得许多国家的人权状况至今未能得到明显改善。

美国坚持狭隘的人权观，阻碍了不同人权观念之间的正常对话，将联合国人权机构变为政治对抗的战场。2018年美国单方面退出联合国人权理事会，招致其盟国、联合国和人权组织的广泛批评。美国虽然加入了联合国《公民权利和政治权利国际公约》，但对其实施提出了大量限制。美国至今未加入联合国《经济、社会和文化权利国际公约》，甚至是全球唯一没有批准《联合国儿童权利公约》的国家。这些做法不仅影响了全球人权事业的发展，也使美国自身的人权状况长期得不到改善。

美国坚称自己拥有"最高的人权标准"和"最佳的人权实践"，对其他国家的人权状况说三道四、指手画脚。实际上，美国才是全球人权的最大洼地，侵犯人权的丑闻层出不穷。美国少数族裔的人权长期遭受系统性侵犯。少数族裔时刻面临着枪击、凶杀、仇恨犯罪、警察滥权、白人至上主义暴力活动的严重威胁，少数族裔的发展权和政治权利也遭到白人的蓄意压制。美国每年都对移民实施大规模逮捕、拘留、驱逐、遣返，致使移民的人权得不到保障，人道主义灾难频繁发生。特朗普政府的"骨肉分离"政策、拜登政府驱逐海地移民的暴行，都受到联合国人权理事会的强烈谴责。美国侵犯本国人民人权的行径，不仅严重拖累了全球人权治理，也凸显了美式人权的虚伪与双标。

加剧全球安全治理困境

美国强行输出人权加剧全球冲突，破坏全球安全治理。从1945年到2001年，全球153个地区发生248次武装冲突，其中美国以"人权""反恐"等理由发起的有201次，约占全部的81%。美国的操作模式往往是以人权为借口拱火，在各地制造冲突和分裂，从中牟利，事后却甩手不管，拒不承认责任，将灾难留给当地人民。被美国干涉的地区往往战火纷纷、生灵涂炭，长期得不到和平与发展。

美国到处制造"颜色革命"，破坏世界的和平稳定。美国国家民主基金会是美国政府传播美式人权、输出美式民主的马前卒与白手套。美国政府利用该组织颠覆他国合法政府，培植亲美势力。自1991年起，民主基金会每年颁发"捍卫人权和民主"的民主奖，鼓励俄罗斯、乌克兰、伊朗、古巴、缅甸、委内瑞拉等各国的异见人士传播美式人权观。苏联解体以及格鲁吉亚的"玫瑰革命"、乌克兰的"橙色革命"、"阿拉伯之春"等"颜色革命"的背后都有民主基金会的黑手。美国政府多次以民主基金会的名义拨款，在俄罗斯境内培植亲美的人权非政府组织，以推动人权的名义插手俄罗斯内政，煽动俄罗斯反对派举行游行示威。民主基金会曾出资1400万美元，煽动2014年乌克兰的大示威，推翻了当时的亚努科维奇政府。这一行径直接造成乌克兰与俄罗斯的关系紧张，为当前的俄乌冲突埋下祸根。民主基金会还大肆炒作新疆"人权危机"，在国际社会开展涉疆负面宣传，危害新疆地区的稳定与繁荣。

在打击国际恐怖主义的过程中，美国往往以人权为借口，滥用暴力和侵犯他国主权。这不仅达不到消除恐怖主义的目的，反而激发了更多的反美情绪，陷入"越反越恐"的怪圈。美国在反恐过程中侵犯人权的现象数不胜数。"9·11"事件以来，美国在至少54个国家和地区建立了"黑监狱"网络，囚禁包括穆斯林、女性和未成年人在内的数十万人。美国的黑监狱里普遍存在虐待囚犯、实施酷刑的暴行。美国在反恐中广泛使用无人机进行空袭，造成大量无辜平民伤亡。美国使用无人机打击恐怖分子的执行机构是中情局而非军队,而且经常对救助恐怖分子的人群进行第二次打击。联合国人权理事会曾指出,美国的做法违反国际法,构成战争罪。

阻碍全球发展治理

美国频繁利用其霸权地位对他国实施人权制裁。这严重损害他国的发展权,妨碍全球发展治理。在1994年到2020年间,美国一共对34个主权国家实施过42次制裁,其中与保护人权或促进民主有关的制裁多达29次。按照《联合国宪章》的规定,国际制裁应当由安理会授权,但美国往往以国内法为依据,以保护人权为由,对他国实施单边制裁。美国的人权制裁不仅武断地以美式人权观作为评断他国行为的标准,而且在美国霸权的加持下制造出大量人道主义灾难。

自1977年到2020年,美国总统共59次援引其《国家紧急经济权力法》对外国进行制裁。特朗普政府就先后针对苏丹、朝鲜、伊朗、俄罗斯、土耳其、委内瑞拉、尼加拉瓜等国实施经济制裁,所使用的理由几乎都涉及美式人权。这些人权制裁无一例外地影响了被制裁国的政治、经济与社会发展。凭借其金融和技术霸权,美国的单边人权制裁往往实施"长臂管辖",导致即便得到许可的人道主义援助也很难送至被制裁国。例如,虽然美国国际开发署的所有9家合作方均获准向委内瑞拉提供人道主义援助,但委内瑞拉仍然无法找到为其开展交易的银行。

美国还迫使国际组织按其要求实施人权制裁。美国政府多次指示其在世界银行、美洲开发银行、亚洲开发银行、非洲开发银行等国际金融机构中的代表,以侵犯人权为由对他国的贷款申请投反对票。美国频繁利用世界贸易组织规则中的一般例外条款实施有关人权的贸易制裁。这种做法完全是美国根据自身利益选择性地建立非关税贸易壁垒。美国的人权制裁背离了世贸组织的非歧视贸易原则和自由贸易理念,破坏了世贸组织成员方对多边贸易体制的信赖,阻碍了全球经济治理的进展。

美国践踏人权的"法外之地"

田 立[*]

(《光明日报》 2022年6月17日)

关塔那摩湾属于古巴,长期以来一直处于美国的实际控制下。此地有一处臭名昭著的监狱——关塔那摩湾拘押中心。该监狱于2002年开始运营,至今已20年。起初,它是美国用于拘押涉嫌"计划、授权、实施或协助""9·11"恐怖袭击有关个人的场所,后来逐渐扩大为关押美国在其"全球反恐战争"中抓获的恐怖活动嫌疑人的场所。

据统计,在过去20年中,被拘押在该监狱的囚犯来自50个国家和地区(其中阿富汗人占29%;沙特阿拉伯人占17%;也门人占15%;巴基斯坦人占9%;阿尔及利亚人占3%)。美国对关押在那里的囚犯进行了严酷的审讯和长期的折磨:剥夺睡眠、殴打、水刑、性骚扰和虐待、威胁强奸、长期单独监禁、对绝食抗议者强制灌食、强迫注射精神类药物、破坏囚犯宗教信仰(亵渎《古兰经》)等行为时有发生。许多被拘押者长期面临严重的身体和精神健康问题。尽管如此,美国政府也从未向被拘押者提供充足的医疗服务以帮助他们康复。目前,在押人员已普遍老龄化,受新冠肺炎疫情影响,关塔那摩监狱卫生和健康状况进一步恶化。

美国在此地建立拘押中心的目的是想将这些被拘押人员置于美国联邦法律的管辖范围之外,特别是与人权保护相关的法律。这样一来,计划和监督这些行动的美国官员就不会被追究责任。然而,根据国际人权法,美国的人

---

[*] 作者田立系山东大学人权研究中心研究员。

权义务不以其本国领土为限,还包括该国根据国际法直接或间接、全部或部分地在法律上或事实上进行有效控制的所有地区。因此,美国加入的国际人权公约同样适用于关塔那摩监狱。美国有义务保证该监狱的运作符合相关国际人权法的规定,特别是《禁止酷刑和其他残忍、不人道或有辱人格的待遇或处罚公约》的相关规定。因此,美国在关塔那摩监狱的行为是对国际人权法的公然违反。

长期以来,美国拒绝配合联合国对关塔那摩监狱进行访问或为访问制造障碍。《禁止酷刑公约任择议定书》建立了一个对拘押地点进行定期查访的制度,以防范酷刑和其他残忍、不人道或有辱人格的待遇或处罚。但美国拒绝加入该议定书。2005年,美国政府"主动"向联合国独立专家发出仅为期一天的访问关塔那摩监狱的邀请,且要求不得与被拘押者单独谈话。在这种情况下,联合国专家根本无法对被拘押者的状况作出客观、公正的评估,真正的监督更无从谈起。因此,受邀的联合国专家决定取消此次访问,并基于其他可靠来源出具了相关报告。随后美国蔑称,联合国独立专家拒绝接受美国的邀请,其出具的报告是缺乏公信力和可信度的。今年3月,美国再次向联合国专家发出了访问关塔那摩监狱的初步邀请,但双方仍需就具体的访问条款进行协商。考虑到之前美国毫无诚意的邀请以及对联合国专家缺乏必要尊重的做法,访问是否能最终成行,仍有较大疑问。

至今仍有39名囚犯被关押在关塔那摩监狱,其中27人甚至从未被控犯有任何罪行。一方面,美国没有足够证据对他们进行审判,另一方面又认为释放他们过于"危险"。这给被拘禁者在身体和精神上都造成了不可逆转的严重痛苦、压力、恐惧和焦虑。据统计,已有9名被拘押者在被拘禁期间死亡,其中7人是自杀。

今年1月,红十字国际委员会发表声明,公开呼吁美国政府释放仍被关押在关塔那摩监狱的剩余人员,或者加快将符合条件的被拘押者从古巴关塔那摩湾的拘押中心转移出去,并适当尊重其安全和重返社会的机会。声明称:"被拘押的时间越长,被拘押者和他们的家人就越痛苦。使那些被批准离开的人能够离开的人道主义理由是显而易见的,对于那些离开被拖延了这么久的人来说更是如此。"

值得注意的是,红十字国际委员会公开呼吁一国政府采取行动的做法是极为罕见的,因为这背离了委员会与政府接触的一般模式。红十字国际委员会与被拘押者的沟通是保密的,与关押他们的政府的沟通也是如此。红十字国际委员会的这一举动表明,它已多次直接和秘密地向美国政府表达了关切,但却没有收到美国政府表明其有充分解决委员会关切之政治意愿的任何答复。实际上,就连美国政府自己也承认,遣返或在第三国重新安置被拘押者是一个可行的替代方案。然而,自拜登政府上台以来,美国只安排了三次这样的活动,并为此设置重重障碍:首先,必须有一个自愿接收国,且该国愿为被拘押者提供安全保障和康复服务;其次,该国须通过漫长的谈判,与美国签订一项移交协议。在此期间,拘押仍将继续。

今天,在谈到关塔那摩监狱时,美国政府和社会似乎都已集体失忆。在政府层面,关塔那摩监狱是由前任总统的行政命令决定建立的,自然也可由总统的行政命令决定关闭。实际上,早在2009年拜登担任美国副总统时,他就曾公开表示要关闭该监狱,并保护被拘押者的权利。然而,自拜登上任成为美国总统以来,即使美国的国家安全专家已向他及其顾问提交了逐步关闭监狱的详细建议,拜登却几乎"忘记"了该监狱的存在,更未提出任何关闭该监狱的时间表。更令人不安的是,美国政府正在花费数百万美元对关塔那摩监狱进行增建。加上每年为保持监狱运作已花费掉的5亿多美元,关塔那摩监狱已然成为世界上最昂贵的监狱。在社会层面,近年来,国际恐怖主义已不再是美国选民最关心的问题,关塔那摩也不再像以前那样具有政治突出性。最近的民意调查显示,三分之二的美国人要么支持关闭关塔那摩监狱,要么对此问题不大关心,仅有17%的人反对关闭关塔那摩监狱。

导致拜登言行不一的还有更深层次的原因,那就是美国希望继续保留这种服务于长期甚至永久战争的法律范式。美国分别于2001年和2012年通过《使用军事力量授权法》和《国防授权法》。根据这两项法案,只要武装冲突继续存在，美国的拘押行动就可以不受法律上，特别是美国联邦宪法的正当程序的限制。因此，美国一旦正式宣布结束在阿富汗的所有军事行动，也就失去了在没有指控或审判的情况下将阿富汗公民和在阿富汗的外国人继续关押在关塔那摩监狱的国内法律依据。这也是美国于2021年10月完成阿富汗的撤军行动后，仍坚称与该国境内的"基地"组织及其相关部队的武装冲突并未结束的原因。

除此之外，美国也不得不承认国际人权法适用于与该国"反恐战争"有关的所有被拘押者。在制约力度上，国际人权法比以《日内瓦公约》为基础的国际人道法更强，特别是它严格禁止长期和任意的拘押，还规定了美国目前没有提供给关塔那摩监狱被拘押者的正当程序保护的相关权利。因此，在没有指控的情况下的长期监禁违反许多国际人权法规则和原则，这种行为将遭到来自本国及国际社会更多更严厉的批评。

在国际舞台上，美国政府总是在人权问题上对其他国家提出要求，总是强调美国对"真理、权利和理性"的承诺。如果这种酷刑以及未经指控或审判就进行无限期拘押的事情发生在其他国家，美国政府肯定会予以"最强烈的谴责"。关塔那摩"黑监狱"的长期存在，是对美式人权的深刻反讽。美国想要从全球反恐战争的泥淖中"抽身"，就应当尽快关闭关塔那摩监狱。然而，对美国政府而言，这是一个悖论，因为它无法改变一贯以来的好战本色。

可以预见，关塔那摩湾的"黑监狱"还将继续运作下去，与之相伴随的未经指控的无限期拘押行径也将成为美国推行歧视性执法、仇视伊斯兰教和公然侵犯人权的永恒象征。

美涉疆法案打着人权旗号反人权

肖君拥　王惠茹*

(《光明日报》　2022年7月8日)

近日,美国恶意策动的所谓"维吾尔强迫劳动预防法案"(以下简称"涉疆法案")正式进入执行阶段。该法案编造涉疆谎言谣言,是美国再次以"人权"为名伸长干涉黑手,行单边主义、保护主义、霸凌主义之实,包藏着打压新疆企业、遏制中国和平崛起的恶毒祸心。美方所谓涉疆法案严重违反以《联合国宪章》为基础的国际法和国际关系基本准则,完全违背世界贸易组织基本原则和国际贸易规则,严重破坏国际法律秩序、国际经贸秩序和国际关系稳定,严重损害中美两国友好合作关系、伤害两国企业和消费者的切身利益,对中国新疆地区各族群众的生存权、发展权等基本人权造成破坏。

卑鄙图谋罔顾事实真相

全球经济萎靡下行和新冠肺炎疫情持续肆虐的交织影响下,美国不思履行大国责任,反而阻碍他国发展,肆意制造"中国威胁论",将卑劣政治目的披上法律外衣,这是对法律价值的亵渎。人们不会忘记美国对阿富汗、叙利亚等国犯下的累累罪行,不会忘记美国动辄发动战争、制裁,恣意侵犯他国人权以及借法律之名实现"长臂管辖"目的的卑劣行径。

美方所谓涉疆法案罔顾事实,颠倒黑白,抹黑中国,荒谬至极,充斥着

---

* 作者肖君拥、王惠茹分别系北京市习近平新时代中国特色社会主义思想研究中心研究员、北京理工大学法学院教授、北京理工大学科技与人权研究中心执行主任,北京理工大学科技与人权研究中心研究员。

虚伪、谎言和偏见，经不起任何现实推敲。新疆不存在所谓"强迫劳动"问题，产品不能因"涉疆"而被推定存在"强迫劳动"。中国宪法和法律赋予公民劳动的权利和义务，捍卫劳动者的合法权益，预防和打击任何形式的强迫劳动。涉疆法案所点名的行业和企业采用了先进的生产工艺和机械化技术，非但在客观上不需要"强迫劳动"，而且在事实上为新疆人民带来了更好的工作收入、更体面的工作条件、更完善的社会服务和更高的生活水平。

新疆和谐发展是铁的事实，充分证明了所谓涉疆法案的荒谬。新中国成立以后特别是改革开放以来，新疆和中国其他地区一样发生了翻天覆地的变化。在经济发展、社会稳定、民族团结等方面，新疆取得了举世瞩目的发展成就。中国政府借鉴国际经验，依法采取了一系列措施，有效制止了恐怖主义、极端主义在新疆滋生和蔓延，为全球反恐事业做出了积极贡献。

新疆经济社会全面发展，各族人民安居乐业，老百姓的生活水平和健康水平得到了显著提升，人民的生存权和发展权得到了有力保障，群众的获得感、幸福感、安全感超越了历史上任何一个时期，新疆人权事业发展进步有目共睹。中国曾多次邀请各国使节、国际组织官员、媒体人士等赴新疆参观访问，主动公开透明地接受各界监督。美方出台涉疆法案的险恶用心昭然若揭，其所包藏的"以疆制华"的卑鄙图谋令人唾弃。

美国无视新疆人权事业发展取得的巨大成就，接连假借所谓涉疆法案挑战我国主权底线，以人权为借口破坏中国来之不易的安定团结局面，是典型的双重标准和霸权逻辑。所谓涉疆法案只能让世界各国人民进一步认清美国的伪善面目和霸权本质，只会让中国人民捍卫国家核心利益和人民根本利益的决心更加坚定。

法案内容充满霸权逻辑

所谓涉疆法案是美国为一己之私损人害己的恶法，处处体现着霸权主义和强盗逻辑，处处充斥着歧视性，是对人类法治精神的践踏，在内容上十分荒唐。

一是大搞"有罪推定"。该法案的核心条款"可反驳的推定"预先推定所有产于新疆地区或有关实体的货物存在"强迫劳动"问题,均不得入境美国,除非企业能提供"明确且令人信服的证据"。在禁止进口问题上,美国海关和边境保护局享有过大的自由裁量权,并且证明不存在"强迫劳动"的举证责任由美国进口商承担,因此这种证明义务将传导给供应链上游的中国供应商。同时,过高的供应链合规要求覆盖从产品到原材料的全链条,需要供应链上全部供应商的配合,这在实践中十分困难,导致"可反驳的推定"在事实上无法反驳。美国这种有地域歧视的"有罪推定"进口限制,严重违反世贸组织自由贸易原则和最惠国待遇原则。

二是不具可操作性。美国跨部门"强迫劳动"专项执法组启动调查的前置标准和执法程序不透明,美国海关和边境保护局暂扣执法程序和通关判定标准不明确,亦未对已通关的货物公示相关信息,导致该法的确定性、可操作性和可预测性大打折扣,不具备生效执行的基础条件。如何合理地证明进口货物不涉及"强迫劳动",需建立透明、合理的可追溯性认定方法和检查标准,而法案对此并未予以明确,导致企业面临的合规成本巨大,对于法案的实施效果缺乏可预见性。对于国内供应商而言,提供溯源资料还可能引起商业秘密泄露等担忧。

三是不惜损害美国消费者利益。该法案的实施将严重损害新疆地区经济发展和劳动人民收入,不成比例地过分加重企业负担,尤其给中小企业设置"市场准入"难题。同时,供应链产业链相关企业面临极高的合规成本,无形当中提高了出口美国商品的成本和价格,最终损害美国消费者利益。美国半导体协会认为,涉疆法案将导致美国关键制造业以及其他需要及时获取半导体芯片的行业发生不必要的供应链中断。该法案的扩大化适用,将为中美贸易戴上沉重的"枷锁"。

恶法横行损害国际人权发展

所谓涉疆法案是美国针对新疆议题推行其竞争战略的又一体现，将干涉黑手从新疆特定产品和行业领域进一步扩展到新疆全域和全部供应链，无疑是一部恶法，应警惕其施行给国际人权事业发展带来的严重后果。

一是它加重了对美出口商和美国进口商的不合理责任和义务，严重影响中美经贸活动的正常开展。涉疆法案禁止进口的范围为全部或部分生产于新疆的产品及特定清单实体生产、出口的产品，未限定产品种类，范围远比暂扣令更大。在"有罪推定＋举证责任倒置"的模式下，以中国企业为主的出口商及供应链的不合理责任和义务大幅增加，供应链合规成本和产品溯源复杂度显著增大，美国针对进口产品执法的不确定性明显增加。此外，针对中国企业接受外方投资或合作的场景，投资方或合作方也可能提出供应链尽职调查等要求。无论从法律、政策还是执法实践来看，美方对进口企业和进口商品管控都呈现趋严态势，严重影响中美经贸活动的正常开展。

二是它将扰乱全球供应链产业链稳定，使全球经济复苏雪上加霜。涉疆法案宽泛的禁止进口范围及举证责任倒置所导致的负面效应将波及涉疆供应链中的众多全球企业，极大地扩宽了美国海关和边境保护局可能暂扣产品的范围。各国企业即使不直接使用来自新疆的原材料，其对美出口都可能因涉疆法案影响而受阻。同时，涉疆法案要求选择在第三国设厂的企业针对产品供应链开展尽职调查，并按照美国法律要求承诺特定事项和准备溯源文件，从而进一步增加了通过第三国出口的不确定性。这些影响表明，美国为维护其经济利益和经济地位，达到其"供应链重塑"之效果，不惜频用制裁手段，滥施贸易保护主义，肆意推进国内法的域外适用，扰乱以资源优化配置为导向的全球供应链产业链，加剧供应链紧张和通胀形势，使全球经济复苏雪上加霜。

三是它增大了美国与其盟友协同的负面影响，破坏国际关系和国际法。自美国以所谓"强迫劳动"为借口开启对华制裁以来，美国联同欧盟、英国、加拿大、澳大利亚等多国陆续出台了相关对华制裁措施，甚至与"四国机制"、七国集团等盟友协同作战，将打压中国的政策延伸到其他国家，制造地缘政治冲突，转嫁内部矛盾和危机。涉疆法案意味着美国继对中国相关实体采取一系列出口管制和经济制裁举措后，将继续采取对华遏制政策，阻碍全球经济合作，破坏国际关系和国际法，或将为美国盟友提供恶法参照。

四是它将损害包括新疆百姓在内的中国人民的发展权利。美国沉湎于一己之私，全面禁止进口与新疆相关的任何产品，完全无视依赖相关产业生存的新疆百姓的劳动权、生存权和发展权，妨碍中国新疆地区的经济发展和百姓生活的改善，挤压中国相关企业公平参与全球贸易的机会，剥夺中国相关企业在全球供应链中的话语权，损害中国作为最大发展中国家的发展权，伤害中美两国和世界人民的共同利益。

美国所谓涉疆法案从立法目的到法案内容、实施效果，满怀对臆想"竞争者"的敌视，极具歧视性与侵略性，打着人权旗号反人权、损人权，而伪人权掩盖不了其真霸权的本质。历史终将再一次证明，害人者终将自食苦果。

美国人权外交中的文化霸权主义

王浩宇[*]

(《光明日报》 2022年9月2日)

人权外交在历届美国政府的对外政策中都扮演着特殊角色，是美国占据国际道义制高点和粗暴干涉他国内政的重要政治工具。长期以来，美国利用各种手段在全世界不遗余力地推行"普世人权"，试图用美国话语绑架国际社会，以达到让人们认为人权本身可以脱离任何特定社会背景而存在，并交由美国来进行评判的目的。同时，美国高举"人权"大旗，对其视为竞争对手的国家进行疯狂的攻击和抹黑，以维护其全球利益、服务其全球竞争。美国的人权外交具有明显的文化霸权主义特征，企图通过人权话语实现文化意识形态的渗透，以达到不可告人的政治、军事和经济目的。

美国虚伪的人权外交在历史上与其"上帝选民"的文化霸权主义相勾连。"人权"源于18世纪欧美早期资产阶级革命提出的"天赋人权"理论。该理论首次将人权引入政治领域，提出了"自由、平等、博爱"的口号，之后便成为西方民族国家文化意识形态的重要组成部分。美国在建国之后就把人权概念纳入其对外政策，但这并不是为了保护原住民的权利或尊重他国主权，而是为了达到攫取资源和扩张领土的目的，充斥着当时的美国政治精英对权力的渴望和对权势的追求。在美墨战争和驱赶印第安人的西进运动中，美国严重践踏人权，一系列暴力行动不仅没有尊重过当地民众的权利，反而进一步强化了美国的文化优越感和对文化霸权主义的痴迷——作为"上帝选民"，

---

[*] 作者王浩宇系西南交通大学公共管理学院副研究员。

美国人权的多维透视

美国人既有责任也有能力传播美国的价值观念，鼓吹自己的思想文化、政治制度和商业模式有利于实现其所谓的民主和平等，阻止其他文化和文明对美国社会的"侵蚀"和影响。

美国全球大国的地位始于第一次世界大战前后，标志性事件是威尔逊提出"十四点"原则，包含美国参战的目的和对战后世界秩序的规划。一方面，美国利用第二代人权理论中"革命权"与"发展权"在意识形态上的正当性，推动所谓的"民主革命"，以此瓦解欧洲殖民帝国体系。另一方面，美国又基于第一代人权理论中"自由市场"的概念来区分政治上的"敌我"关系，即任何国家的市场只要对美国资本开放，接受美国推行的经济规则，就可以被纳入由美国主导的全球经济体系之内。美国交替使用第一代和第二代人权理论，推动人权外交与经济目的"沆瀣一气"，不仅给对外扩张创造便利条件，也进一步强化其文化霸权主义，助力其标榜自己的价值观念和政治制度具有超越他人的优越性。这种"优越论"，本质上就是"具有种族中心主义特征的唯我主义"，为美国后来推行"普世价值"创造了文化意识形态基础。如罗斯福在1940年发表的"炉边讲话"中呼吁美国成为"民主制度的伟大兵工厂"，暴露了将世界"美国化"的野心。之后，美国历届政要都将在全世界传播和推销"自由""民主""人权"等作为战略武器，肆意干涉他国主权和内政。

第二次世界大战后的"冷战"格局让美国再次幻想能够重现罗马帝国的恢宏霸业。要达成这一目的，首先就要让那些反感美国政府做事风格的国家和集团，乐于接受美国所谓的"自由平等"与"积极进取"的文化精神。于是，美国又一次高举"人权"大旗，主张"人权高于主权"，在以军事力量和经济手段展开"人道主义干涉"的同时，以文化、观念、心理、精神为手段进行"软扩张"。这种"软扩张"当然是美国文化"软实力"的突出表现，但更是美国文化霸权主义的逻辑使然。尽管世界上很多国家都不同程度地以自己的文化观念影响着国际关系，但鲜有国家像美国一样如此热衷于全球范围内的文化扩张，同时还带有持续性、隐秘性和强制性的色彩。美国对伊拉克、利比亚、叙利亚等国的军事行动，美西方势力在拉美的所作所为以及对中国制度和人权的攻击，都充分说明美国人权外交中的文化霸权主义是粗暴干涉他国内政和维护霸权地位、谋求霸权利益的协奏曲。

美国执迷于将所谓的"普世人权"包装成人类社会内在、必然且共同的价值准则，恶意预设亚洲、非洲、拉丁美洲和伊斯兰国家公民权利缺失或平等权主体缺位，特别是习惯于将以"亚洲价值观"为代表的人权相对主义视为一种否定人权普遍性的"有害观念"。然而，这一切仅是美国文化霸权主义中拙劣、肮脏的政治游戏。在西方世界中，美国是加入国际公约最少、却对所加入的公约作出保留最多的国家。美国在批准《公民权利和政治权利国际公约》时，就提出5项保留、5项谅解以及3项以本国特殊国情为由限制国际人权公约适用的一般性限制条件，不仅无视《维也纳宣言和行动纲领》关于"尽可能精确和小幅度地拟订保留"的规定，且对公约禁止"残忍、不人道和有辱人格的待遇或处罚"强制性规范提具保留，这是对人格尊严的严重践踏。美国对外"普遍主义"和对内"相对主义"的"两张皮"现象非常突出，这种"严于律人、宽以待己"的做法，充分体现出美国文化霸权的虚伪性和功利性特征。

由此可见，作为一种思想文化与价值观念的强加行为，文化霸权主义既是"文化强权"和"文化殖民"的体现，也是美国强权政治惯常采取的干预策略和统治方式，在意识形态领域对其他国家特别是发展中国家的文化与政治安全造成了严重威胁。与文化霸权主义密切关联的人权外交，也绝不是美国一直以来自诩的崇高价值观念，而是美国掠夺世界的卑劣手段和工具，给国际秩序和人类福祉造成严重损害。具有讽刺意味的是，在自鸣得意的人权保障制度之下，美国接连出现枪击屠杀、暴力执法、滥用酷刑、种族冲突、性别歧视等系统性人权问题，这进一步加剧了美国国内的政治极化、党派恶斗、社会撕裂和经济衰退。美国正在自食文化霸权主义的苦果。